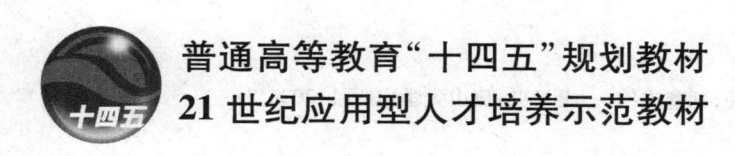

普通高等教育"十四五"规划教材
21世纪应用型人才培养示范教材

媒介产业经营与管理

主 编 郭军帅 李 坤 刘 鑫

燕山大学出版社
·秦皇岛·

图书在版编目(CIP)数据

媒介产业经营与管理/郭军帅,李坤,刘鑫主编. —秦皇岛:燕山大学出版社,2022.3
ISBN 978-7-5761-0315-1

Ⅰ.①媒… Ⅱ.①郭…②李…③刘… Ⅲ.①传播媒介-产业发展-研究 Ⅳ.①G206.2

中国版本图书馆 CIP 数据核字(2022)第 036232 号

媒介产业经营与管理
郭军帅 李 坤 刘 鑫 主编

出 版 人:陈 玉			
责任编辑:朱红波		策划编辑:朱红波	
责任印制:吴 波		封面设计:沐图品牌策划设计	
出版发行:燕山大学出版社		地 址:河北省秦皇岛市河北大街西段 438 号	
邮政编码:066004		电 话:0335-8387555	
印 刷:涿州汇美亿浓印刷有限公司		经 销:全国新华书店	
开 本:185mm×260mm 16 开		印 张:13.25	
版 次:2022 年 3 月第 1 版		印 次:2022 年 3 月第 1 次印刷	
书 号:ISBN 978-7-5761-0315-1		字 数:296 千字	
定 价:42.80 元			

版权所有 侵权必究
如发生印刷、装订质量问题,读者可与出版社联系调换
联系电话:0335-8387718

前言 PREFACE

当今世界,在高新技术的高速发展下,社会全球化、网络化的程度逐渐深化,媒介主流产品在生产、销售、传播等方面也日益依赖网络,媒介的经营管理已逐渐不再呈现地域性特征。媒介组织之间的竞争关系较之以往有着极大的差异,各媒介组织之间随着地域特性的消弭,市场的急速扩张,彼此之间的竞争关系已逐渐缓和,更多的是以战略联盟等方式实现资源共享,在优势互补中占据空白市场。

在全球化的语境下,文化产业在国民经济产业中所占的比重越来越大,媒介产业作为凸显文化产业国际竞争的核心,其产业特征也随时代的发展而有所革新,它的产业特征逐渐从以文化性为核心向以信息性为核心进行转移,在产业特征、组织形式、产品属性等方面都在进行一定程度的革新。

随着互联网技术的飞速发展,媒介融合的发展趋势扩大了媒介产品的市场,文化产业得以蓬勃发展。在媒介融合的网络化语境中,媒介产业的转型升级、媒介经营管理的革新已逐渐成为社会关注的热点。传统报业集团如何转型、地方广播电视台如何突破地域局限实现多元化发展、传统出版业如何紧跟行业发展潮流、新媒体公司如何贴近市场需求、媒介经营方式如何进行转变等问题,已成为当下媒介产业发展面临的新问题。

本书以媒介经营管理为研究对象,从媒介经营管理概念及主要特征出发,对国内外媒介经营管理的相关理论进行了要点综述,通过以广播、电视、博客、微博、微信等媒介为例,对媒介经营管理的原理、技巧、程序进行了全面而深刻的剖析和归纳,以期使读者掌握媒介经营管理的能力。

本书由黄河科技学院郭军帅任第一主编,黄河科技学院李坤任第二主编,西安音乐学院刘鑫任第三主编。其中,第三章、第四章、第九章、第十章由郭军帅编写,第五章、第六章、第七章、第八章由李坤编写,第一章、第二章由刘鑫编写。本书在编写过程中得到了有关领导和专家的关心和指导,在此谨表谢意。另外在编写、审稿中参阅了有关书刊和资料,虽已注明,但仍不免有遗漏,敬请谅解。

由于水平有限,书中难免存在疏漏和不足之处,敬请专家和读者批评指正。

编 者
2022 年 1 月

目录 CONTENTS

第一章
媒介经营管理概述
第一节　什么是媒介经营管理 ……………………………………………………… 2
第二节　媒介管理 …………………………………………………………………… 8
第三节　媒介经营管理的意义和原则 ……………………………………………… 15

第二章
媒介产业
第一节　媒介产业的特征 …………………………………………………………… 22
第二节　媒介产业与社会市场经济 ………………………………………………… 27
第三节　我国的媒介产业 …………………………………………………………… 32

第三章
媒介组织
第一节　媒介组织的含义与特点 …………………………………………………… 40
第二节　媒介组织设计的维度 ……………………………………………………… 41
第三节　媒介组织的目标 …………………………………………………………… 47
第四节　媒介组织的运作与职权 …………………………………………………… 50
第五节　媒介组织的发展趋势 ……………………………………………………… 53

第四章
媒介产品与受众分析
第一节　产品特征分析 ……………………………………………………………… 58
第二节　受众分析 …………………………………………………………………… 65

第五章
媒介的宏观经营
第一节　媒介的集团化 ·· 76
第二节　媒介多元化经营 ·· 85
第三节　媒介国际化经营 ·· 91

第六章
媒介的品牌经营管理
第一节　品牌 ·· 101
第二节　电视品牌 ·· 103
第三节　电视媒介品牌的营销 ··· 105

第七章
广电媒介节目经营与管理
第一节　电视节目的发展概况 ··· 111
第二节　电视节目的类型 ·· 119
第三节　制播体制 ·· 123
第四节　电视广告经营 ·· 128

第八章
影视媒介的经营与管理
第一节　制片机构 ·· 137
第二节　农村电影放映工程 ··· 145
第三节　影视广告运作 ·· 150
第四节　互联网对于影视媒介的影响 ··· 154

第九章
网络新媒体的经营与管理
第一节　视频网站 ·· 166
第二节　社交媒介的经营和管理 ··· 173
第三节　短视频 ·· 177

第十章
媒介产业与经营趋势展望

第一节　全球化 ··· 185
第二节　媒介产业的定位与目标的重新设定 ······························· 189
第三节　管制框架：必要的调适与创新 ······································· 196

主要参考文献／204

第一章
媒介经营管理概述

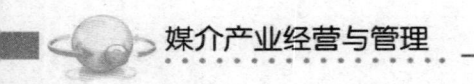

媒介经营管理的载体是媒介,理解媒介的经营管理必须清楚地了解和认识媒介的概念和内涵。本章重点介绍媒介的概念、媒介经营和管理的内容、发展历程、研究的意义等,从总体上对媒介经营和管理的基本理论展开论述。

第一节　什么是媒介经营管理

(一)媒介的概念

媒介广义指的是凡是能使人与人、人与事物或事物与事物之间产生联系或发生关系的物质。我国关于"媒介"一词,最早见于《春秋左传正义·桓公三年》中。"会于嬴,成昏于齐也。"晋杜预注:"公不由媒介,自与齐侯会而成昏,非礼也。"在《旧唐书·张行成传》中:"观古今用人,必因媒介。"在这里,"媒介"是指使双方发生关系的人或事物。其中,"媒"字,引申为事物发生的诱因。其中关于"介"字,则一直是指居于两者之间的中介体或工具。《诗·卫风·氓》中:"匪我愆期,子无良媒(mo)。"《文中子·魏相》中:"见誉而喜者,佞之媒也。""介"字也表达一种动作状态,指从中介入参与其中的活动或组织,在两者或两者以上的人或事物间。

媒介是包括报纸、广播、杂志、电视、电话、网络、电影等传递信息的载体的大众传播媒介的简称,通常大众媒介可以根据自身属性分为电子媒介和印刷媒介。然而许多传统媒介随着电子技术的不断进步,不断被赋予了新的表现形式,增添了新的功能和用途。广播、电视、网络等媒介在通信卫星和光纤无线传输的基础上,飞速传播和扩展,使得信息交流更加便捷,沟通更加深入,极大地拉近了人们之间的距离。媒体作为企业,媒业业作为一个产业,媒介产品作为一种商品,在人们的生产和生活中发挥着重要的作用。

关于"媒介"一词,在英语中它大约出现于19世纪末20世纪初,媒介"media"是"medium"的复数形式,其意是指使事物之间发生关系的介质或工具。这种广义的"媒介",不仅在人类的日常生活中时有所闻,而且在传播学著作中也屡见不鲜。在马歇尔·麦克卢汉(Marshall McLuhan)的笔下,媒介即万物,万物皆媒介,媒介无时不有,无处不在。

在传播学意义上(狭义上)来讲,媒介是指利用媒质存储和传播信息的物质工具。加拿大文学批评家、传播学家、传播学媒介环境学派一代宗师麦克卢汉这样说,"媒介即信息"。同时"媒介"也成了一个职位,如媒介专员、媒介策划、商务媒介等。

麦克卢汉关于媒介的经典理论还有:媒介即人体的延伸。一切媒介均是人的感觉的延伸,报纸成了人类的"千里眼",而收音机则成了人类的"顺风耳",电视更是人类的视听感官的集中"延伸"。麦克卢汉曾把人类的文明进程用媒介划分为三个阶段:口口相传的部落化时期、使用文字的非部落化时期,以及现在电子媒体影响下的"重返部落化时期",特别是互联网的出现,通信工具的更新迭代使得人们重新"面对面"交流成为可能,同时,交通工具的便捷,在物理距离没有变化的前提下,"压缩"了人与人之间的"空间距离","地球村"的概念应运而生。

此外麦克卢汉还有冷媒介(Cold Medium)、热媒介(Hot Medium)的论断。灵感源自音乐的冷热媒介一直是麦克卢汉最有争议的观点,他按照清晰度和参与度划分冷热媒介。高清晰度即提供的信息多,低清晰度即提供的信息少。只有一种感官参与,延伸一种感觉,有排他性,参与度高,信息密度大,接收者接收信息少的为热媒介;相反,允许多种感官参与,延伸多种感觉,有包容性,参与度低,信息密度小,接收者接收信息多的为冷媒介。由于冷热媒介的观点麦克卢汉在自己的书中表述不完备,造成之后在不同的专家学者之间有不同的阐述。

媒介包括两方面要素:一是包容媒质所携带信息或内容的容器,如书(甲骨、竹简、帛书、纸书)、相片、录音磁带、电影胶片、录像带、影音光盘等;二是用以传播信息的技术设备、组织形式或社会机制,包括通信类(驿马、电报、电话、传真、电子邮件、可视电话、移动电话等)、广播类(布告、报纸、杂志、无线电、电视等)和网络类三大类。在当代社会,一般而言,媒介指机械印刷书籍、报纸、杂志、无线电、电视和国际互联网等,它们都是用以向大众传播消息或影响大众意见的大众传播工具,都是传播信息的媒介。

(二)媒介经营及内容

1. 经营的基本概念

经营含有筹划、谋划、计划、规划、组织、治理、管理等含义。管理侧重指使其正常合理地运转,而经营侧重指动态性谋划发展的内涵。经营和管理合称经营管理。

商务印书馆出版的《现代汉语词典》(第7版)中的经营是这样解释的:(1)筹划、组织并管理,如经营商业、苦心经营。(2)指商业、服务业出售某类商品或提供某方面的服务,如本店经营各种文具。

媒介经营是指媒介组织将生产要素投入媒介市场,通过媒介产品的生产、交换实现其价值的过程。

2. 媒介经营的内容

媒介作为一种精神产品的生产实体,要维持自身的运转,必然要通过各种经营活动获取收益,并力求以最小的投入获得最大的产出。媒介经营活动所涉及的内容,概括起来主要有三类:媒介产品经营、媒介广告经营、媒介多种经营。

(1)媒介产品经营

媒介产品的概念有广义和狭义之分。广义的媒介产品包括主产品(有形产品)和附属产品(无形产品)。前者指提供给广大媒介消费者即受众的产品,如报纸、广播电视节目;后者指提供给广告商的产品,即广告,包括广告版面、广告时段等。狭义的媒介产品专指媒介的主产品。本节所言媒介产品经营,是指媒介的主产品经营,如报纸和广播电视节目的经营等。从流程上看,媒介产品经营包括媒介产品开发、媒介产品定位、媒介产品定价、媒介产品宣传、媒介产品营销五大环节。

(2) 媒介广告经营

广告不仅是媒介承载的信息内容，更重要的是其最重要的经济支柱、最主要的收入来源，对媒介而言，广告收入一般占媒介总收入的40%～80%。对于一些私营性质的商业电台、电视台，广告收入几乎是它们唯一的收入来源。广告是市场经济发展到一定阶段的产物，广告的大量涌现客观上为媒介的产业化经营提供了坚实的经济基础，同时，广告的繁荣也促进了媒介产业的繁荣。在市场经济条件下，媒介经营离不开广告的经营，因此，广告经营就成了媒介经营的重中之重，不管大报小报，中央台还是省、市、地方台，要想发展媒介经济必须重视广告经营。

我国自20世纪80年代广告业开始起步以来，在市场经济高速发展的情况下，广告业始终保持了迅猛发展态势。广告经营额从1981年的1.81亿元、1999年的622.05亿元，乃至2020年的接近千亿的市场规模，几十年时间广告经营额增长千百倍。毫无疑问，中国已经成为近年来世界广告业中发展速度最快的国家之一。随着广告业的勃兴，广告市场的竞争也日趋激烈，如何卓有成效地开展广告经营工作，成为每一家媒介面临的一个重要课题。

(3) 多种经营

广告、采编、发行(播出)是媒介的三大主业经营，除此之外，以媒介为主体所从事的其他各种各样的经营活动均被称为媒介的多种经营。多种经营是对媒介主体的合理补充和必要延伸，是对主体领域的深度开发。它对媒介的资金规模、技术力量、综合管理能力和人力资源素质都提出了更高的要求和标准，对于壮大媒介经济、增强媒介的竞争力、为媒介发展提供强有力的物质条件，都起到了非常重要的作用。

西方国家的媒介绝大多数都是私营的经济实体，除了开展媒介主业经营外，许多有实力的媒介集团往往自己单独或与其他企业合资、合作开拓新的经济领域，开发新的经营项目，只要这种经营能给自己带来利润。例如，在日本，许多报社在办报的同时还从事诸如出版、旅游、房地产等方面的经营活动，多种经营收入占媒介经营总额的20%左右，是报业经济的一个重要的组成部分。从1966年到1980年，日本报业总收入增长到1965年的8.26倍，平均每年递增15.1%，其中报业以外的其他营业收入增长到1965年的24.7倍，平均每年递增23.8%，是总收入递增速度的1.58倍。在美国，几乎所有的媒介集团通常都开展多种经营活动，像时代华纳、迪士尼曼、贝塔斯曼等无一不是集报刊、广播电视(影视)、出版和森林业、运输业、房地产业等于一体的超大跨媒体集团。在我国，随着媒介市场的急剧扩展，多种经营也开始崭露头角，且有愈演愈烈之势。

我国媒介效法西方的经验也采取了一系列措施。如《广州日报》进军房地产业，《哈尔滨日报》成立拥有15家子公司的报业企业集团，《深圳商报》联合十几家省市报社联合组建报人(联合)营销有限公司，《羊城晚报》的一家下属公司与香港的TOM.COM网站互换股份等也都取得了较好的成效。

(三)媒介经营发展历程

1. 西方国家媒介产品营销活动的发展历程

西方国家媒介市场的萌芽可以追溯到16世纪。近代报业始祖之一《威尼斯小报》就是以市场为导向的一种媒介产品。现代媒介市场的形成一般认为始于19世纪30年代,以1833年美国《太阳报》的创办为开端。《太阳报》是西方报业从政治限制到开放竞争中出现的,是政党报刊向商业报刊演变过程中的产物。1835年,贝内特创办《纽约先驱报》,除了像《太阳报》一样报道法庭新闻和平民新闻以外,还不断扩大报道领域,改进报道方式。后来广告商发现在《纽约先驱报》这样的大众化报纸上刊登广告,刊登一次的效果可赶上之前在多家报纸刊登广告的效果,经济性强。报商、受众和广告主交织在19世纪30年代的美国,开始引领媒介产品营销的世界潮流。

便士报的风潮很快波及欧洲。1836年,法国吉拉丹创办《新闻报》,引入美国便士报的营销手段。这些媒介产品营销先驱的共通点是,面向市场和普通大众,通过生动的新闻产品、低廉的报价吸引受众读者,扩大发行量,与此同时,向广告商出售报纸版面用于刊登广告,从中获取广告费的收入而赢利,不断循环,形成最初的媒介市场。19世纪80年代世界上第一报团斯克里普斯报业集团在美国诞生,1920年KDKA第一家广播电台在美国诞生,1936年英国广播公司诞生,1995年国际互联网商业化过程完成并宣布开放。诸种形态的媒介产品营销日臻完善,从世界范围来看,现今美国的媒介产品营销,无论报纸、期刊、图书还是电影、广播电视及互联网,其产品营销理念、规则和方法在现代企业制度环境中具有现代媒介产品营销的代表性和典型性。

2. 中国媒介产品营销活动的发展历程

中国的媒介活动源于上古时期,北京周口店的山顶洞人曾使用过百里之外的沿海居民经过加工的海蚶壳,春秋战国时代曾使用传播媒介木铎,之后,历经汉代的邮驿制度、三国时期的布告和露布、唐代官报、宋代官办邸报和民间小报,一直到明代的邸钞,清代的阁抄、科抄和京报等,出现了媒介市场化的萌芽,但是并没有像西方市场一样迅速成长起来。最早进行市场化道路探索的清代民间报房京报(无官报之名行官报之实的民间报纸),主要靠发行收入来维持,第一次以赢利为旨。

19世纪西方人在华办报成为中国近代报业的开端,1815年英国传教士米怜在马六甲创办的《察世俗每月统记传》,揭开了近代中国新闻事业发展史的第一页。随后外报大量出现。《申报》的创办与飞速发展标志着中国的中文商业报刊发展到了一个成熟的阶段,从1872年安纳斯脱·美查创办到华人席子佩接办,以及后来史量才主持时期,《申报》一直是典型的商业报纸,其亦成为中国商业性报纸的一个成功典范。一直到20世纪70年代,处于中国政治动荡中的媒介聚焦于政治,媒介经济发展缓慢,媒介产品营销活动萧条。

1978年,财政部批准了人民日报社等8家新闻单位试行企业化管理的报告。1987年,国家科委首次将"新闻事业"和"广播电视事业"纳入"中国信息商品化产业"序列。1992年邓小平南方谈话之后,尤其是中共十四大确定建立社会主义市场经济体制以后,媒介产业化趋势日益明显。

媒介产品营销和媒介产业化的进程密切相关,从1979年至1982年中国报业的第一次办报热潮和广播业、电视业的建台热潮开始,之后20世纪80年代后期发生在广播业的"广播热"和1991年至1993年发生在报业的扩版热,每一次热潮都伴随着媒介产品营销发展的推进。报纸从邮发合一到自办发行的变化促进了报业的发展,21世纪广播电视行业制播分离的试水推行一定程度上促进了媒介产品营销的成熟。大众传播媒介的集团化不断加强,标志着媒介产业化迈上了新的台阶。同时外来资本开始进入中国媒介市场,推动和促进了中国媒介产业化的发展。

(四)媒介经营研究的意义

1. 媒介经营的理论依据

产业是通过制造产品或提供货物和劳务以获得收入的生产性企业和组织。在经济学中,根据社会生产活动历史发展的顺序对生产部门作三类划分,产品直接取自自然界的部门称为第一产业,对初级产品进行再加工的部门称为第二产业,为生产和消费提供各种服务的部门称为第三产业。我国政府对国民经济按三次产业作这样的划分:第一产业是农业;第二产业是工业和建筑业;第三产业是除此以外的其他各业,主要包括流通领域、为生产和生活服务的领域、为提高科学文化水平和居民素质服务的领域、为社会公共需要服务的领域。1985年,国务院办公厅转发国家统计局《关于建立第三产业统计的报告》,把第三产业分为四个层次,第三层次是"为提高科学文化水平和居民素质服务的部门",包括教育、文化、媒介事业。1993年,国务院批转国家计委《关于全国第三产业发展规划基本思路》,把文化、广播影视、新闻出版等各项事业列为"文化、体育事业"。文件指出,这些事业对于加强社会主义精神文明建设,提高中华民族的思想文化素质和身体素质,丰富群众的精神文化生活,开展对外文化交流和促进经济发展等具有特殊作用,要按照社会效益和经济效益并重的原则,不断提高文化艺术、娱乐、音像、电影、图书、报刊等文化产品的艺术水平和服务质量,努力提高媒介覆盖率及其节目制作能力和质量,以适应群众不同层次的文化精神生活需要。新闻出版、广播电视在我国早被列入第三产业。1996年,国家把广播电视和报刊经营管理列入需要加快发展的第三产业行列。同年,江泽民视察《人民日报》时明确指出:"过去我们的传媒只讲宣传,如今在市场经济条件下,新闻传媒既要宣传,又要经营。"党的十四届六中全会决议又强调:"要适应社会主义市场经济的要求,建立有效的筹资机制,逐渐形成对精神文明建设多渠道投入的体制。"这是对传媒在市场经济条件下产业属性的认可。

承认媒介业的产业性质,也就肯定了报社、电台、电视台作为生产性组织的属性。报社、电台、电视台不是单纯的宣传机构,而是可以通过自己的产品和服务,取得盈利,实现自我发展并为国家积累资金的独立经济实体。这里我们不再列举业已被广泛引用的众多数据来证明媒介业可以赢利。我们既然承认媒介业的产业属性,那么也就承认报社、电台、电视台和其他形式的企业一样，都要按市场经济规律办事。当然，我们强调媒介业的经济属性，并不是忽视它的政治属性。我国多年来媒介业改革的一个重要成果，就是显示了媒介业自身拥有的经济活力，涌现了一批经济实力雄厚的媒介集团。

从理论角度看，与资本结合是我国媒介业发展的必然趋势。这是我国多年来媒介业渐进改革的结果。有学者曾概括："20 世纪 70 年代末以来，中国大众传播媒介的变革是大众传播媒介的产业化过程。"如果以 1979 年媒介业恢复商业广告作为其经营活动的起始，那么，我们可以看到，经营活动与媒介业的改革其实一直相辅相成。广告收入可以作为媒介经营活力最有效的指标。到 20 世纪 90 年代中期，媒介业的经营收入逐渐取代财政资助而在媒介业发展中占据主导地位，媒介作为具有强大赢利能力的产业属性突显，于是媒介业图谋产业发展战略。1999 年，我国电视广告收入为 156.15 亿元，增长 15.66%，而同期国民经济的增长速度为 7.1%。在这样的背景下，资本介入媒介业显得十分自然：一是资本的逐利性决定其必然会对成长性良好的媒介业抱以极大关注；二是媒介业是一个高消耗行业，面对新一轮竞争和发展，仅仅依靠自身积累必然制约其发展的规模与速度，因此，它也渴望资本的加盟。实际上，从 20 世纪 90 年代初开始，陆续有资本涉足媒介业。从这个角度看，资本介入媒介业既不是新鲜事物，又符合事物的发展趋势。

2. 媒介开展资本运营是媒介产业发展的现实需要

在市场经济条件下，媒介产业向产业化的方向发展、加快资本运营已是深化媒介产业改革和我国媒介产业自身发展的必然。现阶段我国的媒介产业普遍存在着资金短缺、经营模式单一等问题，而且这些问题严重阻碍了我国媒介产业的进一步发展。2000 年 10 月的一次传媒调查显示，传媒资金的来源 91% 是自身经营、7% 是国家拨款、2% 是募集的社会资金。传媒自身的所谓"产业经营"部分，还是以相对单一的广告为主，经营收入的 75% ~ 95% 都来源于广告收入。虽然近年来，全国传媒广告收入增长率持续高于国民经济增长率，使传媒业被称为经济效益显著的"朝阳行业"，但从孙正一等 2016 年撰写的调查报告《我国新闻媒体资本运营情况初探》中得知：我国传媒普遍面临着发展资金不足的困难，强烈需要新的资金投入。报告指出，传媒发展面临的资金不足的问题，主要表现在以下几点：一是激烈的市场竞争，使传媒不得不扩张规模，更新设备，引进人才，进入新的资金投入期。二是省级以上传媒大多已停止财政拨款，实行自负盈亏，自我发展。传媒经营收入的 75% ~ 95% 来源于广告经营收入，又受制于经济环境而显得脆弱。虽然一些省报拥有数家子报子刊，但整个省报收入的 80% 以上往往又依赖于其中一两张子报的支撑。全国规模最大的传媒——中央电视台 95% 的广告收入来源于一套节目的广告。全国有线广电网络建设急需巨额发展资金，就连国家以 5.45 亿元重点扶植的五大新闻网站，仍严重缺乏发展资金。三是作为特殊产业的传媒，不但要像其他企业那样缴纳各种税收，甚至还要承担当地党政部门的一些硬性摊派，如赞助文艺团体、购买体育场看台包厢、参建文化发展基金等。四是 1997 年提出的到 2000 年年底国家不再对多数传媒实行税收的先征后退政策，引起众多传媒的担忧。正是由于出现以上这些情况，我国传媒业，尤其是媒介业，渴求更多的资金投入。

2000 年，我国的媒介投资开始进入高潮，通过上市公司融资给媒介带来巨额资金和良好效益的事实已有目共睹。近几年,湖南广电集团依靠广电传媒上市融资就实现了跨越式发展,资本的力量使原本没有任何优势的电视湘军在全国范围内异军突起,湖南台投入大量资金制作的娱乐节目和影视剧产生广泛的影响。2001年北京歌华有线网络股份有限公司上市,引起各方震动,第一天股票涨幅就达80%以上,改变了北京广播电视台依靠政府投入和广告滚动发展的局面。媒介经营单位与上市公司的合作可以有效地利用双方优势达到双赢的目的,媒介经营单位可利用上市公司的资金优势解决自身的资金短缺问题获得迅速发展,同时上市公司也可从中获得良好的经济回报。

我国媒介产业自20世纪70年代末进行经营改革以来,经济实力迅速增强,现在已成为国民经济的一个重要组成部分。但现在我国媒介体制源于传统的计划经济,条块分割、重复建设,散、滥、差现象十分严重;而且微观到单个报社、电台、电视台内部,绝大多数也是权责不清,资源闲置浪费严重,运行机制老化,生产效率差。另外,国际上的跨国传媒集团实力日增,入世后,我国媒介产业越来越受到严峻的冲击。组建大型媒介产业集团,增强竞争力,已是迫在眉睫的事情。以上严峻情况的解决,都需要对媒介资源进行大幅度整合,而实践证明,资源整合的最佳手段就是资本运营。

因此,在市场经济条件下,对我国媒介业仍采用传统"事业单位"的属性判断,并且只能以"国家独资"的身份定位加以限制,既不符合市场经济体制下对有经营行为、事实上已成为国家利税大户的媒介集团的科学界定,同时也只会约束和限制我国媒介业中日益突出的资本运营的功能,从而人为地造成对媒介生产力一种极大的束缚和浪费。

中国传媒大学教授黄升民指出:"大媒介或媒介集团的出现,必须有大资本在支撑,否则很难维持。媒介可能从不同的途径获取经营的资本:一是媒介内的异种媒介联合获取新的经营空间和资源;二是允许以上市公司的身份出现,在社会上获取经营的资本;三是允许行业外的大资本投入媒介产业运营。"事实上,我国许多媒介业界人士都已经有在保证国家控股的前提下,吸收民间资本和境外资本,把媒介产业集团做大做强的共识。

第二节 媒介管理

(一)媒介管理

1. 管理的基本概念

治理企业首先应当确立一套概念体系,所谓"九层之台,起于累土;千里之行,始于足下"。因为只有弄清楚本质内涵,才能推及外延;否则,沟通成本很高,更缺乏效率。很多人在讨论一个问题的时候,彼此之间的概念名词,表面上是一样的,但争论了半天,谈的都不是同一件事。

孔子就有这样的说法,名不正则言不顺,言不顺则事不为。所以古人讲得好,要治理一个国家就必须要首先统一概念,有人把概念称为名词,所以他非常强调要正名,也就是对一个名词要有一个准确的定义。概念不是单独存在的,它是有一系列相关的概念构成的,所以概念往往是以体系的方式存在的,也叫概念体系。如果没有这样的一个概念体系,很难看到现象背后所隐含的本质。这种概念体系是用来刻画一个事物背后的真相、全貌、本质。

2. 经营和管理的关系

(1)在媒介经营管理活动中,经营与管理虽然相互渗透、相互作用,是密不可分的,但是也有所区别。经营与管理必须共生共存,在相互矛盾中需求相互统一。

(2)伴随着管理学科的发展,"管理"在今天早已超越狭义的范畴而成为一个非常宽泛的概念,经营是一系列企业活动的总称,管理其含义既包含对组织外部资源的分析、利用,如战略管理、营销管理、供应链管理等,又包含对传统的对组织内部资源的计划、组织、执行和处理。

(3)对媒介企业而言,经营是第一位的,管理是其次的。所以对于大中型企业而言,管理就显得非常重要了;而对于中小企业而言,在创业或谋生存阶段,某种程度上这个时候管理本身就等同于经营了,"经营"比"管理"更重要。

3. 媒介管理

媒介管理包含管理学与传播学的研究思路和方法,指媒介管理者充分利用媒介资源和协调、组织、领导和控制媒介员工的工作来达到媒介发展目标的过程。媒介管理的本质要求是深度整合人、金钱、货物与信息,使独特性和统一性能有机结合,将社会责任和经济利益相结合,并能实现可持续性与艺术性的融合。媒介管理的实质是媒介的经营管理者利用最少的投入来获取最大的利益,实现资源的优化组合,通过计划安排、组织规划、资源整合、人员配置、协调控制等来完成媒介任务,以及个人能力发挥与团队配合的综合效益的体现。

(二)媒介管理的职能

通常而言,媒介管理包括计划安排、组织管理、人事任免、指挥执行、协调布置、报告提案和预算规划等职能。因此作为媒介的管理者必须具有领导、组织、管理的技能,这些职能都必须通过媒介管理者来实行,只有这样才能有效地实现媒介的有序管理。媒介管理是一个整体性的工作,不仅受到外部市场环境、政策导向、热点事件和科技发展的制约和影响,还包含媒介内部的发展规划、人事制度、财务分析、后勤保障、基础材料的配置等因素。

创新对于媒介管理来说是极其重要的,因为传媒业的节目在知识产权保护领域内的侵权细则还不够明确,所以很容易被仿制抄袭。有段时间,海外的综艺节目新创意层出不穷时,国内卫视出现了大量"仿制"欧美特别是韩国的综艺节目,在网络上出现了具体到每一幅画面的比照,掀起了关于"抄袭/借鉴"与"致敬"的对垒。媒体电视节目必须要不断推陈出新,与时俱进,贴近观众,文艺下乡,才能吸引受众。在媒介公司管理上,也应当不断创新、开拓思路,采众家之所长,这样才能不断发展。

媒介经营管理人员可以分为两类,两者的工作方式区别较大,而对公司销售的产品所起的作用差别也相当大。一类是具体的节目制作人员,如策划、编辑、主持、记者等;另一类则是技术人员,包括对设备的管理、操作、维护等人员。由于两者工作性质差别较大,其管理体制也存在区别。相比技术人员,节目制作人员是核心竞争力的创造者,显然是公司产品能否吸引受众的决定者,需要采取较有弹性和高激励的管理方案。对于技术人员,则采取较少弹性和稳定的激励方案。同样,在节目制作人员中,也存在较大差别,如记者和编辑等。其具体的管理也不同,要因人而异,具体问题具体分析。

作为媒介的经营管理者,在经营管理活动中所应完成的任务,以及所应起到的作用主要包括以下几个方面。

1. 计划:预见和设计目标

计划是指为了实现决策所预确定的目标、预先进行的行动安排,是所有管理活动的基础。计划的内容主要是选择任务和目标实现的方式,规定工作进度,以及行动结果的检查及控制等。主要包括在时间和空间两个维度上进一步分解工作的任务和目标。完美无缺、天衣无缝的计划是不存在的,所以,没有人能够准确无误地预测未来,但计划能让原本模糊的目标变得清晰、明朗,具有可操作性。

在管理学中可以看到,计划的内容一般包括"5W1H":

What 做什么——行动的目标及内容;

Why 为什么做——行动的原因;

Who 谁来做——行动的人员;

Where 在哪里做——行动的地点;

When 何时做——行动的时间;

How 怎样做——行动的方式。

所以在制订计划的时候,必须对这"5W1H"作准确的界定。除此之外,还必须考虑其他问题,如需要多少资金和资源、备用计划、突发事件等不可抗的问题。

计划有各种类型。按时间分,有长远计划与短期计划;按职能分,有业务计划、财务计划、人事计划、学业计划等;按计划内容的明确性可以分为具体性计划与指导性计划;等等。

从微观或者宏观意义上来说,计划对于媒介取得社会效益与经济效益以及有效进行传播都具有重要作用。计划职能运用得好,便能提高媒介的管理水平,为媒介顺利实现组织目标提供前提和基础,因此,制订计划时必须十分严谨,并且要充分考虑到媒介自身的特征,如结构、优势、环境和未来发展趋势等,争取高效、可持续性的发展。计划职能运用得不好,便会造成目的不明确、组织混乱等局面,严重时会导致严重的资源浪费。所以,要科学合理地全面考虑,提前计划。

2. 组织:效率提升

一个机构高效运行的保障正是合理的组织结构。所谓组织结构就是指对管理人员的设定、分配及对其管理职能的确定。对于媒介经营管理者来说所应完成的组织工作,是媒介目标实现的组织保证,也就是指对媒介经营管理人员的管理劳动进行横向和纵向的分工。

媒介经营管理职能中组织的主要内容有:根据媒介经营管理的目标,设计建立并不断完善一套组织机构和职位系统;确定媒介内部职权关系,从而把整个媒介组织的上下前后左右、方方面面紧密合理、科学有机地组织起来;与媒介经营管理的其他职能结合起来进行综合考虑,以保证所制定设计和建立完善的组织结构是真正科学协调、合理有效的;根据媒介组织内部和外部各种因素的变化,以及环境因素等适时地调整和大刀阔斧地变革媒介的组织结构。

具体地说,媒介经营管理的组织者对于以下四项媒介经营管理职能组织的任务需要依次清楚地认识,在理解的基础上科学地完成。一是媒介职务设计与分析,媒介组织中有哪些及时需要完成的工作或活动要合理科学地确定;二是媒介部门划分,媒介部门划分要明确,具体精细到个人,包括横向的划分及纵向的划分;三是媒介结构形成,在媒介组织中要敢于赋予职权,及时配备人员,公平地明确责任,合理地明确界定工作内容,科学地分清工作范围;四是媒介经营管理的工作检验。

媒介经营管理要定期汇报工作,根据各种内外因素及时进行新的战略调整等。媒介的组织划分受到如媒介自身内部规模、媒介在整个传播系统中所处的地位是否稳定、媒介的技术水平条件是否达标、媒体的经营管理战略是否科学、发展阶段是否合格等多种内部环境因素的影响。

媒介经营管理者只有在对媒介自身现有的人力、财力、物力、信息等资源及其特性、品质十分熟悉的基础上,另外还需要对与媒介产业相关的各种因素的发展趋向具有前瞻性和洞察力,尤其还需要政治上的敏感性的前提下,才能按时完成组织的任务。

3. 指挥:资源整合

媒介的经营管理者必须能够指挥、带领、引导和鼓励其部下为实现媒介的目标而努力。所谓指挥,就是必须有可以指挥的从属人员,并且必须有对这些从属人员施加影响的力量或能力,才能使媒介经营管理的目标最终达成。指挥工作对于保证媒介经营管理目标的实现具有关键作用。具体来说,指挥主要发挥三个主要作用,才能在过程中带领、引导和鼓励部下为实现媒介目标而努力。

一是指挥作用。指挥者需要帮助部下认清所处的环境和形势,指明活动的目标及达成途径,所以指挥者要头脑清醒、胸怀全局、高瞻远瞩、运筹帷幄,决胜于千里之外。

二是协调作用。指挥者需要消除来自外部和内部的各种干扰因素,把大家团结起来,清除部下的思想分歧并纠正行动偏差,朝着媒介的共同目标迈进。

三是激励作用。指挥者使部下长久地保持工作热情和积极性,激发、鼓舞他们的工作斗志,发掘、充实、加强他们积极工作的动力。指挥是一门艺术,所以指挥者需要具有通情达理、关心群众、为群众排忧解难的品质。作为媒介指挥者,一方面要指挥下属,一方面要完成自己的本职工作,创造一个有利于媒介提高生产效率、实现组织目标的工作环境,所以必须具备与人、事、物、时间等多方面打交道的能力。

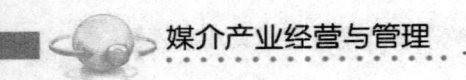

4. 协调：更大规模资源配置

指挥是为了整合资源，协调则是为了更大规模地配置资源。当媒介市场处于一般均衡状态时，资源便实现了最优配置。但是我国媒体资源存在不合理问题，一是资源配置不合理。媒体内部资源配置的方式主要是以频道、栏目为基本单位，形成以栏目为基础、频道资源为主体的设备、人力、内容和制作资源的配置结构，造成对有限媒体资源的"封建式"分割，形成若干"小而全"的小农经济生产单位。加之栏目设置品类繁多，面面俱到，加剧了资源配置的分散性与小型化。二是运行方式不合理。由于功能定位和资源使用方式的单一，整体运行仍停留在传统的自制自播、自给自足、自娱自乐、自我安慰的阶段。三是管理体制不科学。在管理体制上，基本上是原始的、粗放的：没有现代管理必需的科学的专业分工；没有系统的、科学的质量评鉴体系，缺乏客观的、理性的、量化的因素，没有明确的、具体的价值取向和指导标准；内部竞争机制尚未真正形成，不能实现优劳多得，甚至未能真正实现多劳多得。媒介协调可以更大规模地配置资源，媒体是智力密集型产业，需要优秀的人才资源支撑。只有不断创新激励机制、整合人才资源，才能保持勃勃生机与创新活力。这也是媒体持续发展、不断壮大的原动力。

5. 控制：把握方向

媒介经营管理者必须对媒介内部的管理活动及其效果进行衡量和校正，这是负责执行计划的媒介主管人员，尤其是直接主管人员的主要任务。控制的目的是保证媒介的目标和为此而拟订的计划能够与实际操作动态相适应。因为职位赋予了媒介经营管理者权力，他们身上担负着实现媒介组织目标和计划的主要责任，去纠正媒介工作中所采取的措施。管理学认为，任何一个系统都是由因果关系链联结在一起的元素的集合，元素之间的这种关系称为耦合。媒介也是一个耦合的系统，其生产经营活动的全过程就是由严密的因果关系链联结起来的，控制就是为了对这个耦合的系统进行调节。通过控制媒介投入生产的人力、物力、财力及管理和技术信息，就可以控制媒介生产经营活动的产出。

计划是控制的先决条件，在计划付诸实施之后，就必须实现控制任务，衡量计划的执行进度，控制生产成本和产品品质，把握产品流量和流向，调整资源配置，揭示计划执行中的偏差，并采取及时的纠正措施，保证工作的连续和完整进行。

一适时，控制是为了更好地把握方向，所以要及时对偏差加以纠正；二适度，控制的范围、程度和频度要恰到好处，要科学合理系统地明确；三客观，媒介控制要符合媒介生产经营活动的实际状况，不能违背客观规律；四有弹性，媒介控制能够灵活应对突发状况，不要死脑筋，要敢于并善于打开眼界和思路。

6. 革新：成本领先

科学技术是第一生产力，媒介中的组织、领导、控制都不只是为了"维持现状"，而是为了保证系统按预定的方向和规则运行，所面临的内外环境并不是一成不变的，而是随着环境变化。科学技术的发展进步如以互联网为代表的新媒体时代的崛起，媒介的经营管理活动很有可能不能适应当下社会要求，而另一些内部因素，如经营制度等，则可能造成管理人员的积极性降低、管理层次不科学等慢性问题。因此,仅有维持还不够,必须打破现状,大胆创新,奋力为媒介开拓出新的局面,以求得螺旋式的上升,不断调整系统活动的内容和目标,以适应环境变化的要求。经营管理者所背负的创新任务,虽然容易为人们所忽视,但对于媒介保持生机与活力、实现良性循环来说,是不可或缺的。

媒介经营管理活动中的创新任务包括以下几个方面:

(1)目标革新

不断修订媒介发展阶段计划和战略目标,及时准确地确定新的目标。

(2)技术革新

媒介要与时俱进,科学地引进最新技术,改变编辑方式。打破原有现状,调动积极性。

(3)制度革新

不断摸索新的经营管理制度,制定符合现状的新的科学的控制标准。

(4)组织革新

媒介组织要及时撤换不称职的部门领导,科学地调整人员结构。

(5)环境革新

不断开拓新市场,吸引新受众和潜在客户,不断猎取新的广告客户,开创新的媒介合作。

革新也是有一定过程可依、一定规律可循的,前路并不是一片漆黑的。一般来说,需要媒介组织经过几个阶段的不懈努力:寻找合适的机会、提出系统的构思方案、果敢地采取行动和长久地坚持不懈。

(三)媒介管理与管理学的理论渊源

媒介管理学是现在媒介范畴内新型的基于传播学、新闻学以及管理学而形成的交叉学科,近年来对媒介管理理论的形成和发展产生了巨大的影响的各种管理学理论有很多。来源于管理学分支的媒介管理,有其自身的独特性和理论形成机制,又有别于传统的管理学,管理学在当今世界组织中的重要性是不言而喻的,特别是在高速发展的传媒业中,现代管理理论显得尤为重要。管理的方法和手段,以及管理者所要实现的管理效果都必须依靠媒介管理理论作为支撑,学习和借鉴其他管理学的基本理论和手段,并应用于媒介管理中,为媒介管理从理论到实践的飞跃作出贡献。

1.管理学理论的普遍适用性

传统的管理学显然是针对一般行业的通用管理理论,从最早的泰罗制、马克思的组织理论,到后来的管理理论丛林一直到现代管理学,研究和应用对象都是针对普遍意义上的组织或者团队,没有单独分析各个行业的个体差异,研究适合特定行业要求的管理理论。通常一般意义上的组织,既包括营利性的组织——主要是一般的企业或者公司,也包括了一些非营利性机构,比如政府、福利院、公立医院、各种协会等。从宏观的方面看,其管理理论有战略定位、组织设计等,微观方面有市场营销、员工激励等。这些具体的管理理论和成果,显然具有相当的普遍性和适用性。有人提出现代管理理论主要产生于美国,是在研究美国的组织管理中形成的经验和理论,虽然这些理论具有一定的参考价值,但是可能并不适用于所有的国家。然而,许多不同文化和经济发展水平的国家和地区的验证显示,产生于美国的管理学理论其绝大部分理论都适用于本国。如著名的归因理论,这一理论是根据美国人的经验总结得出的——人们通常习惯于将个人失败的主要原因归结于外部因素,将自己成功的原因更多归结于自身,美国人如此,一向谦虚、谨慎、内敛、中庸的中国人同样也普遍存在这一心理认知,说明了管理学理论的普遍适用性。但是,不同的组织和行业,其管理方法和措施显然存在很大的差异,如非营利性组织和营利性组织其组织本身的主旨目标就完全不同,这就必然决定了其管理体制的根本性区别。

2. 行业特点决定具体管理体制和特点

通常意义上的管理理论虽然具有指导意义,但在具体操作的时侯,必须针对具体的情况而推导出不同的应用方法。行业或者组织规模不同,其组织的架构和组成方式、工作流程和要求,以及员工的数量和素质都存在较大差异。例如,传统的制造业和现代软件业在工作流程、员工激励等方面明显存在较大差别。工作流程的差异是显而易见的,而员工激励上的差异主要表现在,软件行业没有传统产业的弹性工作制,加班费也较少,但高薪酬、低奖金,而传统制造业是严格按时上下班,工资比较低,而为了提高工人的工作积极性,鼓励加班和绩效提成,奖金高和加班费高是制造业薪资的典型特点。

而作为新兴产业的传媒业,其行业特点也决定了不同于其他行业的管理模式和方法。传媒业其主要功能是传递信息资讯和提供娱乐服务。任何一个传媒组织必须要有自己特定的受众才能实现其功能,并通过其提供的服务或者资讯而获得利益。在市场经济的运作方式下,传媒企业只有给受众提供具有吸引力且受欢迎的节目或者服务(不管是新闻资讯还是娱乐活动),才能获得受众,同时得到收益。传媒业的受众,既是媒介组织收入的主要来源,如向受众收取获取信息的费用,比如报纸、短信服务费、电视收视费等;还是媒介的资源,可以通过为其他组织提供宣传渠道而收取费用。

(四)媒介管理研究的意义

媒介管理对于媒介生存和发展有着重要意义和作用,是媒介能正常开展各项工作以及持续发展的前提和保障。媒介管理相对于媒介组织具有的重要意义和作用,主要表现在四个方面:

1. 媒介管理能规范员工行为

媒介管理是规范员工行为的重要手段。通过媒介管理,可以塑造价值理念,形成共同的价值追求和行为规范。建立在共同的文化价值理念之上的组织制度,使员工具有了共同的价值标准、期望以及奋斗目标,因此,可以较好地规范他们的行为,增强他们在组织中的自律性和自觉性。媒介管理是一种正式的控制规则,不仅可通过命令来要求员工,更要从制度上、价值理念的培养上对员工进行疏导,从而有利于媒介管理者对员工进行有效的内部监管。

2. 媒介管理可以提升组织的凝聚力

媒介管理可以提升媒介组织的凝聚力，规范组织的机构和人员配置。通过媒介管理使得媒介员工拥有共同价值理念和思想准则、媒介职业道德，会推动媒介从业者之间的合作，增强团队意识，为了共同的目标，而齐心协力，实现组织的发展，因此提升整个组织的凝聚力。优化媒介管理可以增强员工的荣誉感和责任感，增加他们作为媒介成员的自豪感，主动地维护媒介的荣誉和利益，使整个组织制度化、规范化，成员间相互协作，努力进取，为实现在媒介中的价值而不懈奋斗。

3. 媒介管理是媒介可持续发展的保障

媒介要保持可持续发展必须加强媒介管理，确保各项制度和规范的执行和落实。只有建立并不断完善和规范媒介管理体制，狠抓落实，坚决执行各项措施，媒介才能够在人员更替频繁、结构变动剧烈、经营方式不断革新、市场竞争日趋激烈等的情势下，保持高速稳步的发展势头。只有全体从业人员对某种媒介管理制度一致认同和适应，才能将媒介管理发挥出应有的作用和效果。一旦建立一种媒介管理制度以后，就不能轻易变更。不管人员如何更替，依然能保持管理体制的持续性。媒介管理是保持媒介可持续发展的内部动力，缺失了有效管理的媒介是没有活力和难以持续快速发展的。

4. 媒介管理是媒介法制化、国际化发展的必然要求

在当今世界经济一体化进程加剧、媒介业的国际化程度越来越高的情势下，建立和发展媒介管理，是媒介法制化、国际化发展的必然要求。只有坚持媒介管理改革，学习和借鉴国外先进的媒介管理理论和手段，结合我国媒介发展的特点和要求，不断开拓创新，扩展思维，才能适应国际国内形势的变化，促进媒介又好又快发展。

第三节　媒介经营管理的意义和原则

（一）媒介经营管理的意义

媒介管理衍生于管理领域，又扎根于传媒业而表现出相对独特的属性。所谓媒介管理，是指研究媒介管理者协调、组织、领导和控制媒介员工的工作和充分利用媒介资源来达到既定的媒介发展目标的过程。

对于媒介管理这一概念，可以从四个方面进行理解：

（1）协调、组织、领导和控制属于管理行为，不同的管理行为反映不同的管理风格，而不同的管理风格又可以产生不同的管理绩效。

（2）媒介员工属于管理对象，但不是没有血肉的被动工具，而是富有感情的能动主体，因此让他们心情愉快地工作显得十分重要。

（3）目标是媒介组织致力达到的目的，是媒介组织的基本构成元素。没有目标，媒介组织就失去了存在的理由。

（4）媒介组织必须为达到其目标而取得和利用必要的资源，除了人力资源还有受众资源、信息资源、广告（财力）资源、物质资源等。没有资源，媒介就无法组织生产和销售。

媒介经营管理是指媒介经营的管理者借助传播手段、传媒的功能价值和公众的认知度以及社会影响力将传播职能与经营管理有机结合起来，实现传媒组织的社会效益及经济效益。社会效益是媒介实现经济效益的前提。

以前，媒介管理者所面临的挑战与他们在今天所面临的问题大相径庭。当时，为获得受众和广告主而进行的竞争还不是那么激烈。立法者们出台了许多指导方针，包括禁止一个业主在同一市场中拥有多家电台或电视台的规定，以及禁止在广播电视台、电视网、有线电视和电话公司中出现跨行业所有权的规定。诸如宽带传输、数字电视和直播卫星等新兴传输技术的潜力还不为人们所熟悉。电子邮件、传真机和因特网对于媒介的管理者们来说意义并不大。

而现在，媒介的管理者们面临的是一个独一无二的并且迅速变化的环境，竞争异常激烈。电子媒介产业各领域在技术的推动下实现了整合，计算机、节目设计与运营和发行系统合而为一。兼并与收购已经使得主要的电视网、广播电视集团和有线电视公司运营商的构成发生了变化。政策法规壁垒的消除、媒介公司战略联盟和伙伴关系的增加，以及全球性娱乐和信息市场的出现，都对管理环境的变化产生了影响。

管理者所管理的不再仅仅是某一项业务。在很多市场中，电子媒介的管理者们需要对数家电台或电视台负责。鉴于这种繁忙的环境，同时执行多种任务已经成为电子媒介管理者们共同的特征。与结构性变化相伴而来的，是对人员的管理。这方面的管理因为人员构成的不同在许多方面也与过去存在很大差异。员工想要见他们的主管，不再需要事先预约，在大多数组织中，他们仅仅通过电子邮件就可以与主管联系。缩小组织规模使得组织变得更加精练，并且使得组织运作节奏加快。

在庞杂的社会系统中，媒介是一个活跃的、开放的并具有发散性影响力的系统。媒介的营运及发展，在很大程度上受到外部环境的影响。社会的政治、经济、科技、文化等方面发生的变动，都可能对媒介产业的发展造成冲击。可以说，媒介是站在时代浪尖的行业。这一方面对媒介经营管理者提出了更高的要求，另一方面也凸显了媒介经营管理的重要意义。总体而言，对媒介进行科学的经营管理，能够使媒介内部处于良性运转的状态，并使之适应外部环境，从而取得更高效、更长远和可持续的发展。

具体来说，媒介经营管理有以下几方面的意义：

（1）有利于媒介对资源进行合理的配置和协调，从而协同发展

正如所有的经营管理活动一样，媒介经营管理的核心也在于协调媒介的人、物、财、信息这四方面资源，使其达到最佳配置，发挥最佳效用。

（2）有利于媒介实现社会效益与经济效益的协调和"双赢"

媒介的组织目标有二，一是宣传目标，二是经营目标。媒介是一种社会上层建筑，又处

于市场之中,受市场机制的支配和调节,这就需要有能够适应其特征的经营管理,保障媒介的组织目标得以实现。

(3) 有利于媒介提高自身品质,从而应对时代的挑战和激烈的市场竞争

在如今的知识经济时代,作为信息产业的媒介产业必须作好充分的应对。一方面提高自身的内容品质和经济实力,打造更为出色的媒介品牌;另一方面时时注意社会各界尤其是媒介市场的动向,知己知彼。这一切都不能离开高效、科学的经营管理。

有许多实践经验已经证明了媒介经营管理的重要性。在不同的媒介之间,经济效益好、发展势头强劲的往往是那些在微观管理上有成效、有创新的媒体。就单个媒介而言,在不重视产业经营管理,或者经营管理比较松懈、脱离时代脚步的时候,往往会陷入停滞不前的困顿阶段,甚至危及媒介的生存,媒介无法留住优秀人才;而在摸准社会发展及市场变动的脉络时,在经营管理科学、高效地展开时,其发展速度则会迅速得多。例如,在媒介竞争日益激烈、以网络为代表的新媒介风头正劲的现在,美国的商业广播却能在媒介市场中保住一席之地,原因就在于美国商业广播的经营管理者能够摸准自己的媒介特色,找准定位,推出"适位广播"。他们知道,随着媒介的日益多元化,受众呈现出加速分化的趋势,其信息需求愈加多样,因此,媒介在关注广大受众的普遍要求的同时,更要满足日益细分的受众的个性需要。他们为美国商业广播制定了"专业化"和"本地化"的发展方针,不以综合节目吸引广大受众,而是面向特定听众,办出专业特色;以面向中心市场特别是本地听众作为自己的服务宗旨,成为区域化、本地化或社区化的传播机构。

在频率设置上,往往是一家电台以一种专业节目类型取胜,如音乐台、谈话节目台、全天候新闻台等。它们求的不仅是"专",而且是"精"。如彭博公司(Bloomberg)向 200 多家电台出售它的体育报道,不仅仅提供文字稿,还包括现场的音响报道、电话访问等多种形式的完整节目,这些节目通过卫星、综合数字网从节目公司传至各个电台,保证其时效性和技术质量。又如世界传媒巨头默多克及其新闻集团旗下的星空卫视,正是凭借着敏锐的市场嗅觉和成功的战略决策,才成功地朝中国市场步步迈进,并取得了令人瞩目的成效。2002 年 3 月 28 日,以普通话播出的星空卫视在广东有线网落地播出,这是中国政府第一次允许境外电视频道通过国内有线网落地播送。星空卫视之所以用普通话而非粤语播音,其用意正在于以广东为突破口,开拓整个潜力巨大的中国市场。"主动、正面地与中国政策对接;以国际化的视野做地地道道的本土化节目。"这是默多克针对巨大的中国市场及严格的管制制定的中国战略。7 个月后,新闻集团在上海设立代表处。2002 年 12 月 19 日,星空传媒新闻集团与湖南广电集团经过长达一年的谈判,签署了战略联盟框架协议,商定双方在政策允许的范围内,就某些具体项目进行合作,如共同制作电视节目、联合播出、交换节目、交流主持人及共同开拓节目市场等。当时,星空传媒被公认为深入中国市场最深、与中国政府关系最好的国际传媒集团。2005 年年初,新闻集团与青海卫视达成合作协议,新闻集团不仅向青海卫视提供众多节目制作内容,还介入青海卫视的广告经营,其成功经验值得国内媒体经营者借鉴。

正因竞争形势严峻,加上经营管理如此重要,如今各媒介都在努力转变管理观念,加强对经营管理的重视,并出现了"管理培训热"。"向管理要质量,向管理要效益",已经成为管

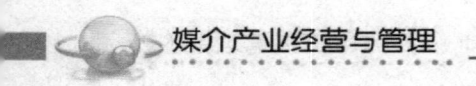

理实践中许多媒介的共识和迫切需要。既谙熟市场规律又通晓传播规律的现代媒介经营管理者,也成了媒介行业中炙手可热的人才。

(二)媒介经营管理的原则

媒介有关的经营管理工作者,在媒介经营管理活动过程中必须在法律允许的范围内遵循一定的媒介经营管理的原则,从而对媒介有关的经营管理活动的过程与产生的结果起到约束、指导、提升和保质的作用。这些媒介经营管理的原则不仅符合一般管理活动的规律,而且又具有媒介有关行业的特殊性。结合我国现有的媒介的典型特征,可以把我国的媒介经营管理的原则总结归纳为以下几条:

1. 坚持党性,把持方向

坚持党的领导,是我国媒介最显著的特征,也是我国媒介取得长足进步的根本方针。坚持党性原则,把持媒介发展方向,是指我国媒介的经营和管理者一定要提高党性觉悟,坚持党的领导,坚定正确的政治方向。这不仅是由我国基本国情和我国媒介的性质、目标、任务决定的,而且同时也是我国特有的政治体制、社会主义制度的客观现实和经济文化一般规律的反映。

我国目前所实行的大众传播媒介是党和政府的耳目喉舌,根本上是如实反映广大人民群众的切身利益,所以,无论是媒介经营管理活动,还是媒介有关的传播活动,都必须在坚持加强党的领导为前提的基础上,代表我国先进文化的前进发展方向,坚持维护国家形象和广大人民群众的根本利益,坚持贯彻中国特色社会主义制度下的"中国式"传播方针,遵守媒介传播的基本一般规律和职业道德规范。坚持党性原则对于我国的媒介经营管理来说,是我们在社会主义制度下办好电台、电视台的根本保证和前提;在我国衡量一个媒介是否合格的首要尺度就是媒介必须具备党性原则。

坚持党性,不能一味板起脸来靠教条主义的说教,也不是依赖虚假、做大、虚空的传播方式,而是要实干主义,把坚持党性在日常媒介经营管理的实践中真正地贯彻到行动之中。媒介管理者对坚持党性原则理解得越深刻、越清楚、越明确,媒介日常经营管理活动中党性越明确,贯彻的方式越灵活多变,媒介经营管理活动就越能更有效地开展,取得的社会效益和经济效益也就越多。

2. 整体把握,促进协调

媒介经营管理活动的整体系统并不是这些要素的简单叠加,而是由各种各样的要素构成,具备的是"1+1>2"的组合方式。如果能使媒介经营管理活动整体所释放出的能量远远超过各部分的能量之和,就需要把这些要素进行系统科学、具体合理的排列组合。作为媒介的经营管理者,必须胸怀全局从实现整体目标的角度出发,系统科学合理地组合媒介经营管理的各个部门、各种层次、各种因素的力量,实现媒介有关的电台、电视台等内部机构媒介经营管理最优化。

关于媒介经营管理内部的各部门、各层次、各因素,媒介经营管理者最初都要对其有充分的认识了解,将其视为有机联系、相互影响的整体;对媒介的经营管理有关的人力、物力、财力及信息资源,要进行科学系统组合与全面合理配置,充分发挥物尽其用,避免过度内耗。媒介内部的各部门、各层次、各因素,它们是一个有机互动的整体,存在着相互联系、相互影响、相互掣肘、相互依赖的关系,所以在媒介日常的经营管理过程中,媒介内部需要密切及时地协调各种力量。具体来讲,首先,媒介经营管理要重视各个部门、各个层次之间的信息沟通,及时使彼此之间增进了解和认识,避免发生不必要的矛盾和冲突,特别是要注意对待物质产品与精神产品之间的关系要用平等的眼光。比如,在媒介经营管理过程中,并不存在谁主谁次的问题,特别是涉及节目制作部门和技术部门的时候,二者都是媒介产业中不可缺失、至关重要的环节。另外,媒介经营管理不能只突出强调其中某一方面,而是要面面俱到。要合理配置资源,特别是人、物、财、信息资源之间要合理配置,另外要重视科学互动,不要忽视其他方面的效用,"钱是万能的"或"人才就是天"的观点都是片面的、不科学的。另外,要重视媒介的责任、权力、利益三者之间的关系,只有责、权、利三者科学地有机结合与良性互动,"有权无责"或"有责无权"的局面才可能避免出现。

以上内容只是关于媒介内部因素来阐述的,媒介与外部的关系同样需要重视。要重视媒介与社会各个方面如政治、经济、文化上的紧密联系,要把媒介看作整个人类社会系统中的组成元素。要使媒介与整个社会系统之间形成共存、互利、良性循环的状态,着力发展媒介与社会之间的双向关系、互补关系和制约关系。

媒介生态学认为,媒介是一个需要保持生态平衡的生态系统。而作为媒介经营管理者,只有从大局出发,把握整体,通力合作,科学合理配合,才能使媒介的整体作用得到最大限度的发挥,才能在这个生态系统中起到举足轻重的作用,为实现媒介的整体目标提供保障。

3. 发扬民主,贯彻法制

根据我国社会主义民主集中制及相关媒介制度的要求,媒介的经营管理者要主动接受群众监督,充分发扬民主作风,充分发扬人的主观能动性,并依靠集体的智慧和力量,积极调动广大员工的工作积极性与创造性,共同参与媒介的经营管理工作,办好媒介,做好媒介,管好媒介。

只有充分认识并承认媒介员工的崇高地位,才能真正做到民主。媒介的每一个员工不仅是媒介管理的主体,同时又是媒介管理的对象。一方面,他们有权对媒介经营管理中的重大问题参与决策,监督媒介领导是否正确地执行了党和国家的政策方针,是否尽责尽力地履行了媒介经营管理的任务,是否存在思想和行为上的偏差等,另外有权对于经营管理工作中的失误和不足提出批评和建议。另一方面他们也接受管理。媒介领导必须为其提供公平的培训、晋升、发展机会,切实体谅及关怀员工,保障员工在媒介中当家作主的主人公地位,调动起他们为媒介经营管理出谋划策的积极性和创造性。只有如此,媒介才能处于良性的发展状态之中。

媒介管理不仅要发扬民主,同时也必须要注重用法制性原则来管理媒介,使媒介在机构设置、管理制度、人事财务、信息流通等各个方面的管理活动系统化、制度化、规范化,从而使媒介系统以尽量少的消耗求得尽量高的回报,成为一个协调井然有序、分工科学合理、管理系统科学的整体。具体来说，媒介内部建立比较系统、科学、严格、符合媒介自身实际情况的规章制度，必须无条件地贯彻国家和媒介经营管理相关的法律法规，并依据法律法规，进行媒介相关机构的设立和撤销、媒介干部的任免和选择，规范媒介各部门之间的关系及各自的职权，明确信息传播和信息产品营销的过程，建立起科学化、规范化、系统化的媒介管理制度。在做到有法可依之后，还需要依法管理、按章办事，也就是做到有法必依。在全球化的今天，媒介产业强调法制管理是尤其重要且正确和科学合理的。

4. 依循程序，谋求发展

在媒介经营管理过程中要全程管理，使管理工作科学化。为保证媒介活动稳定开展，需要根据具体的目标和任务，实现程序控制、阶段把关，从而保证媒介产品质量，并不断提高媒介经营管理相关的社会效益和经济效益。具体来说，媒介经营管理的基本程序包括媒介战略计划制订、选择评价标准、具体实施和控制等。要以战略经营管理为基础、信息传播为辅助，协调好媒介各个职能部门的工作，使党、团、工会等各个方面的工作，以及节目制作部门、广告经营部门、技术部门、安保部门、人事部门的工作都能围绕中心工作有序展开。尤其需要重视的是，在高科技程序化的工作中，因为媒介需要很强的专业知识和专门技能，特别要讲究媒介工作的专业性，而在管理过程中，也必须依照媒介大众传播的专业特点及规律，不能仅依照管理学的一般规律而忽视媒介业的特殊规律，这样难以做好媒介经营管理工作。

同时，"发展才是硬道理"，媒介经营管理者必须具有长远的眼光。媒介在瞬息万变的现代社会环境中，正如逆水行舟，不进则退，所以合理系统、科学有效地使各方面的资源合理配置，使媒介的综合实力稳健、平稳地发展尤为重要。

5. 与时俱进，不断发展

科技日新月异，随着经济全球化和全球新技能的持续革新，数字技能、网络技能、信息技能使得媒体传播能力有了突破性的提高。在这样的状况下实现了咫尺天涯的"地球村"，散播形式的新媒体时代到来了。新媒体状况下，信息传递的速率加快了，信息内容更加丰富多彩，散播途径更加多样，新旧媒体散播之间对比后，媒介企业应当按照新媒体的需求适时地改革经营管理的手段和方法，以免这样的变化给媒介企业的经营管理带来不利的影响。

将创作内容和刊发的形式汇集在一起就是传统媒体的经营。然而在新媒体传播中，现在和从前的"刊行"大不相同，人们大多数注重"刊发"的手段而删略或精简了创作的程序。新媒体不同于传统的媒体产业运用多元化的刊发途径和刊发窗口从而使广告用户满意，而是将传统媒体方面的利益损失转移到自己这边从而达到操控终端的目的。新媒体让"内容为王"时期变更为了"客户为王""途径为王"的时期，为客户供应不同的设备如液晶屏幕、手机、网络等，为满足他们的需求运用不同的权限、不同的途径，从而适应新媒体自身获利方式的变化，也就是说进入内容供应商向新媒体途径供应者妥协的时期。所以未来媒介的经营管理一定要与时俱进，不断发展。

第二章

媒介产业

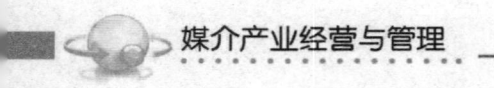

第一节　媒介产业的特征

（一）媒介产业的一般特征

一般而言，产业的概念是指某一种存在相似特性单位的统称。相似特性指的是企业在市场众多企业中有别于其他类企业的性质类特征，一般是根据类型进行划分。媒介产业的常规特征，表明媒介产业与其他产业存在着一些类同的特征。

产业的内涵是指生产制造某一同类产品的企业所组合而成的一个统一体，或存在相似社会经济职责的社会经济机构所创建的一个群体。媒介产业存在以下产业的常规性特征：

一是媒介产业是一类大规模的社会经验活动。存在生产、交互、流通、消费等过程，在市场经济环境下实现经济运行的整个过程。基于市场环境下，传媒生产和其他产业生产相同，相继通过购置生产力、生产材料，生产制造，成品销售等过程来完成相关业务。对于产品销售来说，其是生产环境的末端，也属于商品正式流通的起点，生产期间还没有完成的一些工作一般是在这一环节来实现。传媒产品与大众的关注度互相作用，后者通过前者得到效用，前者通过后者整合资源。

二是媒介产业与生产条件有着很大的相关性。媒介产业一般会受到物质技术等方面的影响，产业运作系统中收集、整理、加工、存储、传递等环节都与信息技术基础设施与设备器械等有着很大相关性。

三是媒介产业也存在常规的社会实践行为特点。在实践主体的劳动下，把特定的材料进行整合，使其转化成全新的存在物，形成新的信息高度密集类的媒介产品。媒介产业的生产者要掌握一定的知识、技术等，需要在这方面具备一定的职业优势。

四是媒介产业要遵循市场经济发展要求。媒介产业是在市场经济环境下运行的，如其他产业一样也需要和市场保持密切的相关性。由于社会经济的持续发展，信息网络的高速发展，使传媒在市场上具有极大的消费市场，因此媒介产业必然要符合市场经济规律发展的客观要求。

（二）媒介产业的本质特征

1. 信息产业特征

媒介产业的信息产业特征是指代表着员工劳动的对象——产业活动的客体，一般是属于一种无形、非物质的资源，产业的劳动力结构一般是以科学家、技术人员、设计者、信息处理整合者等智力劳动者为生产主体。此类特征是有别于市场其他产业的，是属于信息产业与其他非信息产业产生差异性的一个固有特征。对此，在该产业中，其产出的产品形态一般包括两种：信息产品与信息劳务，它们是非物质性、隐匿性的，是物质产业不能创作的，通常无法直接独自对社会带来影响。在一定程度上需要通过信息消费者的再生产等活动，将其与生产活动全面融合，方可获得市场价值，与其他产业相比，媒介产业具备一定的独特性。

通过以上对信息产业的概念界定能够发现，不管是国内、国外的研究者，在分析信息产业的覆盖范围方面，通常是将媒介产业认定为信息产业的一个关键构成单位，其原因是由于传媒行业的产业形态、产出形态等存在以下一定独特性的产业属性：

一方面，根据媒介产业活动的客体展开研究，媒介产业和常规的信息产业存在一定的类同性，其对应的基础材料属于非物质类的数据，所配置的基本设施、技术工艺等属于这一产业发展所需要的高科技产品。媒介生产是在对已经具有价值的市场信息进行采集、整合，并将其作为整个生产系统的起点，通过梳理、生产、存储、传递等方式，在纸质媒介或电子媒体等载体上呈现产品的最终状态，并投入市场。以上属于信息产业生产阶段所具备的一个基础性特性。

另一方面，通过对媒介产业的工作者的文化水平层面展开研究，在各个国家，媒介产业从业者都属于智力劳动者，他们往往需要掌握一定的相关知识，需要掌握媒介方面的专业知识，并随着社会的发展而逐渐增加，不然则无法满足媒介产业的实际发展需求。

通过对媒介产业产出形态展开研究，媒介产业需要通过特定的物质，才能对受众供应具有精神内涵的产品或服务，这一类产品与劳务一般是能够为用户带来信息而生产。媒介产品属于社会信息化密集性的，具备较强的时效性、持续性、广泛的区域覆盖性等特点。

2. 具备文化产业特征

"文化产业"的定义包括两大内涵，即"文化"与"产业"。所以，在理解其概念的时候，不少学者的看法是不一样的，尤其是在文化产业的寓意和延伸内涵等方面的界定上一直未形成统一的意见。整体来看，各个定义之间的差异性，都是对文化产业的概念界定上存在不同，大致都从两方面进行界定：一是通过文化产业的经验模式进行分析；二是通过文化产业的组成结构层面进行分析。并且，由于社会条件与实际发展现状等之间的不同，不一样的定义模式对"产业拓展"也存在不一样的认识。

联合国教科文组织2003年对文化产业的概念进行了界定，文化产业是指按照工业标准，生产、再生产、储存以及分配文化产品和服务的一系列活动。具体而言，文化产业通常是指印刷、出版、录像、多媒体、视频、影视、手工艺品、工艺设计等。它不但具有知识密集型的特点，也具有劳动密集型的特点。

国外学者Kretsehmer与Miehael通过四个层面来分析文化产业：(1)文化产业存在大量的能够充足供应的潜在产品。因为假若在不考虑市场发展趋势的前提下，文化生产的材料——思想是无成本的，且源源不断的。(2)产品的质量存在较强的非确定性。因为文化产品属于体验式服务和信任性产品。(3)对某一产业中的产品的市场消费具有强烈的互联网特征，消费者在市场消费期间往往会受到网络的内在影响。(4)市场对这一产业的产品需求具备循环性、周期性等特点。尽管以上四个层面无法完全地界定文化产业，但是能够在一定程度上更加具体、清晰地说明其具备的相关特征。

很多国家在开展文化产业建设活动方面,一般是结合本国经济和社会需求、基础概况等,对各个产业的概念及行业进行分类。例如,澳大利亚统计局按照具体的社会行为活动确定文化产业与休闲产业的定义。文化、休闲产业,一般覆盖文化遗产、历史古迹、工艺活动、体育娱乐、餐饮服务、文化产品设计与销售、休闲设施建设。德国政府把文化产业认定是"来自个人创造或技术实践的一种行为活动,是利用知识产权的转化带来经济效益,且为市场提供就业岗位的产业",一般包括出版、音乐、文艺、影视、广播、软件、建筑艺术、设计、工艺品、服装设计等。日本对文化产业的概念界定是"和其他相关的服务产业,一般具有服务性质,例如影视业、表演业、广播业、宗教文化业等",日本把文化产业认定为一个市场性体系,通过内容创新、生产输入、多次生产、市场教育等方面对其进行具体性分类。在英国,普遍认为文化产业是指利用工业化、商品化等手段对文化产品与市场服务的生产、转化、传播的过程,一般是指文艺业、影视业、图书业、歌唱业等。联合国教科文组织明确强调,文化产业是"按照工业标准,生产、再生产、储存以及分配文化产品和服务的一系列活动,实施经济战略,其目标是注重经济利益,但是并非简单地为了促进文化产业的发展"。由此来看,联合国教科文组织在这方面的定义归纳,认为文化产业最起码涉及印刷业、出版业、多媒体业、影视业、唱听业、工艺设计等。并且,在其他国家也涉及建筑、表演文艺、体育、乐器设计、广告文旅等。结合联合国第四次修订的国际标准产业分类来看,文化产业一般是指文化内容(例如报刊、书籍、音像制品、出版、广告印刷、文艺表演等)、文化产品的生产(例如电子仪器、乐器生产等)、文化内容的翻印与传播(例如电影设计、影视播放、印刷等)、文化互动(例如资料馆、图书馆、文化馆活动)等。

2004年,我国国家统计局为了对文化产业进行规范引导,颁布了《文化及相关产业分类》标准,其中对文化产业的概念界定为:为社会公众提供文化、娱乐产品和服务的活动,以及与这些活动有关联的活动的集合。

结合以上阐释,文化及相关产业的活动一般是指:(1)文化产品的生产与销售;(2)文化传播活动;(3)文化休闲娱乐活动;(4)文化用品生产与销售;(5)文化设施制造与销售;(6)相关文化产品生产与销售。并且,结合《文化及相关产业分类》的具体要求,根据文化行为的重要性,将其分成两种,即文化服务与相关文化服务;结合部门管理需求与文化活动等特征,将其分成九类,然后按照三个层次进行界定,即文化产业核心层、外围层与相关层(如图2-1所示)。

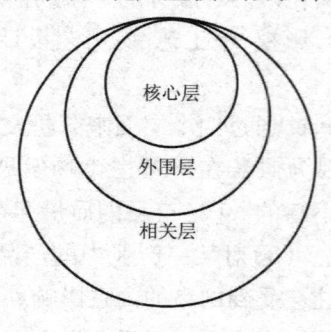

图2-1

核心层一般是指新闻传播、书籍出版发行、音像或电子产品出版、版权咨询、广播与电视经营、影视服务、文艺创作、表演及其场所、文化保护、文化设施生产、群众文娱服务、文化研究和文化社团活动与其他文艺活动。

外围层一般是指网络信息服务、文旅服务、娱乐服务、文艺商务代理、文化产品租赁和拍卖、广告与会展等。

相关层一般是指文化用品制造、文化设备制造、相关文化产品制造、文化设施销售等。

以新闻出版、广告电视文艺为核心的行业属于文化产业的核心层,它的外围层一般是指网络、旅游、休闲娱乐、经纪咨询、广告会展等;相关层一般是指文化用品、设施及关联文化产品制造、销售等。对此,尽管文化产业范围相对宽泛,但是其主体行业依旧是以媒介产业为主。

3. 知识密集性

知识属于媒介行业快速发展的一个重要推动要素。媒介产业并非过多地依赖物质力量,物质力量只是其中一个介质,是促进文化价值朝着经济价值转化的一个方式。人的精神、思想等属于媒介产业的主导,代表着财富的形成源头。在媒介产业的发展系统中,内容创意是始点,其他全部环节——制造、再制造与交换等都是结合知识与创意进行的。媒介产业具有高固定成本、低边际成本等特点。传媒产品生产制造的过程中,必须要投入一些固定成本,不过,在其形成之后,特别是在需要追加生产的过程中,边际成本能够快速减少,甚至是零。例如:设计影视光盘的时候,第一张的成本投入非常高,但是后期都是复制,边际成本非常少,甚至是零。由此来看,媒介产业必须要投入一定的规模经济,倘若无法实现这一点,就无法实现市场化发展。媒介产业的知识密集性一般需要通过新观点、新策略等进行实现,方可实现产业整合、拓展等,并获得相关财富。由此来看,媒介产业是一种高收入弹性产业,唯有在人们收入水平提高到某一阶段之后,人们的精神文化需求方可推动这一产业的发展,在这种情况下,它能够成为一个相对独立的产业。

4. 社会性和经济性

在国家安全核心系统中,现代传媒能力也是一个关注度,媒介组织实力是评价国家综合国力、战略方针的一个关键要素。一个完善的传媒系统在保障国家统一、传播民族精神,特别是在传播国家观念、强调国家主张、影响国际舆论等方面彰显出一定的积极效应。在现代经济结构中,传媒不但存在社会价值的独特性,而且也存在常规产业的相似性,这就是所谓的经济属性。媒介产业的以上两类价值存在对立、统一等特点。其对立性一般是通过传媒产品拥有一些高社会价值的产品为特点进行呈现,其在特定阶段中很少甚至缺乏经济价值,一些存在经济价值的产品通常不能获得社会价值,例如:色情传播、极端政治渗透等相关的传媒产品,尽管能够获得经济效益,但是却违背了社会和谐发展理念,与社会主流价值观相冲突。其一致性一般是利用其他产品给予呈现。完美的传媒产品能够在社会价值、经济价值等方面存在一定的兼容性与统一性等特征。

(三)媒介产业的运行特征

通过媒介产业的运行特点,能够看出其体现出较强的独特性。在思考媒介运行特征方面,其切入点是增强产业的运行质量,创建科学、完善的产业运行体系,实现媒介产业的可持续发展。

一是传媒的生产是目前社会大生产系统的一个关键构成元素。在现代传媒中,它不但是社会经济发展的一个重要精神力量,也是一个相对独立的经济组分,在实现产业升级方面,意味着其属于经济现代化产业的一个关键构成元素。在现代发达的市场经济体系中,尤其是现今的信息经济发展体系中,文化逐渐开始与生产相融合,变成一个全新的生产要素与关键的经济资源,文化的生产力功能更加普遍。同时,在经济发展的过程中能够形成更加发达的文化动力,使其转化成生产文化、知识产品等媒介产业,商品性质的文化制造是现代社会大生产的一个全新构成元素,传媒产品属于现代国民财富的一个关键构成元素。在目前社会中,传媒产品属于相对宝贵的经济资源,对其进行积极创造与全面挖掘,并将其合并、嫁接等,然后融入生产活动,方可真正地实现经济的全面发展。

二是传媒生产活动具备一定的双重性。传媒生产是一个相对独特的产品生产,不管是内容或是形式,都具有精神与物质的双重特点,基于价值变化与文艺变化等双重力量的引导。科学、艺术等,全部属于生产的一类独特方式,同时受到生产的常规变化特征等影响。所以,文化的"制作、配置、转换、消费"等一定要符合商品生产的常见规律,这就是所谓的价值规律,同时也需要受到价值规律的调节。文艺属于人类的一个精神组成内容,它强调的是传达生产主体的审美价值,要求能够符合人们精神层面的独特需求,是一种对人类产生精神行为影响的事物,属于现代社会文化行为的一个重要构成内容。在此期间,所有违背规律的生产活动,如引导非正当文化消费的生产,都需要通过社会的选择而对其实施操控。所有遵循规律的行为或者有利于规律最大化发挥的生产,都能够推动传媒消费的发展,也能够获得全社会的响应。

三是媒介产业运行对技术存在一定的依赖性。在20世纪中期,法兰克福学派学者认为,如果文化生产和科技全面融合创建工业化生产系统,则会对社会带来极大影响。站在历史发展层面进行分析,工业革命在形成之后,造纸术、印刷术等现代工业化发展极大地推动了传播媒介的发展,并且也推动媒介专业化、现代化发展,间接性地引导出版业、印刷业、造纸业等发展趋势。纸媒质文化在图书业的发展基础上进行创新,演变成报刊文化、广告文化、新闻文化等,文化通过长期的创新与拓展,让文化的范围得到前所未有的拓展。站在国际层面进行分析,现代科技的发展,特别是传播技术、自动化技术、激光技术等实现持续性的发展,其逐渐渗透到多元化的文艺活动中,在文艺行业中掀起了科技革命的浪潮,在一定程度上已经推动了新兴文化的全面发展,并且促进传统文化表现形式的持续更新。在文化生产模式革新的作用下,实现由文化手工业至现代文化大工业的全面改革,从而诱发了文化工业革命。文化作坊已经被文化工厂取代,社会文化大生产也已经被个人文化小生产所代替,真正地释放了文化生产力。随着科技的进步,高新技术逐渐变成促进文化产业发展的一个关键推动力，媒体产业逐渐与科技力量全面融合，逐渐变成了高新技术的一个关键内容，全新的媒介产业得到持续发展。

四是媒介产业具备较强的渗透性。媒介产业的重要生产要素包括信息与知识，尤其是文化与技术等都属于隐性资产，文化与技术等隐性资产属于存在自主知识产权的高附加值产业。创意代表着科技、经济、文化等互相融合，创意产品代表着新观念、新内容、新技术等，尤其是数字技术与艺术的融合，技术产业与文化产业等融合的结果，或许会慢慢地渗透到其他的产业领域中。通过对媒介产业的拓展趋势进行分析，媒介产业包含生产、营销、消费等不同过程，媒介产业的发展根基来自第三产业，但是它的发展同时也需要第二产业的带动。由于媒介产业具备较强的包容性，我们无法将其与传统产业完全脱离。

五是媒介产业发展存在较强的高风险性。无论是哪一个产业的发展都具有风险，和其他产业相比，媒介产业的风险非常明显。因为媒介产业具备意识形态属性，国家与政府需要对其进行全面规制，由此对这一行业的发展带来强烈的政策方面的风险。同时，随着信息技术的持续发展，必然会让人们的工作与生活节奏逐步加快，让人们对传媒产品的需求变得变幻莫测。一个创意想法能否转变成大众喜爱的一种传媒产品，通常与其是否能够适应社会发展有着很大相关性。一个传媒产品并未完全被大众认可，另一个全新的传媒产品就已经被研制出来，媒介产业在经营方面面临的风险是非常大的。并且，媒介产业还存在盗版等风险。信息化技术在这方面为促进产业信息化发展带来可能，同时也导致盗版的技术持续提升，使其逼真性逐渐增强，消费者通常无法辨认。媒介产业的经营者必须要重视这一经营风险。

第二节 媒介产业与社会市场经济

媒介产业属于服务产业，存在极强的联动性特征。也就是说，它对环境因素的改变有着非常明显的敏感性，和社会经济、政治、文化、大众需求、流行文化等存在强烈的关联性。所以，研究媒介产业必须要站在社会经济层面对其关联产业进行研究与分析。

市场需求是媒介产业得以持续发展的主要推动力，市场需求是否存在发展空间，往往影响媒介产业的发展成效。市场需求一般是指国内需求与国外需求，前者往往对媒介产业的发展具有决策性的影响。探究其原因，是由于媒介组织与所处社会环境的紧密关联性，只有内需市场的不断发展，才能造就媒介产业的规模化提升。和国外竞争者进行对比，相似的历史文化传统是本地媒介产业发展所具备的一个独特优势，本土传媒公司得以在当地市场需求的反馈过程中更加迅速与敏锐，同时，凭借着对市场的熟悉，在产品生产过程中所需要的投资成本也会较低。结合马斯洛的需求层次理论进行分析，人的需求存在层次性的特点，虽然在特定环境下需要兼顾不同层次的需求，不过通常来说，往往一些具有一定优势的需求（教育等思想性需求）能够影响人的行为。唯有在较低需求（衣食住行等需求）获得满足之后,方可追求更高层次的需求,这才是人类行为的一个重要推动力。传媒需求属于优势性需求,唯有在人们的基本生活需求获得满足之后,传媒需求方可变成优势需求。因此,人们精神文化需求的发展必须要以实现经济发展为条件。在实施改革开放政策之后,由于经济的持续发展,城乡居民生活质量得到持续优化,精神文化需求也得以持续提升。

(一)宏观经济水平

GDP是按市场价格计算的一个国家(或地区)所有常住单位在一定时期(一般是一年)内生产活动的最终成果。一般被认定是呈现某一国家或地区经济情况的一个关键指标,也能够说明宏观经济的发展趋势。一个国家或地区的经济发展水平如何影响媒介产业呢？站在静态层面进行分析,一般需要考虑的是相对常数原理,也就是说,经济对于媒介产业规模的支持度是比较稳固的,整体经济水平在某一层面会对大众传媒市场的发展空间带来极大影响。GDP对传媒行业的影响的实际表现是它和广告经营额之间存在密切的相关性,通常来说,经济水平愈高,广告产业愈完善,广告经营额和GDP会形成一个相对稳定的比例范围,并在其内变化。

英国传媒经济学家吉莉安·道尔通过对各个国家的传媒行业和社会经济的内在关系展开调查,最后得出,媒介产业对社会经济具有一定的"扩大作用",也就是说,由于社会经济的快速发展,广告不但会随之发展,更会以超越经济发展的速度实现跨越式发展。所以,一个地区的广告量不但与GDP的变化有关,而且也与GDP的增幅变化有关。所以,我们能够看出,我国经济的发展速度,会对我国传媒经济发展尤其是广告收入提升带来较强的助力。

因为传媒产业和宏观经济发展存在直接相关性,所以,经济大环境的调整必然会对这一产业发展带来影响。通常而言,媒体企业与其投资人在经济下滑的过程中,会由于收益的减少而遭遇损失。经济下滑会引起媒介产品的销售量减少、产品萎缩、就业市场变窄等。如果经济在快速发展,社会需求也会有所提升,工商企业的投资机会会增加,投资人则会加大在媒体广告与其他文化市场中的投资力度。极易受到经济下滑影响的产业是零售业。在经济下滑阶段,地方与大规模的连锁零售商会缩减其广告投入成本。例如房地产企业与汽车企业等,因为报纸、电台是其投放广告的常见选择,所以在经济下滑的过程中,这两类媒体的广告收益会显著减少。电视广告遭遇到的影响不明显,这是由于与其他类型的传媒进行对比,生产商、大型服务企业或连锁企业等,通常不会主动降低其在电视平台的广告投入量。

对于传媒经济景气的评价指标来说,广告经营收入是一个非常重要的参数,从实质上来看,它与社会经济发展实力有着很大的相关性。通过广告收入和GDP的变化进行分析,广告收入和GDP具有明显的线性特点,一些专家指出,相关性超过0.979,因此,在研究媒介产业时,一般需要结合国家的GDP变化来评估当地的媒介行业发展趋势。

(二)居民的消费结构

消费结构是评价社会人民生活质量的一个关键指标,会影响相关生产部门的进一步发展规划，同时会对产业结构调整造成一定的影响。按照我国统计年鉴中的调查，将市场消费的类型划分成食品、服装、居住、医疗保健、交通运输、文化教育、娱乐休闲、家庭用品、商品咨询等。结合相关学者的评估，根据某一消费支出的收入弹性系数对市场消费需求进行分类，我们能够发现：弹性系数越大，那么其对应的消费等级就会越大。按照经验理论的研究看出，文化教育娱乐消费是一个高层次的消费行为。根据消费需求的满足层次进行分析，人们通常会最先考虑低层次的消费需求，如果在其消费能力与资源受到束缚的过程中，不一样的消费项目之间会发生竞争性的博弈关系。若低层次的消费占比增加，高层次的消费则无法实现真正的满足；如果高层次的文化教育娱乐消费占比增加，那么低层次消费就必然已经获得了一定的满足，同时也意味着人们更渴望享受高层次的消费服务，说明人们的生活满意度得到了极大的提升。

在消费结构层面来分析媒介产业发展，其重心是研究消费结构对产业结构调整造成的影响。通常而言，产品的收入价格（一般是指产品价格和收入的占比，也就是所谓的市场购买力）能够发挥一定的传递效益：随着人们经济收入的持续增加，商品价格如固定在相应的范围内，则高档次产品的价格会相对降低，社会大众对其的购买力会增加，产品购买率会大大提升。同时，这一需求必然会传递至生产机关，从而导致在整体的产业结构中，高档次产品的占比会得以提升。因此，随着人们收入的增加，会刺激市场消费，并导致产业结构的调整。按照国家统计局等相关部门颁布的相关政策，早在1991年，国家就已经将"小康社会指标"、恩格尔系数、教育娱乐支出纳入重要的统计指标当中。根据社会学家宋林飞的研究，他为了能够掌握我国小康社会的建设特征，逐渐将恩格尔系数、教育娱乐支出占比，相继纳入"小康社会指标"范畴中的"生活质量"和"生活水平"这两个范畴内。

恩格尔系数具体而言，是指食品消费在总消费中的占比。食物属于人类非常关键的消费需求，也是日常生存的一个重要必需品。所以，食物消费的占比变化能够说明特定的消费结构与生活质量。该指标越大，越能够反映食物支出在居民消费中的占比大，这一类生活方式通常属于生存型的生活消费模式，消费水平较低。相反，该指标越小，消费结构就越趋向于发展型消费与享受型消费，其他相关的消费类型对应的消费标准也会有所提升。所以，恩格尔系数是用来说明消费结构高度的一个关键水平，联合国已经将其纳入评价国家贫富状态系统中。另外，德国统计学家恩格尔通过分析比利时人们的生活消费组成，最后创建了恩格尔定律。它是指在不同收入状态中的家庭，其恩格尔系数是完全不一样的，由于家庭收入的增加，食品消费占比持续下滑。通过各国的发展数据进行分析，居民收入增加到一定范围内，其消费能够出现显著的改变。我国很多省市因为经济水平不一样，其恩格尔系数也完全不一样，东部沿海地区的恩格尔系数比较小，但是在中西部地区则比较大。

由于物质财富的积累，人们越发地看重精神方面的消费与需求，越来越多的大众会将较多的精力与时间用于购置文化产品与享受文化服务等。在2020年，中国人均GDP已经突破7.25万元，大众的生活方式已经由生存型朝着发展型、享受型等转化，我国居民消费形态的变化，必然会对传媒行业的发展造成一定的影响，尤其是广告支持、内容变革、媒介形态创新等。

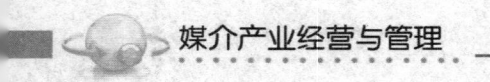

（三）创新能力

媒介产业在持续发展的过程中需要一个良好的传媒创新氛围的推动，创新对这一行业的发展具有重要的带动效应。创新能力对推动媒介产业的发展并不是一蹴而就的，而是通过不同的层面进行作用的，其中，数字化带来的影响是不容小觑的。

一是数字化对媒介产业的影响。数字化技术的应用以及新媒体的形成，能够完全突破物质与基础技术的范围，造成制度与文明的持续变迁。在变迁的过程中，传统的大众传播概念得以瓦解，经典的大众传播理论被最新的理念取代，尤其是大众传播的实践行为会出现明显的改变，并从中形成与萌发出新思想、新理论、新观念。随着技术的发展，一个全新的世界会在数字技术的推动下得到全面的发展与拓展。

二是创新文化能够对传统的组织文化建设带来影响。我国在实施改革开放之后，之前的均势化的媒体格局被完全打乱，各地媒体在发展速度、规模、效果等方面出现了明显的不同，探究其原因，是由于各地传媒行业的创新力不同所造成的。传媒体制创新的可能性与改革成本、潜在盈利等有着很大的相关性。我国统一的传媒指导模式，能够让地方制度改革存在一定的类同性，但是影响其创新效果的关键变量是成本与收益。通过长期的实例分析能够发现，相关地区经济发展的差异性，会造成我国传媒行业的市场收益与广告收益等出现非均衡性。所以，传媒创新体制在我国各个地区的发展并非同步进行的，它们是根据不同区域、不同时段环境进行的独立性发展。

三是以产业集群为特点的发展趋势是属于新一轮媒介产业升级的一个重要特点。传媒行业的聚集对地方的创新发展会带来一定的推动力。产业集群的概念是指在特定行业中，大量产业密切结合的企业与相关支撑的单位在空间层面上进行聚集，且创建了一个持续竞争、优势突出的行为现象。产业集群中的企业不但有竞争，也有合作；不但涉及分工，也有协作，并通过这种互动形成一定的竞争压力、隐匿压力等，有利于集群中的企业在市场上保持较强的创新优势，且实现相关产品的持续创新与升级。产业集群不但能够整合正式的产业化知识，同时也能够整合非正式的、隐匿的产业经验等。媒介产业是知识型组织性产业，不同企业与文化组织的聚集能够带来区域性发展，同时也为其整个行业的全面发展等带来一定的效应。

（四）居民收入水平

用来体现居民收入水平的相关指标一般是指家庭可支配收入。在指标的内涵层面进行分析，它属于居民的真实收入中可以用来解决日常生活问题的收入，是用来评价居民经济收入与生活质量的一个常见指标。

可支配收入对媒介产业发展带来的影响一般是通过广告与媒介产品等消费情况进行体现的。通过调查发现，收入增加通常会对消费造成一定的影响，收入水平会对居民的消费能力带来影响，唯有收入水平的增加，消费水平方可提升，从而通过广告投放带来一定的积极刺激的效应。所以,居民家庭可支配收入增加,从某种意义上来说,代表着广告投放量的提升。并且,收入水平的增加,也会让消费结构出现明显的转变。由于收入的增加能够让生活必需品的边际消费倾向下降,大量的收入会转移到一些文化娱乐、外出旅游等高层次的消费中,因此,传媒产品的消费占比会大大提升。

美国经济学家米尔顿·弗里德曼创建的持久收入消费理论明确指出,消费者的消费支出一般不会受到其现期收入的影响,而是根据其持久收入来进行衡量的。持久收入代表着消费者能够预测到的长期收入。所以,对媒介产品的消费一般与居民的长期收入增长有着很大的相关性。

(五)经济结构

将国民经济不同行业分成第一、二、三产业是国际上大部分国家常见的经济核算模式。第二、三产业占比对媒介产业发展带来的影响是不容小觑的。间接性影响一般是指第二、三产业占比会与国民经济发展规模有很大的相关性,通常来说,前者越高,后者发展规模越大,这一影响也会传递到媒介行业中,在某种意义上来看,它能够影响媒介行业的发展方向。直接影响是指媒介产业一般是以广告收益为主要经济来源,但是第三产业具备的相关特征导致其对广告存在不一样的亲近性。通过相关统计数据可以看出,在GDP固定的前提下,第一产业的占比偏大,那么,第二、三产业的占比就会偏小,广告投入带来的潜在收益空间也会受到挤压。探究其原因,是由于第一产业属于基础性产业,与人们的基本生活密切相关,和媒介产业的亲和力比较小。但是第二、三产业与其完全不同,特别是手机等产业,是广告投放相对聚集的行业。从媒介行业的发展现状说,药品、食品、家电、日化、房地产、医疗、服饰、汽车、旅游等行业一直是广告投放集中的行业,其广告额在我国广告投放总额中的占比超过70%。

对于第二、三产业,特别是第二产业来说,各个行业对媒介的亲和力是不一样的。例如:在第二产业中,根据其广告亲和力的差异性进行分类,可以将其分成三类:①原料类。诸如钢铁、煤炭等,其广告投放量小,与广告行业的关联性非常弱;②房地产、汽车、家电类等,是广告市场重要的客体,存在较强的波动性;③日常用品、饮料类等快速消费品,是广告市场的主要客体,且具备较强的稳定性。

(六)城镇化水平

媒介产业对我国城镇化水平带来的影响是非常大的,一般来说,两者具有正相关性。探究其原因包括以下三个方面:一是通过对传媒产业的发展历史进行分析,发现城市的发展与城镇化水平的提升是现代报纸形成的一个重要条件。城市所具备的相对完善的交通网络,对现代传媒的发展提供了充足的物质支持,媒介产业特别是报业的每一个发展战略,都与城镇化水平的提升有着很大的相关性。二是城镇化能够为媒介行业带来更多的受众。城镇化说明城市人口的增加,必然会导致人的生活节奏加快、经济文化素质提升等,城镇居民是传

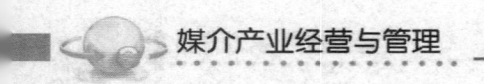

媒行业一个非常关键的受众群体。和农村人口进行对比,城镇居民对传媒消费需求体现出多元化特点。三是城镇是媒介产业获得经济效益的一个重要区域,随着城镇化的持续发展,受众的消费力大大提升,对广告商的吸引力也在持续提升,但是对于农村人口来说,其居住相对分散,同时购买力不足,对广告商缺乏吸引力。由此来看,城镇密集、快捷的信息交流渠道将会对传媒业的发展带来一定帮助。

第三节　我国的媒介产业

中西方国家在传媒行业发展方面有着很大的差异性。在国际上,发达国家媒介产业的发展经验值得我国媒介行业借鉴与学习,当然,我们也需要结合自身的实际情况进行综合考虑。

(一)我国媒介产业的意识形态属性

一般来说,生产部门是生产物质产品的组织单位,其存在典型的行业属性,一般是以较低的投入获得较高的盈利为切入点。不过,媒介产业不仅具备产业性特性,而且存在较强的政治属性与意识形态特点。首先,它不仅属于简单的生产部门,而且也是中国共产党实现社会主义事业发展与建设过程中的关键构成部分,这属于社会主义精神文明建设的关键方向。对此,一定要坚定不移地遵循"社会效益第一"的原则。其次,根据其产业属性来看,它必须严格地遵循市场经济发展规律,通过现代企业管理活动在日常经营中获得理想的经济效益。

传媒产品存在双重特性与效益。对于双重特性来说,其包括两大类,即商品属性与意识形态。对此,媒介行业的不同的利益需求必须要实现统一,具体来说,则是需要确保经济效益和社会效益的完全融合。媒介产业的兴起是在工业文明发展的背景下实现的,传媒产业具备一定的商品属性,因此,它需要积极地面向市场,与其他产品一样必须要遵从市场发展规律,由此来确定投入产出比,力争获得可观的经济效益。倘若传媒产品无法获得理想的经济价值效益,其投入产出比完全失衡,资金周转会出现问题,传媒产品的再生产也会随之受到限制,导致传媒企业无法实现可持续发展。并且,物质产品的生产与经营,必须要满足市场的发展需求,但是传媒产品无法完全忽视市场需求这一导向因素,同时,也不能完全被市场需求所限制,由此来看,传媒产品在满足人们精神层面需求的过程中,也需要对人们的思想观念、心理行为等造成一定的影响,此影响或许是积极的,也可能是消极的。对于积极的一面来说,能够对人们的精神带来鼓舞、给人们力量,实现人类社会的不断发展;对于消极的一面来说,它或许会对社会造成危害,误导人们的思想。传媒产品的这一意识形态的变化,决定了它必须要关注社会效益,因此一定要认真分析未来的发展方向,鼓励大众形成正确的价值观念,由此来折射出时代发展的一个基本态势,同时需要将人民的根本利益放在重要位置上,由此来充分地彰显出其在大众审美观培育、精神文明建设等方面的功能。所以,传媒产品一定要将社会效益和经济效益全面融合。

（二）我国媒介产业的体制

由于我国媒介产业存在一定的意识形态特征,导致其经营目标具有多元性。因此,我国的传媒体制必须要彰显出独特性。从传播行业的分类方法来看,其是把全球各国的传媒产业分成三类,即国营型、商业型、公共型。对于国营型来说,其多见于社会主义国家,特点是传媒事业被国家掌控,由地方政府管理,这一制度决定了传媒媒介是国家机关的一个宣传工具,必须要体现出严谨性,方可具备较强的政治控制力与行政干预力等。对于其他两类来说,也是按照其提供产品的方式进行分类,一般来说,通过市场提供传媒产品的方式,则认定是商业型;通过公共机构提供传媒产品的方式,则认定是公共型。公共机构一般代表着个人、国家、党派、宗教或非营利社会团体等。

以上三类传媒体制都存在不同的优缺点,都体现出言论自由的管理理念,并且都需要政府、市场等主动进行抉择,慢慢地形成现今的发展格局。

我国的传媒体制是相对独特的,其属于"一元体制,二元运作"。一元体制代表着传媒行业的主动权由国家掌控,二元运作代表着在经济方面不但需要国家拨款,而且也需要借助于国家的权力,由此来获得相关盈利。具体来说,后者是全部传媒获得经济盈利的一个关键渠道。在这一体制下,传媒不但要完成目前政府机关需要完成的意识形态等宣传任务,而且也需要利用广告等市场经营方式积累一定的发展资本。由此来看,借助于国家所有制赋予的政治权利能够在市场上获得一定的经济效益,同时也能够利用市场中获得的一些经济效益来完成意识形态宣传等政治任务。

在1978年《人民日报》等一些报刊正式实施"事业单位,企业化管理"政策之后,我国传媒行业已经开始了长达40多年的体制改革、制度创新等发展过程,媒体业的发展模式逐渐得到大众的支持,传媒行业的经济效益通过市场给予呈现,不过媒体单位特别是和内容生产相关的媒体,因为其需要承担意识形态宣传等任务,依旧被认定是"事业单位"。这能够看出在媒体改革的过程中,其选择范围具备一定的局限性与有限性,也能够说明媒体改革其实与社会发展步伐相比是相对滞后的。在媒体转型阶段,其结构变得非常烦琐,例如:报业集团不但设立事业部,也设立企业部,这两种不同的体制运行在相同的政府机关中,其蕴藏的一些矛盾与冲突必然会对传媒行业的发展带来阻力,甚至也会造成传媒行业在经济发展过程中出现不协调的现象。

我国媒体之所以能够一直遵循事业单位的发展原则,从某种意义上来说,和我国传媒行业监管层一直实施的传统监管政策有着很大的相关性。站在媒体监管角度进行分析,意识形态领域的安全问题是非常重要的。通过事业制度进行管理,监管层可以对国内媒体,特别是新闻媒体等实施一体化的行政操控,其控制范围覆盖所有行业,例如:传媒行业的准入门槛、资金来源、领导层任命与监管、媒体的经营途径、新闻来源及传播渠道等。然后利用全方位一体化的监控手段能够尽快地完成监管任务。值得注意的是,媒体的高质量发展必须要进行全方位监管,不过传统的过度集中的监管模式,必然会影响我国传媒行

业的可持续发展。在目前市场经济发展背景下,我国传媒行业的发展速度比较慢,从而导致其在参与国际竞争方面处于被动地位,而且也无法高质量地履行"党的喉舌,人民的喉舌"的职能,也不能尽量地满足人们精神文化等方面的发展需求。基于此,我国传媒行业必须要参考国外媒体的发展经验,促进自身的不断壮大。并且,也需要参考国外媒体的监管经验,实施全面改革与创新,为促进我国媒体行业的全面发展营造一个高质量的发展环境。

(三)我国媒介产业发展的历史进程

产业化是当代传媒发展的重要话题,经历风风雨雨,已经取得了重大成果,而且还将持续相当长的时间。这里有必要对当代我国媒介产业发展的起点进行追溯,并进行历史分期。本书认为,我国媒介产业化的起点是1978年的"事业单位,企业化管理"政策的实施。下面主要从媒介产业化与政府的关系角度,提出了三个阶段分期的观点。

"事业单位,企业化管理"是政府主要基于财政困难考虑的以"双轨制"为特征的放权的开端,从一开始这个政策就带有极其明显的"规制"和"放松规制"的双重因素,具有"放"和"收"之间浓重的游移、矛盾的色彩,它既是中国媒介产业化发展走出的意义重大的第一步,又为未来媒介产业进一步发展留下了重重悬疑。

1. 政府控制的经济利益萌芽阶段(1978—1992)

在十一届三中全会之后,由于经济得到飞跃发展,这必然会促进市场化企业得以全面改革,同时使其真正地感受到市场带来的影响,逐渐认识到广告宣传的价值。并且,经济压力也能够在传媒行业出现,之前接受国家提供的财政补助在慢慢缩减。从现实角度来看,传媒行业发展所需要的物质资源的数量是在持续增加,传媒行业必须要借助自身的力量来获得充足的物质资源。

在《人民日报》等一些主流新闻单位在1987年要求全面实施"事业单位,企业化管理"的经营制度之后,希望能够利用一些自主发展路径增加经济收益,传媒市场化得以创建。国家财政部给予其全面支持,结合当时的政策来看,报社的事业单位性质是固定的,不过,能够通过参与相应的经营活动来获得相应的经济效益,由此来改善员工的薪酬待遇与福利保障,从而改善报社的办公环境与技术设备等。

重塑报纸广告经营业务,是这一次实施市场化改革的一个重要内容。1979年2月14日,上海的《解放日报》刊登了新中国成立之后我国大陆的第一则商业广告。随后,广告业务重新返回报纸行业,这也是促进报纸行业实现市场化发展的一个重要推动力量。1980年,我国广告经营额突破1.2亿元,在接下来的几年中其发展增幅基本上都在40%以上。

在1986年,我国媒体行业正式提出要求自己办报刊之后,媒体行业将发行认定是报刊这一特殊产品的市场流通行为,意味着报社对报纸这一类商品的销售模式与经营理念产生了改革的迫切需求。这是媒介对产业经营改革带来影响的一个关键过程。在此之后,越来越多的报社开始自发创建报刊,同时朝着市场化经营的方向逐步转变。1989年,我国报纸行业经营管理组委会正式创建。1988年,《关于报纸、期刊、出版社正式实施有偿服务与经营业务的暂行管理条例》颁布,为促进报业改革带来极大的助力。在20世纪80年代之后,广播行业进入快速发展阶段,这一发展热潮一直延续到1993年。

2. 政府认可的媒介产业化尝试时期(1992—1998)

1992年,中共十四大确定了社会主义市场经济体制,传媒走向市场的愿望和面向市场的经营行为得到了充分的体现,新闻改革开始呈现整体市场化的面貌。1992年办报热中,一个突出特点为"社外资本"的进入——广告公司或其他机构"包版面""包节目"的经营方式被默认并发展起来,成为许多市场化程度高的大众传媒经营获利的又一手段。1994年,许多机关报不仅改变了吃"皇粮"的局面,而且还成为创收大户。90年代中期,网络的出现打破了传统媒体的界限,为从事跨媒体经营提供了可能性。1996年,广州日报报业集团的试验,使报业产业实现了迈向新世纪的重要飞跃。

3. 政府主动作为的媒介产业发展时期(1998年至今)

在这一时期中,广州日报报业集团是我国首家报业集团,其朝着集团化的方向开始转变,这意味着我国媒介产业化发展正式开始,也说明已经完全摆脱了传统的小作坊经营模式。集团化与集约化等经营模式逐渐受到国家的关注。

资本是我国传媒行业得以发展的一个关键要素。民营资本、外资等借助不同的渠道融入传媒市场,资本经营已经不再是媒介之外的事物,需要与传媒自身保持密切的相关性。

随着媒介产业化的持续发展,政府在这方面已经开始用"看不见的手"进行宏观调控,同时积累了一些优秀的实践经验,促使自身的管理行为持续优化与改善。

国家新闻出版署与国家广播电影电视总局等相继公布了一些和媒介行业发展相关的规章制度与规范性政策等。例如2003年颁布的《外商投资图书、报纸、期刊分销企业管理办法》、2004年颁布的《中外合资、合作广播电视节目制作经营企业管理暂行规定》、2002年颁布的《赴国外租买频道与设台管理暂行条例》等,这些全部属于非常关键的媒介产业的主导性规章制度与政策文件。

中央开始有计划地引导媒介产业的发展,并逐步实现了大跨越的升级。国家管理媒介产业的持续优化过程是与我国媒介产业的发展历程完全同步的。也就是说,我国媒介产业在发展的过程中并不完善,它需要持续性地改进,结合我国媒介产业的发展历史来看,随着这一过程的积极推进,将会形成新的结论和认识。

(四)我国媒介产业发展的特征

我国媒介产业的发展与西方国家有一定的差异性。此时需要注意的是,我们在分析我国媒介产业发展特点时,一般是指其在实现产业化过程中所呈现出来的相关特征,并非媒介产业所具有的相关特征。

1. 遵循社会主义发展方向,为党和国家提供服务

在我国,媒介产业的发展具有一定的中国特色,根据其发展方针进行分析,则是需要坚

定不移地遵循为人民服务的理念开展相关工作。媒介产业化并未完全摆脱社会主义初级阶段的意识形态，需要在这一基础上得以拓展，它与汽车行业产业化完全不一样，由于传媒本身具备一定的独特性，对此，其表现也存在一定的独特性。

媒介产业的发展在实际层面来看，其与理论发展都存在一定的阻力，其表现包括两个方面：①主流意识形态是否能够在产业形态下不断地彰显出主导效应？②是否在为保证利益集团利益的前提下，对社会公共利益造成损害呢？

党和政府从来没有放弃过对新闻工作，包括媒介产业的主导作用，从来没有放弃对其政治属性的认定。如数字电视是电视产业的一个热点，关于数字电视，中宣部多次强调，数字电视不是单纯性的业务工作，而是具有很强政治意义的工作。国家广播电影电视总局在《中国广播影视业的改革与发展》报告中明确指出，数字电视是公益性事业，属于政府行为。

当然，还存在一个问题，那就是传媒的公共信息服务属性和产业利益属性之间的矛盾。这一问题在之前的介绍中已经详细概述，产业化的发展不能够以牺牲公共利益为代价，并且多次强调这一原则。由于媒介产业化的持续发展，媒介产业已经成为创造国家软实力的一个关键要素。产业化不但并未"去意识形态"，而且也需要思考该如何提供政治性服务，为党和国家提供相关服务。金融学家胡鞍钢多次强调："传媒是美国等西方国家保障国家公共利益、实现全球发展战略的一个重要载体。"它代表着一种软实力，传媒是全球各国进行市场博弈、政治竞争的一个关键手段，在国家竞争中发挥着非常关键的作用。从现实角度来看，传媒对国家发展带来的影响不但能够通过意识形态竞争来体现，而且也对国家形象塑造等带来一定的积极性引导。传媒目前属于一个现代化的社会结构元素，它已经与人们的日常生活完全融为一体，对经济、政治、文化等带来的影响是不容小觑的。基于全球化的发展背景，其能够体现出国家的综合竞争实力，也是国家参与国际竞争的一个重要力量。

2. 政府角色转变

我国媒介产业发展从1978年到现在有了长足发展，从当年试探性的"事业单位，企业化管理"，到2004年国家广播电影电视总局把该年定为"产业发展年""数字发展年"，实现了历史大跨越。我国的传媒行业从完全的计划体制、财政包干、公费订阅到全面产业推进，迎来了媒介产业大发展。

"事业单位，企业化管理"属于一个比较有特色的二元结构经营体系，或许可以将其称作"双轨过渡制"。从本质上来看，政府在财政压力的作用下无法为媒介提供所有的经营资金，但是却不愿意完全放弃传统的行政控制权力，因此需要媒介通过其掌控的一些公共物品进行利益创收，但是媒介不但需要保留一些传统的体制，而且还需要确保其自身资产的持续增值，由此能够为促进市场的资源配置带来保障，例如：虽然媒介的"头颅"依旧控制在体制范围之内，但是一些利益已经完全排除在体制之外。

我国媒介产业化始终在利益追求和权能控制两条曲线勾勒的空间内腾挪。传统的控制假说是：只有从所有权、人事权、编辑权等方面进行全方位的控制，才能保证媒介喉舌功能的实现。而从意识形态的角度来看，媒介是不可以放弃的，不仅不能放弃，随着经济的开放，执政党和政府对越来越庞大、越来越复杂的媒介，其调控能力必须进一步加强。看起来是难以解脱的困境或者说是两难问题。这种假说,遭到了来自各方面的挑战。特别是政治、经济、文化的全球化,以及民间资本和境外资本悄然进入,把问题提到了更加显眼的位置。

在我国传媒发展的过程中,必须要思考传媒的全球化发展趋势,使其尽快地做强做大。目前我国媒体的国际影响力与西方国家相比还存在一定的差距。产业化是提高我国媒体实力的一个重要方向。由此来看,媒体产业化是党与国家的一个主动选择方向,并非被动性地改变,其在权力控制与利益追求方面,还存在一定的自由空间。

基于此,我国出现了传媒集团,主要是为了整合国内的传媒力量,应对国外媒体的一些挑战和威胁,利用集团重组等逐步提高自身的发展实力,当然,还需要利用以大管小等方式,对传媒实施全面管理。尤其是在传媒集团的报业业务方面,需要注重党报的核心地位。在电子传媒业务发展方面,一般由省级市级电视台统一掌控,其根本目的是利用进入市场壁垒的方式,使我党与政府能够在主流媒体中占据一定的重要地位,且保持较强的话语权,利用间接性的手段来加强社会公民的意识形态控制。由此来看,假若失去了党与政府的积极引导,整个媒体产业化发展是无法实现的。

3. 传媒自身发展的要求

媒介产业化发展起始动因的另一端来自传媒本身。新闻传媒长期在计划经济体制内运行,多年来积累了大量人力资源、品牌资源和经济实力,从1978年开始,全国出现了报刊种类大幅度增长的态势,一旦大环境有突破的可能,这些力量将迸发,媒体敏感地把握了扩张成长的时机,获得了"企业化经营"的许可,虽然只是一小步,但足够奔向远处。

传媒走向市场,利润成为它们必然的目标,也是存在的重要条件。"事业单位,企业化管理"为传媒搭设了走向市场的第一块踏板。中国新闻传媒在向商业化、市场化靠近的过程中,纷纷逐步提出了产业化的要求。

中国传媒大学教授黄升民博士把媒介产业化发展的动因认定是三个:大资本、大市场、大媒介。我国是一个巨大的且有发展潜能的媒介市场,基于此,无论是中央媒介还是地方媒介,都存在不断扩张的想法,基于此,在海外媒介的刺激下,这一蓝图即将实现。同时基于市场竞争环境下,大媒体的经验必须要依赖大资本的支持,这三者是促进媒介实现产业化的关键要素,整体来看,媒介存在经济需求,也就是说,它们对利益具有一定的追求欲望。

早期利润是产业化实现的一个重要推动力量,媒介产生希望能够摆脱计划经济带来的限制与束缚,一般通过市场化的经验来表达自己的诉求,例如,自主定价、多元化经验、多元化用人机制等。

由于传媒自身规模的持续扩大,其逐渐感受到市场化带来的各种优化,对此,在产业化方面的需求也会持续提升,其表现是,一些学者希望能够通过实现大市场、大资本、大媒介等方式逐步扩大经营规模,或者利用跨区域兴建媒体、明确经营产权等方式,实现资本扩张等,这也是促进产业链得以升级的一个重要发展方向。

4. 社会经济环境的影响

媒介产业之所以实现高速发展,其中宏观动因是外界环境压力。在价格双轨制全面实施后，市场机制所发挥的作用得到了明显提升。不管是发行成本，还是原材料购置等，均由市场决定，导致相关价格猛涨，各媒体的经营成本在短时间内急剧提高。一直以来，报纸的邮寄和发行是一体的，邮局工作人员的日常工作存在明显的公益性质，发行费率一直处于极低的状态，特别是《人民日报》的发行费率在很长时间内一直维持在14%左右，全国所有期刊的平均发行费率也不超过25%，而且曾经在28年间没有发生变化。改革开放后，在启动建设市场经济体制的时候，邮局也进行了制度改革，因此，20世纪80年代新创办的报刊的发行率有所提升；到了1987年，根据不断变化的市场环境情况，再次调整发行费率，国家最高允许收取45%的发行费。另外，对于新闻纸的定价来说，在改革开放后也出现了快速猛涨等现象，在1980—1987年间，短短8年内上涨了近4倍，从730元/吨提高到2800元/吨；在1987—1995年间，新闻纸的价格又出现了翻倍提升，增加到7000元/吨。与此同时，国内报刊的数量也出现了爆发式增长，在1982—1985年间，短短4年内国内公开发行的报刊数量增长了3倍多，从659家增长至2151家。根据相关统计显示，在1980—1985年间，国内出现了千余家新办报纸，这意味着每两天就会出现一两家新的报纸。广播电视台及电视台的数量在同期也出现了快速增长，在1983—1988年间，短短6年内均翻了两番，均从百余座增加到400多座。在这种情况下，新闻行业的从业人员群体规模不断扩大。

在政府停止对部分报刊的财政投入后，需要不同媒介主动进入市场，促进产业化尽快转型升级，并积极地探寻拓宽收入来源。比如，《新民晚报》的发行量在20世纪90年代初期获得了快速提高，其广告收入在1990—1995年间增长了4倍，经济效益也得到了显著提升。在"七五计划"期间，国家财政向全国各地报刊发放了1422万元补贴；在"八五计划"期间，全国各地的报刊陆续上缴了2亿多元人民币的税额，超过了前者的8倍。

对于中国媒介产业在改革开放初期的发展情况，当时有人曾调侃说"高层卸下包袱，基层期盼政策"，特别是当时的报社性质尽管是事业单位，但是实行的是企业管理机制。"之所以出现这种情况，主要因为存在两方面原因，其一是政府方面需要控制财政赤字；另一方面是媒介单位内部具有扩大自主权的强烈诉求。在两方面因素的共同推动下导致出现了这种变化趋势"。政府方面期望各媒介单位能在实现产业化转型的过程中，卸掉曾经长期担负的财政包袱；媒介单位在这种形势下，将生存压力转化为在市场竞争中谋求发展的动力。它们在改革开放初期这个相对特殊年代的"发展思路是同步的"，促使国内传媒的市场化变革成为不可逆转的发展趋势。

第三章
媒介组织

在全球化时代，虽然不同类型的媒介组织各自之间存在着一定的关联性，但所处的社会地位、传媒宗旨、承担的社会责任都有所不同。整体而言，媒介组织之间的差异呈不断扩大的趋势，甚至在社会管理体制上存在着极端化的差异。如，在某些西方发达国家中，大部分媒介组织都是私有制，主要以商业经营为主，他们主要以追求自身利益为发展动力；而在另一些国家中，报刊与广播电视分别由国家和私企垄断经营，政治属性较强。两者在参与社会运营中存在极大的差异。因此，我们很难把媒介组织看成处于同一法则下运营的拥有共同目标的同质世界。

如果全面回顾大众媒介的发展历程，不难发现在各类媒介之间的发展历程中，媒介的经营管理对强化媒介组织与各个政治制度与经济发展的关联，与社会进步的同步有着重要的作用，这也是各国媒介发展至今依然引领全球舆论的重要原因。

第一节　媒介组织的含义与特点

著名社会学家厄佐尼表示："我们生活的社会就像一个共同的组织，我们身处其中，接受组织的教育，并利用自己大半生的时间为这个组织作出奉献，即便在闲暇之余，我们的娱乐和祈祷同样依附于这个组织，最终我们的生命也将在组织中结束，甚至在我们的葬礼上，同样离不开组织给予的支持。"美国学者爱桑尼在其发表的著作《组织比较分析》中提道："所谓组织，可以理解为有意构建和完善的、为了某个特定且统一的目标实现的社会群体。开普楼在研究中认为，组织作为一种复杂的社会体系，需要经过特定的认证，并录入组织特有的名录之中，同时还需要具备合理的更迭程序。"佛利蒙特·卡斯特等人在著作《组织与管理》(1973)中提道："所谓组织通常指经过整体性与结构性的活动，也可以理解为相辅相成的关联性中人们通过共同协作达到特定目标的行为。"从各理论学家对组织的理解中，可以认为组织存在四种显著特性：(1)谁：涵盖了个体或集体；(2)为何：为了实现特定目标；(3)如何：通过分化功能进行有意识的引导与协调；(4)何时：时间上的持续性。综上所述，媒介组织可以理解为满足社会发展和人类文明进化，通过专业人士从事大众传播活动的特定群体。媒介组织的内部架构比较稳定，它不仅以静态结构呈现出来，同时也通过动态组织活动体现价值。

媒介的组织模式通常由环境、技术、战略等宏观要素决定，在这其中涵盖了组织的沟通渠道和指挥模式，同时也涵盖了组织内部从业者在不同层次与权利体系的地位以及关联性。组织的模式通常决定了整体的管理跨度和层级规模，决定了部门内部与部门之间的架构逻辑，决定了部门之间工作的沟通合作系统，从而确保不同部门之间的有效沟通与交流，促进资源整合。组织整体的管理跨度、层级规模、部门内部与部门之间的架构逻辑是组织显现的纵向性构成要素，沟通合作系统则属于隐形要素，是组织内部成员之间发生"化学反应"的横向性环境。因此，科学合理的组织模式应当通过有效的激励方式，鼓励组织成员提供纵向性的关键信息以及横向性的协调合作。根据上述阐述,媒介组织模式也可以理解为媒介组织内部的沟通网络和指挥系统,此外还包括组织内部不同层级的工作人员的地位与相互产生的关联性。其中涵盖媒介组织管理跨度、正式报告关系、规范化程度等内容。

媒介组织除了功能性的特性外,也包含了社会性特征,其通常表现在以下几点:(1)媒介组织并非自发形成的,它是通过组织成员筹划和研究发展起来的;(2)它必须获得政府或相关主管部门的审批和认定才能成立,同时受到社会大众的广泛认可;(3)每个媒介组织都有自身的定位和宗旨,它就是为社会大众的信息需求服务。

第二节 媒介组织设计的维度

对组织设计造成影响的因素可细分为关联性与结构性两个维度。所谓结构性维度,可以理解为对组织内部运行特征的描述,是研究组织模式的关键基础,关联性维度主要体现组织的全局性特征,这其中涵盖了组织的整体规模、核心技术、内部环境以及组织发展战略等,它是能有效反映造成组织结构发生改变的重要因素。对于组织的认识和评估,离不开上述两个维度的考量与分析,两种组织设计维度存在紧密关联性,它们之间相辅相成。

虽然不少人在研究中认为无法通过统一的模式来评估组织之间的不同,但随着研究的不断深入,组织的复杂性、规范性和集权程度是众多研究理论中被反复提及的,也在常规的组织工作中得以广泛运用的三个维度。它们全面反映了组织结构性维度的本质,在某种程度上对组织的架构起到了决定性作用,甚至直接影响到组织的内部指挥、协调管理、资源调整。和结构性维度存在较大差异的关联性维度,是能够全面描述组织的整体特征,是影响组织结构性维度的各要素的集合。因此,关联性维度也可以理解为组织结构与在组织工作执行过程中的多种因素的组合。组织中的关联性维度通常涵盖组织内部环境与外部环境、组织规模、组织战略规划等。组织结构性维度与关联性维度之间都存在紧密关系,它们并非独立存在,而是两个维度共同作用,对组织结构产生不同程度的影响。因此,单纯从某一个维度考虑组织结构缺乏科学性与合理性。

(一)关联性维度

1. 外部环境变量

所谓素质环境因素可以理解为依附于组织周边,并对组织产生不同程度的影响的因素。其主要涵盖了组织的整体产业发展现状、市场竞争环境、政策法规、社会经济水平、社会价值取向、受教育水平、人才供需关系、国际环境等。通常环境对于组织的影响为以下两点:(1)环境信息的需求;(2)环境资源的需求。

环境存在的未知性与不稳定性提高了组织应对环境时的风险,同时也会增加组织对于环境的估算与决策的难度。所谓不确定性通常是指决策一方对于环境因素相关的信息无法做到全面掌握,对外部环境产生的变化趋势也难以预测。导致不确定性出现的环境特征主要是依附于组织外部的环境会呈现量变到质变、简单到复杂、少到多的变化趋势,环境变化的混乱致使存在了强烈的未知性。通常情况下,机械式的组织结构一般在相对较为稳定的条件下产生,由于环境的静态,其工作程序也将会流水线化,因此一般具有较高的效率,但在多变的现实市场中,却会因不能即时应对环境的变化而被淘汰。而动态式的组织结构则是在处于动态化、不确定的环境中产生的,它的组织架构会比较灵活,反应能力强。因此,它在动态化的市场环境下,才能产生较为理想的效果。现实社会中,正是环境的不确定性,让不少企业得以进行资源重组、内部机构改革等工作,从而有效发挥组织的灵活性与机动性特点。这些都是环境因素赋予现代中小型企业的机遇,从而有效促进产品更新换代。不仅如此,环境动态化也在一定程度上转变了市场消费需求,得以向个性化、定制化转变。同时,大量线上虚拟企业为了顺应不确定性的外部环境需求应运而生。换而言之,得益于外部环境因素的推动力,组织自身才能进行有效的发展与改革。

2. 组织能力变量

从媒体的角度而言,有效反映组织结构关联性维度的技术变量和战略变量的重要特征是能力变量。媒介组织能力可以理解为利用组织现有的资本、硬件设施、人力资源、社会影响力等输入量转化成的效果,其主要通过媒介产品的展示体现出来,它也是媒介组织经营和管理的最终目标。

（1）市场能力

现代媒介组织的竞争终究需要经过市场的考验,表现在市场竞争中的能力是社会各界能够明显感知的,其主要体现在组织制定的发展方向和战略布局方面。主要指标:一是能够快速适应市场发展的能力。具体是指媒介组织对自身产品改版的深度与广度、产品与市场舆论变化的适应程度、产品调整后的最终市场效果。二是市场反应能力。具体是指对市场相关信息的收集、处理、整合、反馈的高效性,针对市场需求制作相关产品的能力、产品营销和创新能力。

（2）技术能力

技术能力是决定市场能力的先决条件和关键基础,其通常表现组织中的核心生产力和研发水平、采编技术、产品创新度、产品调整质量等。具体指标:一是核心技术的创新与运营能力。二级指标为针对市场需求调整的技术发展能力、核心技术的创新质量。二是核心技术的开发和推向市场的能力。二级指标为技术研发的适应性与市场性、技术开发的整体水平。三是重要部件制造技术的弹性空间。二级指标为重要产品部件制作的市场柔性、弹性、兼容性。

（3）管理能力

所谓管理能力,它是企业得以长期稳定发展的重要保障,通常表现在员工专业能力和媒介组织管理体系的科学性与合理性,以及决策层的前瞻性和企业的整体学习与适应时代发展的能力。具体指标:一是组织内部的学习与发展水平,以及最终成效。二级指标为高层领导的前瞻性和学习能力、企业内部培训机制的合理性与有效性、企业信息分享的透明度。二是外部协同合作的能力。二级指标为合理运用相关政策的能力,和利益相关方战略合作的深度与广度。

(4)组织能力的特征分类

组织能力概括来讲是组织在市场、核心技术、内部管理上体现出具有显著优势,且难以被复制,同时又可以满足客户需求的独特的能力。部分研究人员将组织能力划分为洞察力和执行力,洞察力能让组织快速发现市场机遇,让组织得以占据市场优势;执行力是企业在执行具体任务过程中的各项基础性能力,能确保企业可以提供高质量的产品与服务。各个媒介组织之间的能力存在差异性,若要达到较高的能力,组织内部要形成长时间高效稳定的集体学习能力,要能够针对不同的生产方式和生产技能的工作进行相应的调整和优化,进而形成对现有资源的优化配置。

在达尔文的《进化论》中专门研究了"适者生存"的理论和思想。"适者生存"也可以理解为人类经历长时间的进化与发展,产生出应对各类外界环境的综合能力。在市场化的环境中,将"适者生存"的思想融入媒介组织的经营与管理中,对组织能力的发展是具有重要价值与意义的。因为,媒介组织唯有在和外界市场的沟通中,形成高效的协同合作关系,顺应甚至引领市场环境的发展,才能立足于市场,不被时代所淘汰。现代化企业已经无法以不变应万变了,而是需要根据市场需求的变化而变化,才能占据市场主导地位。根据适者生存的思想,本书主要将现代企业的能力划分为四个方面:一是灵活性较差的企业能力。这部分企业拥有极强的刚性,但是缺乏一定的柔性,它是现代企业经过长期发展和优化的结果,呈现出比较强的稳定性。但是在外部环境发生剧变时,这类企业很难作出高效准确的反应。二是中灵活性企业能力。此类企业同样以刚性著称,同时具备一定的柔性基础,可以理解为企业在发展过程中拥有了一定的应变能力。三是中高灵活性企业能力。这部分企业通常具备极强的自主经营能力,在具备足够刚性的基础上,同样具备领先同行的创新技术和理念,能够快速学习和掌握并加以运用,对于外部环境的变化能够快速作出反应,并呈现出极强的适应性。这种企业在当前的市场环境下属于优质的企业。四是高灵活性企业能力。此类企业不但自身具备较强的自主研发能力,同时掌握了行业领先的市场营销和组织管理技术,能够灵活运用刚性与柔性能力适应不断发展的外部环境,能在多个领域、层级与相应竞争对手进行比拼中,甚至能在一定程度上改变行业环境。这也是企业层次最高的企业能力。

(5)媒介组织能力的分析

我国当前的媒介组织处于竞争白热化的环境下,同时受到国外媒介的集体入侵,受众对媒介产品的选择持续扩大,媒介产品的生命周期呈现持续减少的趋势,也对国内的媒介组织提出了更高的要求。从市场竞争来说,真正能占据主动权的媒介组织,至少具备中高灵活性的企业能力,在确保自身媒介产品特性的基础上,有能力针对产品进行大刀阔斧的改革与优化,从而实现媒介产品的多元化、创新化效果,在较短的时间内学习和应用行业新技术、新理念,对外部环境的变化所产生的需求能作出快速有效的反应,从而通过媒介产品发挥培养与引导的作用,培养受众欣赏品位,对竞争环境形成一定的影响与改变,最终发展成为行业领头羊。

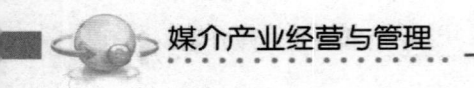

3. 整体特征变量

能够有效体现媒介组织整体市场特征的是组织特征变量以及个人特征变量。前者主要涵盖了组织诞生发展的时间、组织整体规模、组织架构的构成、组织内部文化；个人特征变量通常涵盖个人岗位、参与性、组织荣誉感、个人价值观、变化适应性、个人权力差距等。从媒介组织的角度出发，组织结构变革通常是由组织流程和外部环境发生一定程度的变化而引发的，同时组织的领导者、执行者、配合者表现的意愿同样对组织最终的发展方向起到决定性作用。不仅如此，组织内部比较有经验的记者、导播们，都建立了组织内部与组织外部复杂且高效的社会关系，即便无法如同决策者的权力，却能够得到社会各界的声援与支持，群众影响力极高，他们面对组织变革的意愿同样起到极为重要的促进或阻碍效果。

（二）结构性维度

媒介组织的设计通常是指对管理机制的各类输入变量转化为媒介组织能力的考量过程，是对组织结构系统所面对的各类变量关系契合度进行相对科学、合理的判断。通过对媒介组织设计理论进行多维度研究和分析，其组织结构设计的研究应当基于打造企业市场竞争力和技术创新为关键基础，并将组织结构对外部环境变量关系的适应性作为综合评估媒介组织核心竞争力的标准。受到外部市场环境和媒介组织流程变化的影响，媒介组织必须依据多种变量关系的变化，以科学合理的方式实现组织架构的优化与调整，换言之，媒介组织结构存在一定的开放性，需要通过持续融入新型物质和能量，使系统转变为一种在功能上有序的新的状态，从而有效提升组织结构的适应能力。

从媒介组织结构设计的基本思路来看，应当将组织任务作为发展目标，将组织流程作为基础。关联变量通常存在于媒介组织内部和外部环境中，并对组织结构设计产生一定程度的影响。关联变量通过与结构性维度的多种变量在关系经济活动中进行适应性摩擦与匹配，进而对组织结构变化产生不同程度的影响。上述多种变量关系造成的影响效果和方式存在较大差异。

根据企业控制系统模型"输入—转换—输出—反馈"的流程来看（如图 3-1 所示），并综合媒介流程中多个层次的变量内容进行综合对比和分析，得出本次研究理论的主要框架内容，媒介组织结构系统模型如下（如图 3-2 所示）。

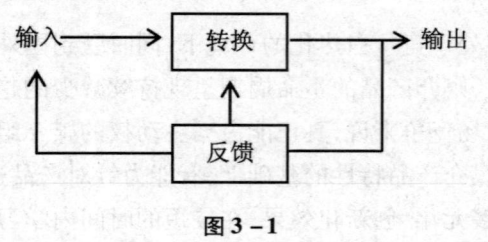

图 3-1

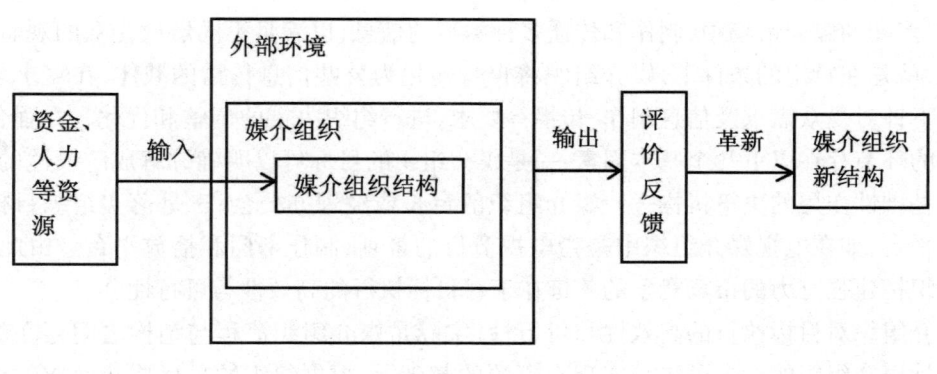

图 3-2

其中框架分析的大致内容可细分为以下几点：

（1）输入要素。媒介产品所需视频、音频素材，产品制作采编人力资源等，资源是媒介组织基础核心的能力。

（2）转化。媒介组织相关的管理，并非一种常规意义上的资源输入与整合，而是体现媒介组织结构的重要源动力。

（3）输出要素。处于媒介组织中的隐形能力被称为媒介组织能力，是指通过组织结构作用转化为创作媒介产品的能力，最终以产品被受众喜欢的程度作为对组织结构能力的评估。也就是说优秀的媒介组织结构能通过提升组织效率、优化资源使用率等，使媒介组织拥有强大的创作产品的能力。

（4）反馈过程。评价和反馈过程通常涵盖以下三个方面：一是媒介组织结构适应外部环境的反馈过程。通过对组织结构适应能力的对比和分析，产生相应的评估反馈，从而对媒介组织能力和外部环境相适应的整体效果进行综合评估；二是组织内部现有的资源、特定的组织结构要素等在进行重新组合过程中出现问题，从而影响媒介组织核心竞争能力，并因此形成相应的反馈过程；三是依附于媒介组织周边的外部环境或企业战略规划发生重大变化，对创新能力和受众需求造成影响而形成的反馈过程。

对于媒介组织结构适应性的评估与反馈本身属于动态化的过程，而上述阐述的原因和内容是本次研究的核心基础。

（三）设计变量的层级

1. 竞争核心

组织的本质是一个开放的竞争力体系，竞争力是对组织进行分析的基本单元。组织竞争力是一个组织赖以生存的核心，它把组织能够承担与进行的各项活动进行了清楚的划分。媒介组织作为一个参与市场竞争的主体，竞争力是设计媒介组织的核心要素。

媒介组织获取强有力的市场竞争力，通常需要在特定的环境和任务下，构建可以达成组织战略目标的科学运作架构系统，其中包括提供组织活动的载体资源、实现组织战略目标的程序、执行程序过程中的控制秩序和层级关系。媒介组织之间存在的竞争行为在市场上呈现为,在多变的媒介市场中,制作和传播多种类型的信息,以满足不同层次受众的观看需求。换言之,就是在特定的条件下,媒介组织将自身转化为公共信息传播的载体,在需求多元化的环境下针对受众需求及信息制作、传播等要求,进行组织决策的调整和优化。在强化市场竞争力的环节存在以下几个基本因素:一是媒介组织的目标可以明确分解成阶段性的任务;二是起基础性作用的决策机构——媒介组织的台长或经理办公会;三是落实组织目标所需的落实平台,如在电视媒介组织中是指电视节目的策划、制作部门和播放平台。由此可见,媒介组织构建强有力的市场竞争的关键在于对目标执行的高效性与可行性。

媒介组织对目标执行的高效性与可行性,实际是媒介组织流程与结构之间存在的关联性。设计媒介组织的基本逻辑是在现有资源的基础上,根据组织的目标构建而成的组织架构和组织流程。组织流程是组织架构设计的基本前提,也就是说在确定了组织目标和已拥有的组织资源的情况下,根据组织流程构建能够达到最佳状态的组织架构。如在构建一个国家级的媒介组织当中,其所拥有的资源与需要达到的目标是庞大的,其组织流程也必然是庞杂的,在信息搜集流程中,必将需要县、市、省等相应级别的收集架构。而构建一个社区性的媒介组织,其组织流程也是较为简单的,因此其组织结构必然会相对简单。但在实际的媒介组织中,流程和结构两者的关系并不属于确定与不确定的范畴。

任何媒介组织都离不开人员、资金、设备等要素,只有合理优化组织内部各要素的比重与彼此之间的关系,形成最有效的组织模式,媒介组织才能拥有强有力的市场竞争力。

媒介组织的设计是一项将大众传播组织机构内部的人员架构、任务执行、权利、硬件设备等通过科学合理的方式进行组合,从而实现组织目标的过程。媒介组织在实际设计过程中应当关注以下几个方面的问题:(1)媒介组织的构建必须遵循法律法规,获得相关部门的认可和批准;(2)媒介组织设计应当构建最优组织结构,从而发挥组织内部各项资源的价值最大化;(3)媒介组织目标任务要分配合理,精简人员架构,提高执行力;(4)媒介组织设计不仅要保证组织内部各项资源的合理调配和运用,同时要确保组织与外部环境的高度契合,否则,媒介组织的设计将无法获得长期稳定的发展。

2. 变量层级

对媒介组织设计中各要素产生影响的层级可划分为决定、影响、结构三个层次。媒介组织决定层的变量内容涵盖外部环境变量关系、影响组织结构变革的因素。媒介组织决定性变量是指在媒介组织结构搭建过程中产生决定性作用的因素,通常包括以下几个方面:(1)媒介组织外部环境变化过程中,对组织系统运行产生影响的资金、素材资源、人力资源等变量;(2)媒介组织外部环境变量中,用来参照的媒介产业发展现状、市场竞争、政策法规、社会经济、社会价值取向、受众观赏水平等;(3)媒介组织内部与之相关的能转化为产品输出能力的变量,如扁平化结构提高媒介产品创作效率。

媒介组织变革的影响性变量,主要是指在媒介组织的革新过程中,在组织内部能够对革新起到推动或延缓作用的要素。影响层变量主要包括:(1)媒介组织的复杂程度、文化使命、规模等组织特征变量;(2)媒介从业人员职务等级、对革新的态度以及个人文化价值理念等个体化特征变量。

媒介组织结构层变量则包括描述组织的复杂性、规范性和集权/分权程度的管理跨度、管理层次、分工形式、专业化程度、关键职能、集权/分权状况、规范化程度、制度化程度、职业化程度、人员结构等。

外部环境层变量在对内部环境层变量产生作用的同时,对于媒介组织结构的各个构成变量也产生了一定的影响。它位于媒介组织最外部的部分,而媒介组织战略变量这一位于内部的关联层变量就需要跟随外界环境的改变而作出变化;同时,组织规模的变化也会被外部环境层的各种变量所影响。从形式与创意方面体现的产品创新、生产方式以及价值链这些变量必然是需要随着媒介产业特征、市场竞争实际情况以及国家监督管理等变量的改变而进行调整的。

对媒介组织变革造成影响的因素,指的就是在进行组织结构变革时,其中部分原有因素可能会促进或者限制变革。尽管这些因素无法起到决定性作用,但是可以推动变革取得胜利,或导致一些抗拒情况。在媒介组织进行革新的进程中关键的原则是要对革新进行强有力的激励,以个体人性的需求来影响媒介组织结构发展的方向。

第三节 媒介组织的目标

在西方国家和地区,媒介组织的产生和发展大概和传播媒介的发展过程保持同步。建立媒介组织一般都不是为了实现崇高的理想,而在于追求金钱,如同弗里德曼所说,经营发展媒介组织的唯一社会责任在于想尽各种办法增加利润。近些年来,西方媒介组织和许多企业一样在经营管理的过程中存在着严峻的问题。各种媒介包括报社、电视台、出版社、杂志社等存在着日益激烈的竞争,基本上所有媒介组织的经营管理重心都集中在缓解协调以下三种不同的关系方面,包括盈利幅度、媒介竞争与员工需求。在媒介经营管理专家的眼中,在今后的发展阶段中,媒介组织如果要获得生存与发展的机会,获取最大化经济效益,就应当起用专业、优秀且聪明的领导者,从而有效地协调处理以上三种关系,充分发挥资源优势,善于挖掘员工特长与才智并加以利用,进而和同行形成良性竞争。

(一)盈利

针对上述媒介组织的介绍和阐述不难看出,媒介组织是人们精神产品的主要生产机构,理应具备社会责任感,同时应当肩负起舆论导向和社会价值取向的引导作用。因此,政府和国家的治理与发展都离不开对媒介组织的监督与管理,媒介产品本身具备极强的透明性与公共性特征,从而决定了其不能像其他类型的产品,只看重经济效益,而忽略社会效益,媒介组织肩负的传播责任最终必须凌驾于自身的经济效益之上。政府与国家的监管对媒介产业的发展起到至关重要的引导与促进作用。作为媒介组织,其首要任务应当是为公众提供服务、满足人们关于信息的需求。假如违背该原则,所有媒介组织都无法长期生存。从传播学角度来看,受众同样是大众传播能够生存的先决条件与前提,失去受众也就不存在传播。与此同时,缺少受众以及相应的信息消费,那么媒介组织也就不复存在,更不用说获得利润。所以,媒介组织的首要任务就是竭尽全力提供可以满足用户需求的信息产品及相关服务。

然而,媒介组织并不是制造类企业集团,虽然二者获得的利润都是相同的,但其生产与出售的并不是物质产品,而是精神层面的产品。通常来说,精神类产品都具有意识形态的特征,因此也存在思想性、政治性与阶级性。基于此,在我国,媒介组织生产与出售精神产品必须把维护国家利益作为前提条件,坚持中国共产党的领导,主动担负做好政治宣传的责任。任何只追求利润而忽视社会效益、只追求金钱而违背政治的媒介组织,最后都会走向灭亡,无法存活。

媒介组织追求高收入、低成本(薪酬、租金、纳税以及产品成本),同时使收益率能够弥补经营所带来的风险,这是很正常的。正如保罗·塞缪尔出版的《经济学》中提到的,利润就是刺激企业效益的一根胡萝卜。假如缺少"胡萝卜",那么为人类传播科技的科学家们就不会冒险进行发明,人类可能永远都不会体会到电视、电话、电影、电脑等媒介为我们创造的各种乐趣和极大的便利。正是由于成功为敢于冒险的发明家创造了巨大的收益,才不断推动着传播革命的发展与前进,如今人们的传播活动也才能够保持丰富多样。

对于大众传播领域而言,使用先进传播科技存在的风险与其用来弥补风险的利润潜力是成正比的。特德·特纳(Ted Turner)作为美国有线新闻网(CCN)的创始人,向美国无线电公司支付 900 万美元只为了长时间租用卫星用来传送新闻与电影,整个美国传播界都十分惊讶,认为特纳遭遇了极大的风险,一旦失败将会倾家荡产,唯有特纳敏锐地发现了这次投资是具有高风险和高投入同时也是高回报的良好机会。结果证明,短短时间内,CCN 便一跃成为超级媒体,利润远超美国的三大电视网。

(二)竞争

1776 年,亚当·斯密创作了《国民财富的性质和原因的研究》一书,其中指出,市场实际上就是受到供需影响的一台精密机器,竞争便是自动促进全社会发展的无形动力。面对市场经济环境,各个媒介组织的相互竞争能够推动信息经济的产生和发展,推动媒介高效生产、减少成本,同时还能够促使媒介为用户带来更加优质的服务和高质量、多品种、低价格的精神产品,另外还能让用户更加便利地获取或者购买到媒介信息及精神产品。

大众传播领域中,由于信息产品在性质与形式方面都区别于其他产品,所以其存在的市场及采用的竞争手段也不相同。假如普通商品是为消费者市场提供服务,信息产品同时服务的市场则有两个,即受众和广告主市场。

目前存在的新型管理观念是从媒介组织的管理角度来分析的,认为经营管理的重点在于将媒介经营视为生产两种截然不同的满足市场需求的产品,不同的产品用不同的材料进行制造,从而投放到不一样的市场当中。一种产品是经过印刷与制作而产生的报刊以及广播电视节目中包含的"信息",进而把它们集中以后提供给用户;另一种则是通过媒介信息吸引并获取用户数量,然后再出售给广告主。

从表面来看,媒介广告和受众间产生的两次交易都是亏损状态,这是由于人们支付的一些报刊费用基本和纸张油墨的进价持平,但是他们在使用信息产品时有时连一分钱都没有支付;只有和广告主进行交易才能够获得利润,广告主支付了大约媒介组织利润的三分之二才买到了不到四分之一的版面与时间来宣传其产品与服务。所以,从媒介组织的角度来看,如果只有受众而缺少广告主,其经营管理一定不会成功,这是因为广告主所支付的购买费用维持了媒介组织的收支平衡与收益。媒介组织的竞争关键在于怎样通过自己高质量的产品和服务吸引受众与广告主。

以上关于"两种产品"的经营思维,确实可以帮助媒介组织在激烈竞争环境下正确把握并迅速占领市场从而获得成功,同时也能够帮助我们从媒介的动态发展中发现维持收支平衡的规律。

然而,现实中传播媒介在经济上玩了一个花样。美国人购买报刊所支付的费用并非低于其成本,看电视、听广播也并非免费。任何东西都要给钱。人们观看"免费"电视要付钱,同时还必须另外给那些"得到补助的"报纸支付费用,人们付了广告的钱,并且还要额外付钱给大部分通过广告推销的产品。上文的"两种产品",实际上只有信息产品才是唯一的切实满足社会需求的产品,受众无法将其当成产品进行销售。媒介组织在向广告主出售版面与时间用于宣传广告时,受众数量的多少只是衡量价格的标准。受众非但没能参与流通环节变成买卖的主体,反而变成了最终承担全部费用的人。因此,媒介组织在进行产品竞争时,应当重点关注提升信息产品质量,同时借助品质来开拓并占领市场;面对市场竞争,应当尽量确保在受众市场拥有一席之地。需要特别注意的是,切勿因为过于重视广告主而忽视了受众,毕竟媒介组织持续发展的根源在于受众。

(三)员工的需求

由媒介所经营管理的产业具有如下特征:在每一个生产周期当中必须要推出新产品,即新报纸或者新杂志、新电影或者新节目,进而以最快的速度出售或播出。这种新指的是信息产品的内容新颖。对于其他的产业,在生产和营销循环的过程中出现的变化一般体现在产品的包装与外形方面,并非内容上;而信息产品的外包装大部分都是一样的(包括书籍、报纸、杂志等的包装与外形),然而其内容却丰富多样,且必须保持不同。

媒介产业和其他产业之间的根本区别为媒介组织及其员工带来了很大的挑战。信息产品在生产与出售的环节中必须保持高度协调,这对每个员工提出了更加严格的要求,带来了更大的压力。它代表着每位员工都要最大限度地发挥想象,激发创造力,必须具有不断开拓、创新的思想和精神,必须保持更新并勇于尝试新事物。所以说,在工厂流水线上工作的企业工人付出了大量精力用来制造每一台电视,而在新闻传播流水线上工作的员工的价值主要反映在每一条不同的新闻报道上。工人能够确保生产的每一台电视都一样,同时还会被认为是认真工作、质量意识强的表率。反过来,假如媒介员工报道制造第813台电视的新闻内容和报道制造第812台电视的新闻内容一模一样的话,那么该公司也将被时代抛弃。

就职于媒介组织的人员必须经过专业教育培训,具备专业的媒介生产、经营知识,并严

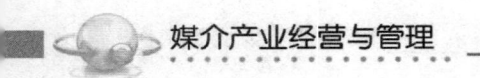

格按照这一行业的职业道德标准进行工作。根据研究显示,接受过传播教育的职员通常认为自己是传播领域的专业人士而非给老板打工的人。很多作家、编辑、导演、制片人以及记者、主持人、播音员等都对外宣称:他们首先忠诚于传播的原则与自己的职业,其次才是忠诚于向自己支付报酬的公司。当公司与职业原则产生矛盾时,他们依然坚定地表示情愿得罪领导、丢掉工作也必须坚持职业原则,而没有选择站在公司一边。职业道德凌驾于任何事物之上。

经常出现媒介员工要求提高自己薪酬与福利的情况,这必然会和媒介组织的利润使用产生冲突。通常而言,媒介组织获取的收益基本用在以下四方面:一是进行再投资,持续扩大生产,提高市场竞争水平;二是用于纳税,支持主管部门;三是开展公益事业,向慈善机构捐款;四是除去上述开支以后剩下的利润将会通过分红的方式发给股东,为其带来收益(国内部分媒介组织是内部股形式,进行平均分配不对外出售,这相当于平均发放奖金的形式)。面对这一情形,增加员工的薪酬、福利收入,就相当于加大了生产成本,如此一来必然会减少其他方面的支出。然而,如果无法让媒介员工的合理要求得到满足,将会打击他们的工作积极性与创造性,部分能力强的员工还会跳槽,这也会对公司造成影响。关于这个矛盾,媒介组织管理者可以按照资源合理分配理论来进行妥善处理,也就是尽力让一些员工(业务骨干、专业人才)感觉自己的生活质量在持续提升,同时也不会对其他人造成不利的影响,且对总体产生一定的改善。

第四节 媒介组织的运作与职权

(一)媒介组织的运作

媒介组织的运作,是在收集信息汇合分类的基础上,对相关的信息进行加工、传播、宣传信息的流程。组织的管理者需要充分发挥管理职能,充分发挥员工的最大潜力,促使信息产品的流通运转,保障生产链条的程序流畅,为企业创造足够的效益。

1.媒介组织的运作流程

媒介组织的运作具有明确的流程要求,可依照以下程序进行:(1)准确划分媒介组织任务,将任务内容加以确定;(2)明确任务执行顺序,便于提高任务执行效率;(3)划分责任主体,将任务与责任个人相互联系,明确到实施个人,便于任务能够得以贯彻实施;(4)协调任务与流程之间的平衡关系,保证任务的实施顺畅;(5)基于总体发展要求,联动运作程序,确保运作效率。

实施第一环节,即明确任务内容,主要由公司的管理人员进行界定,作出科学的决策;实施第二、三环节,对任务的顺序以及责任主体进行划分,则是需要部门的负责人员加以确定,这主要是由于具体的工作流程的实施涉及多个部门的联动，因此必须要部门负责人之间进行协商处理；第四个环节，即任务与流程之间的协调关系，需要部门负责人提出初步意见，由公司领导进行审核，并且发表意见，从而作出科学决策；第五个环节，基于总体结构需求，由公司领导人员根据总体发展观所决定。

明确媒体组织运作流程，需要基于实际案例加以分析，本节拟以报业公司的编辑部作为分析对象，从而展开运作流程的详细划分的探讨，明确运作程序的规范性。

首先，编辑部需要确定任务主体，以热点事件为出发点，探索社会公众密切关注的事项，从而达到明确任务的目的（第一步）。其次，编辑部在确定任务总体后，需要对总体任务进行划分，分别确定各板块任务，即收集信息、写作报道、编辑出版（第二步）。接着，编辑部需要明确任务板块负责主体，根据事件的严重程度以及距离远近，分别作出不同的工作部署。若是发生距离较近的事件，且该事件的关注度不高，为了达到精简人手的目的，记者需要承担多个任务，即对事件的信息整理以及写作工作，从而提高报道事件的效率。若是发生距离较远，且该事件的关注度较高，那么为了更全面地报道重大事件，应当要指派较多的工作人员完成任务，专门的采访者进行外出采访，对事件的相关信息进行汇总整理，其次有写作者根据信息整理的数据，完成撰写任务，再由编辑人员进行审核，对撰写内容的语句以及文字错误等进行修订（第三步）。再次，要明确任务流程，划分各个板块的程序要求。编辑工作的开展，离不开责任主体，因此必须要将所有的任务板块划分到个人主体，以便职责明确，也能够让记者理解到自身的工作任务，编辑在编辑文章时，需要采用什么编辑方式以及放置板块等，通过以上的方式，能够提高编辑效率，明确各责任主体责任，避免产生职权空白的现象，也能够为公众提供来源真实、格式恰当的新闻报道（第四步）。最后，编辑部在完成审核工作后，需要将25%的广告内容插入板块布置中，这是报纸收益的主要来源，报社领导人需要对报纸板块布置进行审查，一旦发现不合理之处，应当及时进行整改，若是认为报纸板块布置恰当，则可以签字，报纸便可以进入印刷程序，并且对外销售，而这一部分的工作则与编辑部无关（第五步）。

2. 建立整体互动的运作结构

上述所提到的编辑部任务开展流程，仅仅是单一事件的流程展开过程，表明了新闻报道需要严格地依照流程进行。一个新闻的呈现，背后需要多个主体的共同努力。但是在实践中，责任主体的负责事项众多，可能在同一时间内需要完成多个新闻事件的采访、编辑任务，这也充分地体现在报社的结构组成上，如新闻编辑部可划分为多个单独板块，如国际新闻部、国内新闻部、政治新闻部等，以部门划分的方式，将不同类型的新闻事件由专门部门负责，既能够提高新闻报道的效率，也能够实现专业化的新闻报道。

在报社中，具有严格的流程划分，编辑部工作的重要性不言而喻，但是其仅仅是作为新闻工作主体中的一个组成部分。媒体组织结构的相关流程可从生产、销售两个方面进行阐述，具体包括：新闻部、副刊部、编辑部等部门是媒体组织的先头部门，即对于相关的新闻现象进行收集、撰写，并且引入广告宣传，以增加媒体组织的收益；印刷部门则是根据领导的要求，完成相应的印刷工作；销售部门是在完成新闻印刷后，需要进行销售行为，这也是媒体组

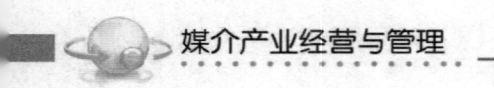

织对外交流的重要部分；经营部门是对公司的财务信息以及相关的会计管理等工作负责的部门；总编辑负责新闻编辑的审核工作；总经理发挥领导作用，对各部门事项进行处理；社长是媒体组织的负责人，对于整体报社的发展趋势进行把握。

有鉴于此，报社的工作开展，需要各部门的共同努力，若是存在某一环节的缺失，必然导致整体媒体报道的失败。而新闻具有时效性，若是延期发布新闻事件，则不具有任何的意义，因此报社的运作流程必须要坚持实时性原则，不得存在任何拖延行为。对于其他的企业而言，拖延行为可能导致企业的产品存在利益减少的不利影响，但是对于报刊企业而言，其拖延行为将会是严重打击。故报业部门必须要明确部门职责，加强责任主体的划分，将责任落实到个人，并且要重视及时性报道，引入信息传媒技术，对公众形成吸引力，提高报业公司的经济收入。

（二）媒介组织的权利

1. 作为事业法人的权利

在我国媒介公司并非是普通的私营企业，因此应当归属于事业单位，其承担着新闻传播的重要责任，而其工作内容与著作权关系紧密，故媒介公司具有以下权利：(1) 信息采集权。新闻的编辑需要基于新闻事件的采访，故媒介公司拥有信息采集的权利，能够对热点事件话题进行信息汇总，并且将相关的事件真相进行报道，保障民众的知情权。(2) 获取作品权。传播权必须建立在传播作品的基础之上，媒介组织在进行运营时，需要基于相关的作品内容，因此拥有相应的获取作品权。(3) 修改删节权。媒介组织在进行传播信息时，可根据传播的要求，对作品内容进行修改，以便更加切合传播目标。但是应当注意的是，修改删除权的范围并非无限制，而是仅限于文字类，若是需要对内容进行修订，则必须要征求作者的同意，这是保障作者著作权的重要表现。(4) 编辑传播权。媒介公司在获取作品后，可以根据企业的经营需要，对相关的作品进行复印、转播等，从而达到获取收益的目的。

2. 作为企业法人的权利

媒介公司的运营需要承担公司的员工费用、设备费用等，故媒介公司需要提高经营管理效率，达到良好的收益目标，具体的经营管理权利包括：(1) 人事权；(2) 财务权；(3) 工资奖金分配权；(4) 内部机构设置权；(5) 产品生产权；(6) 产品定价权；(7) 广告刊登权；(8) 发行销售权。以上的权利能够有效地推动媒介公司的管理效率提高，同时随着市场经济的不断开放，媒介公司的法人权利也呈现不断扩大的趋势，更能够体现自主经营的目的。

（三）媒介组织的责任

媒介组织是社会组织的重要组成部门，权利义务相对，因此媒介组织在享有传播权、采访权等一系列权利的基础上，必然需要承担一定的责任。社会组织由多个单独的企业主体构成，必须树立共同的社会责任意识，才能够推动社会秩序的可持续发展，因此媒介组织必须要承担相应的社会义务，符合社会发展规律，并且起到促进作用。

1997年，浙江大学出版社出版的《传播学导论》一书中，对新闻传播者的责任划分作出了具体的规定，可从契约性责任、社会性责任进行界定。但是该书的观点并不能够代表所有学者的观点，实际上我国学者一直在对媒介组织的社会责任的含义进行研究，但是仍然未形成统一的意见。笔者认为，媒介组织承担着传播新闻事件的责任，因此对于社会保持真实的责任、符合法律规定的责任等应当必须遵守。

另外，媒介组织的运行必须要严格遵守法律规定，保障相对方的权益，具体包括：（1）著作权人同意媒介组织使用作品后，媒介组织应当依照合同的规定，给付约定的金额，以符合合同的具体条文；（2）依照合同的规定，对于作品等具体传播方式进行履行，不得存在超出合同约定的情况；（3）若是媒介组织以营利为目的，播放他人的演绎作品，则应当给付使用费用，以保障原著作权人的权益；（4）媒介组织应当履行社会责任，为民众提供真实、可靠的新闻报道，同时作品也应当正面积极向上；（5）将国家利益与集体利益放在首位，切实维护广大人民的最根本利益；（6）媒介组织应当建立报答社会的意识，积极参与慈善事业，帮扶社会困难群众。

第五节　媒介组织的发展趋势

（一）媒介组织的组建

当下社会上规模较大的媒介组织，普遍都是由数家媒介组织或企业通过战略合作等方式进行的联合，进行资源共享，实现增加收入、节约支出、获得规模效益的目标。

美国的许多大规模媒介组织都有众多的子公司或不同的媒介组织。比如说，美国甘尼特公司就是一家大规模的媒介企业，涉及日报、非日报、电视台、电台，以及通讯社和杂志社，另外还拥有北美规模最大的户外广告公司与部分企业。还有一些媒介组织会结合自身特征或优势，重点联合与掌控某种类型的媒介。比如说1983年的美国一共有1730家日报，平均每天销售量为6100万份，这其中大约二分之一的日报是被20家报业企业掌控的；而10830种杂志所创造的年销售总额120亿美元，同样是由20家媒介组织占据了一半的市场份额；而在20世纪90年代初期哥伦比亚广播公司一共有5家直属电视台和203家联属电视台，还有14家直属电台及一些联属电台。

在国内，媒介组织之间进行联合时，通常是禁止印刷媒介联合电子媒介进行横向联合与交叉渗透的，不过允许通过"母生子"的方式进行扩张，或者联合、兼并同类型的媒介。比如说人民日报社不仅有《人民日报》及其海外版、华东版，同时还有《市场报》等多种报纸，以及《时代潮》《新闻战线》等多种刊物，另外，还拥有1家出版社与多个服务性公司，不过旗下并没有电视台和电台等大众化电子媒介平台。中央电视台一共有15个电视频道，其实就等于拥有了15个电视台子系统。包括浙江电视台也是如此，它合并了多个电视台，分别是浙江

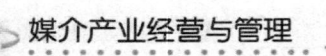

电视台、浙江教育电视台、浙江有线电视台。此外它们也都控制了部分服务性公司。尽管上述媒介并未挂上××企业的名号,但现实运营中也都是根据市场规律来进行的,和媒介组织并没有什么不同。处于市场经济环境下,媒介组织为扩大业务范畴必然会迅速集团化、公司化。原因在于组建媒介公司或集团能够增加广告与各项经营业务,能够减少生产成本,获得规模效益,同时可以提升抵御市场风浪的能力,确保企业健康稳定发展。

(二)媒介组织的结构

一般来说,媒介组织包括两种结构,即垂直型和水平型的结构组织。

通常情况下,垂直型结构组织包括至少五层的管理层。不管是向下传达命令还是向上汇报情况,只要层级数量多了,那么信息流速肯定就会很慢,甚至可能会导致信息遭到人为限制,或人为导致信息变形,进而对全公司的经营运转产生影响。不过,这样做的好处在于帮助媒介管理者树立了权威,保证企业统一思想,产生整体效能。

通常情况下,水平型结构组织的管理层不会超过三层。在水平型的结构组织中,媒介管理者和普通员工、中层干部能够经常见面并交流信息,公司氛围会相对开放和谐。组织所作出的决策也会比较合理、民主。但是,它的不足之处在于很容易出现劳资矛盾、内部分裂现象,领导在一定程度上很难树立权威。

在很多西方国家和地区,大部分单一媒介组织的结构就是水平型,而非垂直型结构。这是由于大部分单一媒介组织规模小、员工少,需要完成的任务相对复杂且不是常规性任务,员工常常会因为任务、项目的不同接触到不一样的人。面对这种情形,水平型结构组织能够帮助管理者形成相互配合、共同合作的局面,提高工作效率。

大型媒介组织因为自身的需求,一般采用的是垂直型结构。对于这类企业,员工的职业晋升通道非常清晰,他们可以通过不断努力逐渐由小部门上升到大部门、从基层上升到管理层。从企业角度来看,员工保持积极工作态度、紧盯晋升渠道与公司的最大利益是一致的。所以,这种晋升渠道的存在为员工提供了明显的动力,只要工作认真出色,就能够获得升职和进一步发展的机会。而水平型结构组织很明显没有这么好的渠道,所以也没有足够的动力。因此这也成为不少人追求加入大公司的原因之一。

现阶段,国内报社内部的管理机制主要包括下列几种形式:一是受社务委员会领导和管理的社长负责制。社长作为报社的法人代表。社委会成为报社的第一领导与决策部门,成员包括了正副社长和正副总编。由总编辑牵头,一部分编辑业务的部门负责人共同构成了编辑委员会,处理报纸编辑相关工作;社长及经理部等主要部门责任人共同构成了组织经营委员会,处理报纸经营相关工作。二是受社长领导和管理的总编、总经理分工合作机制。社长作为报社的法人代表,管理总编与总经理;总编负责管理编辑部,处理编辑工作;总经理管理经理部,处理经营工作。三是受董事会领导和管理的董事长负责制,这种机制多存在于拥有多家子报子刊以及多个经营实体的大型报业集团。董事长作为集团的法人代表,向董事会负责;各家子报子刊的社长或者总编辑、各个经营实体的负责人一起构成了董事会,共同决定集团内部的各项重大决策。

不管媒介组织采用以上何种结构和机制,都应同样重视经营部门和编辑部门,保持两者之间的平衡,切实做到两手都要抓、两手都要硬。否则将会导致媒介组织无法正常进行日常经营,从而严重影响自身生存与发展。

(三)媒介组织的发展趋势

20世纪60年代中期,本涅斯(W. Bennis)针对组织设计的发展前景进行了研究,并作出了以下预测:(1)随着社会的发展,由于组织内部上下级关系存在的多种矛盾因素无法与外部环境相适应,集权等级制度的生命力将呈现持续下降的趋势;(2)在受教育水平持续提高的背景下,组织内部成员对于自主权和参与权的需求在不断加强;(3)组织的目标任务会持续呈现复杂化,而且对信息技术的依赖性将持续提升,因此组织的首要任务是根据市场环境,通过专业人员制定战略规划;(4)组织结构并非永久不变,它将会更具灵活性与机动性。根据相关研究理论,本书认为现代媒介组织的变革与设计,极有可能朝着以下几个方向发展:

1. 内部小型化

这种发展趋势可以理解为在媒介组织内部将其划分为若干个独立运作的部门或机构。如,组织内部个别部门通过一定程度的外部扩张成立工作室类型的机构,部分组织通过少许的"组织性的混乱"进行放权,简化决策流程,或针对某些特定部门或机构对其人员进行精简。在多变的媒介市场中,相对而言规模较小的组织在实际工作中灵活性更强,且更容易随着市场的变化及时作出反应,也便于组织内部推行良性竞争机制,从而更加有效地提升组织整体的工作效率,降低经营成本。

2. 扁平化

随着时代发展的脚步不断提速,进入21世纪以来,全球进入信息爆炸的新时代。在当前信息经济的时代背景下,媒介组织的工作更加专业化,成员内部不仅需要精通传播技术的专业技术人才,更需要精通电子设备、拍摄设备、经营管理等方面的复合型人才。此外,互联网的高速发展,形成了信息互联互通的共享时代,媒介组织的受众之间也能通过特定渠道发表意见,他们开始承担起与媒介组织类似的信息制造者的责任。随着技术的发展,大数据技术的革新,在媒介组织内部收集、筛选信息等相关岗位将显得可有可无,这部分岗位在未来将会大幅减少。在对媒介经营管理的研究中发现,媒介组织内部的中层管理人员的人数,在一定程度上跟工作效率成反比。在一些大型的具有公办性质的媒介组织内,甚至经常出现互相推卸责任、组织内部争权夺利的现象。因此,未来的媒介组织势必朝着扁平化的方向发展,也就是最大限度压低中层管理部分,取消非必要的组织或机构,将现有资源合理分配到保留下来的人与机构中,真正实现一人多用的运行机制。例如,美国著名的汽车公司福特,以往其整体组织架构从董事长到基层管理多达15层,与之对比,日本的丰田公司的管理层级仅为5层。为了适应当前经济发展的需求,福特开始大量删减中层管理人员,并计划在未来加大删减中层管理者的比例。通常情况下,媒介组织扁平化的比例越大,其管理效率越

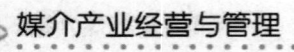

高,管理目标也更为清晰。

3. 精干化

西方国家的媒介组织,但凡经营效果较为突出的组织架构通常较为精干,人员构成趋于合理。廖孟秋在《大企业症侯群》(1995)一文中提到,现代的企业组织应当以精干、小型为主,大企业由于其规模庞大,管理机构庞杂,往往面对瞬息万变的市场变化无法快速作出反应。同时大企业在经营中,由于权力高度集中,极易出现官僚化、腐朽化、陈旧化的工作作风,组织内部人员关系网络复杂,导致企业内部高层领导对企业经营状况无法明确知晓,更不能真正做到人尽其用。现代媒介组织已经意识到此种过于庞大、臃肿的组织架构存在的不足之处,因此更倾向通过科学合理地调整组织架构,构建"3S"(SMALL,STRONG,SPEED)模式的组织架构,迎合市场经济的需求。

4. 专业化

专业化是指媒介组织通过行业的专业技术壁垒所具备的社会地位,如同医院、律所等组织一样,具有一定程度的准入门槛,且在广大群众的认知中具有一定的地位。从媒介市场当下的发展趋势而言,媒介组织对于专业水平的要求将会不断地提高,因此没有经过专业化教育的人,可能在一定程度上无法参与到相关信息的采编工作当中;此外,随着媒介组织的专业化,对于不懂新闻理论和新闻传播专业知识的人,在媒介组织中生存难度将会越来越大。随着时代的发展,多媒体的兴起与大众在信息传播链中参与度的提高,媒介组织对于其内部人员拥有媒介相关知识的要求将持续提高。如,在我国目前部分省市已经开始实施新闻从业者资格证制度,部分媒介组织甚至规定,没有取得相关专业资格等级的工作人员将没有机会参与到相关的评审中。由此可见,媒介组织的专业化进程正在持续深化中。

第四章
媒介产品与受众分析

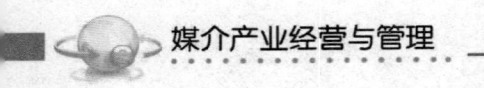

第一节 产品特征分析

媒介产品具有很强的独特性。按照其属性划分,可以将媒介产品划分为两类:一是具有公共性的媒介产品,其资金来源并非完全来自自身的盈利,更大程度上是依靠国家的财政支持、民众税收等多种渠道获得资金;二是具有商业性的媒介产品,主要是媒介组织通过从事商业市场行为,在市场上通过产品获得一定的盈利,且可以将产品所获得的市场利益作为媒介组织发展资金的来源。对于一般产品而言,在进行研究其市场行为时,研究主体具有主次之分,即以商业产品为主,其余类型的产品为辅,并仅将其他类型产品作为特殊化案例进行分析,研究者只需要对具有普遍特性的商业产品进行研究即可。但是本书的研究对象为媒介产品,相较于其他的产品而言,其分析方式具有一定的特殊性,这是由于商业性的媒介产品并不能代表当下主流的媒介产品,其余类型的媒介产品所占据的市场份额比较大。因此,在对媒介产品进行分析时,不能忽视任何一种类型的媒介产品,而是应当全面分析,不仅要重视具有普遍性的媒介产品,而且也要重视其他类型的媒介产品,从市场整体的层面得出体系化、概括性的特征。

(一)媒介产品的行业特征分析

从经济角度进行分析。相较于一般的产品,媒介产品具有独特的经济属性。一般的商业产品的所有权是比较单一的,购买者在购买该商业产品后,能够独占该商业产品的所有权与使用权,其他的消费者不得参与,具有强烈的排他性。但媒介产品有所不同,多个消费者可共同行使其消费行为,且相互之间并不会造成任何影响。对于消费者而言,其在购买了媒介产品后,仅仅只是对媒介产品的信息进行购买,而非独占信息,因此随着媒介产品的销售范围不断地扩大,边际成本也会不断地降低,从而为媒介经营者创造更多的经济效益。而如何进一步地提高媒介经营的效益,关键在于提高媒介产品的销售量,则必须要重视媒介产品的知名度,提高知名度,才能引导更多的消费者进行消费。在沟通媒介组织与消费者的渠道之间,需要有一个载体,即媒介产品,媒介组织能够将所传播的信息记载于媒介产品之上,而消费者也能够通过购买媒介产品的方式,获取应有的信息,由此来彰显媒介产品的桥梁作用。因此为了进一步达到提高媒介产品销售量的目的,必须要加大媒介产品的宣传力度,提升消费者的购买力,只有这样才能够促进媒介组织的可持续发展。基于此,媒介产品的重要性不言而喻,其不仅是媒介组织发展的必然载体,还是公共信息传播的重要载体。同时随着信息技术的不断发展,多种媒介组织应运而生,媒介产品的表现形式多样化,所以必然会争夺有限的市场资源,故进一步优化媒介产品是可持续发展需实施的必然策略。

从意识形态角度进行分析。纵观全球的媒介产品类型,不难发现部分的商业媒介产品能够代表一定的意识形态,如家喻户晓的可口可乐,其所代表的形象便是美国,而海尔作为中国的本土品牌,在国际市场上使用该标志时,能够在一定程度上展示中国的意识形态。但是以上所阐述的产品标志性的内容,其所代表的意识形态是具有隐含性的,不具有全面性,意识形态模糊性较强。而媒介产品有所不同,其不仅从产品的符号、宣传术语、受众等方面具有强烈的意识形态,而且媒介产品与不同信息结合所展现出的文化特性也是具有十分强烈的意识形态的,能够彰显国家的主流观点。但是我们也应当认识到,媒介产品的表现形式多样,因此所代表的意识形态内容也是具有差异的,如新闻类的媒介产品主要内容涉及国民大事,对社会热点进行针砭时弊,因此该类媒介产品的意识形态特征更加强烈,能够较为代表国家的主流思想。而娱乐类的媒介产品涉及国家价值内容较少,因此意识形态的特征较弱。有鉴于此,意识形态的特性在媒介产品上展现得淋漓尽致,不同之处也只是程度的高低而已。媒介产品的传播方式也各有不同,不仅具有普适性的传播方式,如广告、宣传等,而且也具有"自我"性的传播方式,即媒介产品本身能够起到传播作用,扩大受众的覆盖面。

马克·波曼(Mark Bohmna)在对品牌进行思考时,提出品牌的优势在于其独创性,在于避免同质化,在市场上相似产品之间的竞争力也是相似的,其市场优势也是较低的,因此需要深入地分析产品中的个性化内涵,彰显产品特性,而独特性应当是来源于品牌者的个人思考,将原创的所思所想注入产品中,才能够赋予品牌生命力。这一理论也可以应用于媒介产品中,缺乏自我认识、一味依附于他人意见的媒介产品是缺乏市场竞争力的,而只有对媒介信息进行原创,才能够凸显媒介产品的独特性,获得受众的喜爱,也才能够成为市场的有力竞争者。美国著名管理学家彼得·圣吉认为战略规划必须要基于商业产品的本质认识,脱离了本质思考,战略规划则会成为无源之水,难以获得可持续发展。因此展开媒介产品的战略分析时,需要树立全面性观点,在重视媒介产品普适性的特征基础之上,也要对媒介产品的独特性属性进行分析,才能够牢牢把握住媒介产品发展的脉搏。

(二)媒介产品的共性与个性特征

媒介产品作为产品种类之一,具有普适性的特征,即产品标识、理念、情感等,与其他的产品特征具有一致性,这也是消费者消费的重要基础。同时相较于其他产品,媒介产品同样具有一定的个性化特征,如 Netflix 等品牌。当代"品牌"的含义已经发生了转变,以往的"品牌"指的是商业品牌,而当今的"品牌"包含多重含义,不仅包含了传统的商业品牌,而且也将城市品牌、区域品牌等多种品牌类型纳入,但是在开展"品牌"研究时,学者们仍然持有传统观点,即以商业品牌为主,研究的内容也多是有关于商业品牌。但这一观点却对展开媒介产品分析具有指导意义,能够以商业化的理论进行分析,但是又存在理论欠缺方面的困扰。因此我们在开展媒介产品的分析时,必须要在坚持普适性的商业理论基础上,开展媒介产品个性化的特征分析,只有这样,才能够把握住媒介产品的发展内涵,提出符合市场需要的媒介产品发展策略。

媒介产品的特征可从两个维度进行研究。一是媒介产品的共性,即媒介产品在发展时,无论何种媒介产品均需要具有的普适性特征,也是能够有效地分辨媒介产品与其他品牌的主要特征。二是媒介组织的公共性特征。对于媒介组织而言,其媒介经营者多数以公营/国营为主,导致这一现象的原因在于国家的组织架构的构成,公营/国营媒介组织占据主流地位,能够获得国家财政的支持,资金来源稳定,无须借助市场盈利行为,因此公营/国营媒介组织在媒介市场中具有较强的竞争力,也正是因为如此,公营/国营媒介产品的自主意识不强,多是放任发展。但是自20世纪80年代以来,媒介产品的传播范围变广,全球化媒介组织开始出现,给现有的公营/国营媒介产品造成了巨大的冲击,导致市场竞争越发激烈,原有的受众群体不断被分散,公营/国营媒介产品的销售量也呈现不断下降的趋势。因此公营/国营媒介组织也在不断地思考,该如何进一步提高自身产品的竞争力以及抢夺市场资源。英国广播公司便作出了战略转变,在意识到媒介市场的竞争后,进行市场转型,并且在1998年BBC环球公司专门成立了媒介产品的销售部门,专职负责全球媒介产品的设计以及销售。

　　公营/国营媒介组织在经营过程中,根据媒介产品性质的不同,采取以下两种不同的管理方式。一是对于公共性的媒介产品,其符合公营/国营组织的主流发展理念,因此一般是由总公司进行负责。二是对于商品性的媒介产品,其主要的盈利方式来源于消费者的购买行为,因此必须要由公营/国营媒介组织的商业子公司承担经营责任。不同的经营管理方式有效地区分了两种产品类型,但是也随之产生一个问题,即如何有效地区分不同的经营方式。经过分析与研究,可知需要依赖于制定严格的经营制度,如BBC环球公司在开展多个产品业务时,将公共性的产品与商品性的产品进行划分,将资源获取等方面进行界定,如公共性的产品可以从BBC中免费获得资源支持,而商业性的产品的资源获取需要支付对价,通过该种方式进行有效的区分。但是我们应当认识到该种方式能够将有形的资产划分进行明确,如资金等,但是对于"无形"的媒介产品划分则难以起到有效的作用。笔者认为,应当要转变观念,尽管当前的公共事业性的媒介组织的发展趋势较好,但是其发展的动力不足,相关的产品类型较为单一,主要表现为公共事业性媒介产品,是较难占据有力的市场竞争地位的。按照普拉哈拉德和哈默尔的观点,组织竞争的重心应当要明确,即确定核心竞争力,表现为三个维度:(1)价值趋向明显。消费者购买后能够获得一定的价值,公共信息传播得当。(2)产品多样性。能够提供不同类型的产品类型。(3)产品独创性。只有竞争力较强,才能够与其他的同类型的产品进行区分。但是公共事业性媒介产品的核心竞争力不强,主要原因在于其本身的发展便是一种效仿行为,与商业性的媒介产品相比,公共事业性的媒介产品内容不具有独特性,难以进行区分。尽管公共事业性的媒介产品具有一定竞争力,即为受众提供一定的社会信息价值,但是该种现象价值是对于国家信息的一种转化,是公共性的表现,也是公共事业性媒介产品的竞争力的源泉,并未彰显市场竞争力。

　　因此在推动公共事业性媒介组织发展时,要重视商业性媒介产品的重要作用,但是不可过分地推崇,而是应当把握适量的度,不得过分地倚重商业性媒介产品。对于公共事业性媒介组织而言,其核心竞争力在于自身公共性媒介产品,具有公共性信息特征,有效地区别于普通的商业性媒介组织。纵观BBC、NHK的发展历程,可以看出公共事业性的媒介组织的发展重点仍然是集中于公共事业性产品,彰显社会信息的重要性,为受众提供必要的公共信息,成为消费者的信息渠道中的必要环节。因此公共事业性媒介产品的发展必须要集中于公共性特征,从而更好地发扬自身属性特点。

（三）商业性媒介产品的个性特征分析

商业性媒介产品的主要经营者较为固定，多数为私营组织，能够为市场提供商业化的媒介产品，也符合普适性的产品属性。学者在关于商业产品的研究中，多数是以商业性的媒介产品为研究样本，但是我们不能将商业性媒介产品与一般产品画上等号，该种观点是错误的，我们必须要认识到商业性媒介产品明显的个性化特征，主要表现为产品的属性与个性的特殊性。

商业性媒介产品的双重属性。对于商业性媒介产品的组织而言，其属性表现不同于一般的公共媒介组织，而是既具有公共性特征，也具有商业性特征。如 NHK 的节目《和妈妈一起》，该节目的播出时间已长达 45 年之久，主要的受众为幼儿群体，提供富有趣味性的节目内容，尽管该节目的播放量不高，但是仍然是 NHK 的支柱节目，在日本的国民心中具有重要地位。该类媒介产品的属性由媒介组织性质决定，可分为两种类型，一种是公营媒体，以英国的广播电视业为代表；另一种是国营媒体，以法国的广播电视业为代表。上述的媒介组织的公共性属性占据主导地位，营利性属性较弱，其主要是通过对产品的战略规划等方式，推动公共性媒介产品为民众提供更好的服务，限制使用或者完全禁止使用商业化产品的经营方式。如 BBC 的下属频道产品，其公共性占据主导地位，因此自由买卖的行为完全受到禁止。若是 BBC 呈现商品性的产品，则会引发议论，甚至导致英国公民的不满，这也是由 BBC 作为公共事业性媒介组织的性质所决定的，其不仅是一个媒介组织，而且是为英国社会与公众提供信息的重要组织渠道，若是 BBC 开展了商业性的产品，则必然会导致 BBC 的媒介产品的可信度受到怀疑。

坚守产品个性。公共事业性媒介产品的属性在于公共性，也正是公共性，才能够让公共事业性媒介产品具有较强的市场竞争力，受众面较广，影响力深远，具有较强的公信力。但是也不可否认，公共事业性媒介产品一旦出现了信息错误，则会导致公共事业性媒介组织的权威性受到影响，导致消费者流失的不利状况出现，因此媒介产品在发展时，首先必须要基于产品的传播性广这一特性，树立正确的认识，坚持信息真实性原则，构建媒介产品的影响力，因此相较于一般的产品，媒介产品的发展需要时刻关注权威性的营造。其次我们必须要重视媒介产品的属"人"性，这一特性能够有效地区分普通的产品，媒介产品凝聚了媒介人的所思所想，是媒介人对于社会热点话题的感悟体现。随着媒介技术的不断提升，各式各样的媒介组织开始涌现，传统的电视、纸质版本的媒介产品样式已经过时，现代的"第四媒体"成为主流表现方式，但是无论媒介产品的形式如何变化，始终不变的是媒介人属"人"性的特征。因此媒介产品不同于流水线上生产的产品，其是媒介人的思想投注的载体。大卫·艾克（David A. Aaker）曾经提出"产品就是人"，这一论断便能够更好地说明媒介产品的人性属性。在分析媒体行业与制造业的区别时，凤凰卫视前总裁刘长乐提出，制造业是流水化的重复性的工作，因此员工的机械性较强，并无任何的思想的投注。而媒介产品有所不同，其所关注的热点是实时发生，也是媒介人对于外界事物理解的展现，从而更好地表明了媒介产品的人性化特征。

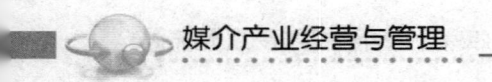

(四)公共事业性媒介产品的个性特征分析

1. 个性特征的构成及其组织基础

当代媒介组织具有代表性的公司有 BBC、NHK 等,均是属于公共事业性媒介组织,因此媒介产品的公共属性较强,比较重视社会责任的传播,主要是以国家新闻、社会热点为主,营利性趋势不明显。我国的"春节联欢晚会"便是典型的公共媒介产品,其代表着中国人民在春节时期的美好祝福,也彰显了中国优秀的传统文化。这一特性也表现在 BBC 的节目中,在 BBC 的初期,该媒介组织的经营者约翰·里斯为了扩大节目效果,邀请英国女王圣诞夜在 BBC 节目中进行演讲,表达对全国人民的祝福,自此 BBC 便将该传统延续下来,每年的圣诞节女王都发表演讲,成为英国的标志性节目。对于商业性媒体而言,公共性与商业性似乎是一组不可调和的矛盾,报纸便身处于这种冲突之中,一方面报纸承担着传播公共信息的责任,另一方面报纸的经营具有私营性质,因此具有趋利性,也正是由于报纸的双重属性导致了媒介经营的冲突性,而如何平衡媒介组织的公共性与营利性的矛盾,至今仍无定论。

对于上述矛盾,可基于新闻专业主义以及编营分离的理论要点,有效地解决公共性与商业性的冲突。新闻专业主义是对媒介产品行业的高要求,其包含多个方面,主要有:(1)传媒工作是为公众提供信息的组织,其必须从人民的利益出发,而不受制于任何的私营企业;(2)新闻从业者必须要保持公立的立场,要基于公正的眼光看待社会事件,不可存在偏颇性,也不得受到其他利益主体的影响;(3)新闻从业者的中立立场要求对信息保持平等看待,要以社会眼光审视问题所在,而非某一政治取向的鼓吹者;(4)新闻从业者的审判标准明确,科学思维占据主导地位;(5)新闻从业者的专业能力至上,接受新闻行业的自律规制,并不受到其他政治组织的干扰。

因此新闻专业主义对媒介行业提出了更高的要求,新闻从业者必须要保持中立态度,不受任何组织、个人的影响,切实地保障信息传达的公正性,力图符合公共性的要求。编营分离是切实保障编辑部门独立性的一个原则,其能够有效地避免商业思想的侵扰,依照罗伯特·W. 迈克切斯尼的观点,编辑部门必须要保持独立性,才能够避免商业性的主体进行干涉,以此保证编辑信息内容的公共性属性。

鉴于此,为进一步地提高商业性媒介的公共性属性,只有以新闻专业主义和编营分离的方式加以规制,才能更好地实现公共性媒介服务。而这也符合媒体追求中立的价值目标,从而获取广大受众的信赖。罗伯特·W. 迈克切斯尼将其解释为如下内容:非常聪明的出版商们发现,他们应当让发表的新闻看起来是中立的没有偏见的……将编辑这项工作与商业行为分开的原则,通常称作"教堂"和"国家"的区分。阅读新闻的人们深信读到的内容,而所有者就把拥有的中立且具有垄断性质的报纸出售到社区所有人手中,赚取收益。通常所说的编辑方针和经营目标之间的分离,或者是投资人利益和报纸业务之间的分离,并非指的是让编辑方针和经营目标毫无关联,而是让它们从更高层面上达到统一、融合与协调。简言之,就是新闻专业主义及编辑方针、经营目标分离的原则不只是为了保障媒介承担公共义务,同时也是因为达到政治上的中立就等于在商业中获利,坚持客观性法则更能获得利润。

因此,我们很容易理解为何在20世纪80年代之前很多媒体特别是著名的媒体例如美国四大报刊(《华尔街日报》《纽约时报》《华盛顿邮报》和《洛杉矶时报》)、三家广播电视网,还有英国《泰晤士报》等等,都坚持推崇新闻专业主义并实行编营分离的原则了。同理也就很容易清楚,在20世纪80年代中期以后,由于生态环境出现了变化,特别是有关媒介产业的竞争日益激烈,产生了大量并购,编辑与经营之间的争论越来越严重,才导致发生了马克·威利斯大力改革《洛杉矶时报》这种十分激进的现象。这并非表示他的做法全都不对,而是说对于《洛杉矶时报》这种传统的具有强势地位的报纸而言,改革的做法有些不恰当。威利斯之所以失败,是因为他的改革与报纸的创办宗旨、编辑们长年工作形成的专业理念以及读者对这份报纸所充当的"公共角色"抱有的期待等产生了分歧。实际上,美国很多小媒体特别是某些"窄化"的广播媒介反而比威利斯更加成功,可以说他们是广告导向型的,然而却获得了成功。由此可见,一个非常传统的强势产品,不仅是种财富,在某种程度上或许也是一种负担,到底能成为什么,取决于如何发挥其优势,回避或补充它的不足。

下列现象对上述内容作出了进一步证明。仔细观察全球媒介发展史,我们能够找到其中的规律:作为传统强势的产品通常更加重视专业主义与编营分离原则,注重保护及提高自身的专业、中立和公共产品形象;而新兴的产品则更加侧重于营造出新颖、有用、有感情和活力的产品形象。因此,从媒介产品经营管理的角度分析,新闻专业主义与编营分离并非一成不变的教条与准则,它主要是调整产品所具有的公共性与商业性关系的公司理念与经营方式。不同商业媒体都应当结合自身历史、已有资源、生态环境及经营目标,在处于不同阶段时对新闻专业主义与编营分离进行相应的解释,建立对应的活动准则,从而构建雄厚的产品资产。它将是一个不断变化的管理过程,主要用于协调媒介所具有的公共性、商业性、长远经营目标及短期收益能力、编辑与经营工作者之间的关系与地位等各种因素。

2. 双重性

(1)商业性媒介/组织的双重性

近代第一份廉价的报纸在美国诞生并获得成功,标志着商业性媒介的双重性历史由此产生。1833年,本杰明·戴创办了《纽约太阳报》,他在创刊号上写道:"创业这份报纸的目的在于让每个人都能买得起报纸,为大家报道当日新闻并带来有利的广告媒介。"我们可以将它视为商业性媒介双重性的开端。随后过去的一百年间,也不断有人尝试从单纯的商人眼光与思维来管理商业性报纸。在20世纪二三十年代,诞生了无线电广播和电视,这给媒介产业的公共性提供了新内容。全球大部分国家都实行了事业性广播机制,即便是长期实行商业性广播机制的美国也将"公共利益"看作是广播的关键性质与发展要求。美国于1927年颁布了《无线电法》,其中明确规定只有当满足了对公众有利、能够方便公众或者从公众需求出发这一前提,并且所提供的服务是公正有效且机会均等的电台才可以获批拿到执照。1934年美国国会成立了联邦通信委员会,该委员会的首要任务就是对经营广播电台的商人进行监督,监督其是否按照法律规定的原则来开办电台。关于商业性媒介所具有的双重性,不少专家学者以及专业人士都曾经讨论过,就连马克思也曾经说过报纸就是一种流通的舆论纸币,报刊则是一个有收入的文字事业。哈贝马斯将大众媒体视为可以代表理想型公共领域的产业,主要是因为大众媒体的性质介于私人领域和国家机器二者之间。经营者必须结合实际从两者中间作出选择,从而将二者中正相关的一方最大化,将负相关的一方最小化,使二者的整体呈现最大值优化。

其他关系利益人在媒介产品、用户和广告客户关系中或许也处于十分重要的地位。比如说,某个在监督政府方面非常出名的电视频道,也许非常受观众喜爱,拥有很高收视率,但是政府却对其十分不满。面对这一情形,某个企业要在该频道播放广告的话,可能要先考虑一下和政府之间的关系与投放广告所能获得的收益能否平衡。

(2)内部人员之间的关系问题

一方面是采编与经管人员的关系。在本节的上一部分中提到了商业性媒介的双重性,分析了站在宏观、长远的层面来看,两种属性是比较统一的,然而在一定的发展过程中,二者又会产生矛盾;媒介产品和两种消费者之间的关系也在持续产生矛盾、协调、平衡与取舍的过程中不断变化。上述因素使得媒体内部的采编与经管人员一直处在矛盾和冲突的环境下。比如,像《纽约时报》这种具有社会公器形象的媒体,一定会重视其公共性并加强知名编辑和记者的宣传,经营管理者便成了默默无闻的幕后工作者。但是很多小规模的商业广播电台内部就与此相反,经管人员通常处于很重要的地位,这是由于这些媒介属于广告导向型,公司的未来基本上由经管人员的业绩所决定,同时由公司给广告投放者带来的印象所决定。因此,怎样协调采编和经管人员间的关系,尽最大努力减少矛盾,有效沟通,提升全公司的凝聚力从而达成一致意向,并对外界释放出同样的产品信息,是当前媒介组织进行产品建设的重点和难点。

在思考媒介组织工作人员的关系时,还需要重视这一现象:产品是由两种不同的劳动者所生产出来的,即编辑记者与产业工人。而现阶段,大部分媒介组织在生产产品时还在沿用"知识+大机器"相结合的类型。前者由编辑记者们生产,进行的是脑力、创造性劳动,要求他们具有张扬的个性与创造的能力;而大机器生产主要由产业工人来进行,他们的工作就比较简单重复,要求具有规范性和统一性。要推动上述两种生产者充分发挥积极性,不仅要有机制上的保证,还要有高超的管理与领导水平。目前,我国部分媒介组织例如中央电视台的某些节目,都在提倡将工作流程变成流水作业,这仅仅体现了其中一部分。国内大部分节目仍然属于一种"手工作坊"生产,提倡流水作业存在好的方面,但是过分强调这方面也许会产生反作用。现阶段国内电视节目全都是一些老面孔,这是因为媒介组织不够重视知识的生产,投资十分有限。就像凤凰卫视的前总裁刘长乐所说的关于管理方面的经验:"我个人总是很低调地为人处世,但是在凤凰内部大家总在庆贺成功,总是为我们的记者所付出的劳动与采访工作中的成功感到开心。每次文涛结束节目,都会来听听我的评价,我就会鼓励和夸奖他:'你又完成了一件重要的事,文涛的产品又取得了成功。'"低调认真做事与激励员工持续创造、享受成功,反映了刘长乐对媒介产业的独特见解,不仅需要严谨规范,同时也不能缺少创新。凤凰卫视以及旗下的节目都非常精致而个性十足,具有创造性,这与刘长乐的管理模式有着很大的关系。

(3) 与政府的关系

在媒介产品所有的关系利益人中，政府无疑是非常重要的一类。在人们看来政府确实从很多角度都充当了积极的角色，这是因为现在的社会极度工业化，它不得不这样做。宪法以及我国政治传统中从未限制政府参与到大众传播当中：经营国有媒介或者对信息来源进行补充、制定私有竞争的规则等。根据不同角度分析，政府不仅是媒介产业竞争机制的建立者与监督者，同时也是非常关键的原材料供应商，甚至还充当了重要消费者的角色（投放广告），利用建立制度、披露政府官方新闻、投放官方广告等方式，政府可以对媒体造成影响。此外，从某种程度来看，媒体也是一种民主力量，可以对舆论进行监督。特别是部分比较强势的媒介品牌，借助自身在受众、舆论界、商界甚至全球的影响力，通常能够与政府进行博弈。因此，和政府的关系是媒介品牌关系中十分关键的一部分。

同时商业性媒介品牌的其他关系利益人和普通商业品牌也存在区别，比如前者的竞争对手不但包括同类商业媒介品牌，还有十分厉害的国有媒介品牌。因此，关键问题就在于不仅要协调好与每一个关系利益人之间的关系，还要经营好关系利益人的整个关系网，将关系利益人间的负面因素最大化地减小，深入发展他们的合作潜力，从而打造实实在在的强势媒介品牌。

第二节　受众分析

受众，即信息传播行为发生时，对所传达的信息内容进行接收的群体。同时根据不同的传播场所，受众也可表现为多种形式，如在读书场所中，受众可以成为读者；在戏剧表演场所中，受众可以成为观众等。受众并非近代传播平台发展过程中的产物，早在古罗马时期，城邦观众在观看体育比赛、演讲时便已经成为受众，也一直延续至今。

自 15 世纪的近代印刷技术诞生以来，受众概念便走入了公众的视野，即阅读公众，其成为媒介受众的重要表现方式，但是此时的阅读公众与大众受众并非画上等号，这是由于此时的阅读公众的群体较为狭窄，仅限于当时的社会上层群体，底层大众仍然未具备阅读受众资格。而随着时间的推移，19 世纪大众化报刊开始出现，报刊开始走向大众，真正具备了大众阅读的时代特征，让更多的普通大众能够参与到媒介内容传播中。同时电影和影院的诞生也进一步推动了媒介信息的广泛性传播，数量巨大的大众群体可以共同观看影片，彼此之间并不产生影响，不具有排他性，此时大众受众应运而生。而在 20 世纪时，广播电视机技术的诞生也进一步推动了受众群体的规模扩大，更多的社会群体逐渐成为媒介的受众，大众化的特征进一步凸显。大众与受众来自不同的理论体系，大众是社会学中的名词，而受众则是来源于传播学中的名词，大众受众有赖于 19 世纪的技术进步，传媒技术的不断进步促使媒介信息传播的范围更加广泛，公众也逐渐接受基础义务教育，能够阅读基本的媒介信息。大众与受众具有相同点，即人数较多、规模组织性较差，而根据大众社会学的相关理论，对大众与受众的理解应当要从大众自身释义出发，受众是作为大众的子集出现，具有一致的特征要素。

（一）受众的"瞬时性"审美

随着媒介技术的不断发展，受众所接收到的信息来源广泛，种类多样，因此受众的审美标准也随之发生改变，呈现出"瞬时性审美"的趋势。在《现代性的五副面孔》中，卡林内斯库便提出了一种审美转变理论，即传统的受众审美角度是以永恒为主，而当前的受众审美角度则发生了转变，将瞬时性作为了美的标准。产生这一现象的原因在于现代美学概念的变化，即"变化与新奇"，公众更加偏好于较为新奇的事物，而对于已经较为常见的事物的兴趣度下降。在多种媒介平台的信息输送下，诸多不具有传统意义上的审美事物被大数据所关注，公众在使用媒介平台时，将会收到数据后台的推送信息，因此增加了新奇事物的浏览量，也引导受众转变了审美标准，从而表现为"瞬时性"审美。受众的审美角度并非由自身自由掌控，而是由外界的媒介视野产生潜移默化的影响。

如今的信息技术已经走入千家万户，成为公众生活与学习的重要方式，也是公众进行娱乐休闲、消费的主要渠道，这一变化不仅体现了社会生活方式的改变，而且也表明了他律欲望对于刺激消费的作用。他律欲望的表现方式主要是以互联网为主，公众借助互联网平台查阅信息，完成工作，但是互联网所包含的广大信息在进行传播时，不断地推送信息资讯，也刺激了公众的消费欲望，即"二次欲望"，该种欲望方式是将媒介产品中的商品信息进行展示，引导公众产生购买欲望，从而将公众的欲望从互联网上转移到另一种互联网事物中。

当公众欲望的投射发生转变时，即"二次欲望"，将会对现有的公众审美产生重大的影响，催生出"瞬时性"审美。基于信息技术的强大引擎，公众能够借助互联网完成多项工作与生活任务，而不再只是局限于通话、短信等行为。针对于公众的互联网使用行为，英国的移动公司曾经对此进行调研，根据数据的内容显示，用户使用智能手机的主要时长并非接打电话，而是玩互联网游戏、听音乐等。排在使用时长前三的是上网浏览、社交平台以及游戏，电话行为只能够排到第四位。由此可以看出，智能手机的功能不仅仅局限于通话功能，而是囊括了众多工作与信息搜索行为，智能手机已成为用户必不可少的社交工具，不仅可以实现线上交流、休闲娱乐，同时也能够为用户提供高水准的网络社交服务待遇，成为新时代的社交工具。但是我们应当认识到，智能手机给公众的生活与工作带来了便利，但是同样也带来了不利影响，即用户可以接受多渠道的信息，种类繁多，注意力难以集中，当用户想要集中于一件事情时，时常会被其他的无谓信息所干扰，导致注意力难以集中。信息技术高度发达的社会能够将民众的生活距离拉近，借助智能手机便能够解决生活中遇到的大部分问题，完成短时间的信息搜索功能，利用片段化的时间完成工作处理，高效化地解决难题，但是这也导致了公众难以长时间地集中于某一件事之上，浮躁心理占据主导，时间被划分为一个个的短模块时间，这时"瞬时性"审美便应运而生。这一现象似乎能够缩短用户的搜索时间，能够在短时间内完成搜索行为，带来即时的成就感，但实际上发达的传媒技术已经改变了用户获取信息的方式，导致用户更加注重"瞬时性"的观感，而缺乏了对长久投入的坚持，无法长时间地集中注意力于某件事物上,片段化的学习方式占据了主要地位。

如当代的智能手机能够提供多样化的软件服务,除了日常社交的微信软件、手机邮箱等,还涉及多种生活琐碎软件服务,如用户想要借助智能手机录制歌曲,便可以使用"唱吧"软件;利用"扫一扫"对相关的商品信息进行扫码,得知有关产品信息与销售价格等;部分软件甚至抓住了女性用户的心理,推出了记录生理期的功能。由此可以看出,全媒体时代下智能手机的功能齐全,牢牢把握住用户的使用心理,将"他律欲望"不断地投射至软件中,使得用户能够借助智能手机感受生活的便捷性,也让用户的"瞬时性"体验得到满意的效果。与传统的媒介时代相比,当今媒介时代的信息传播与搜索功能强大,更能够增强用户的"瞬间性"成就感。

"媒介依存症"主要是基于高度发达的传播媒介,用户所展现出的高度依赖心理。自从传播媒介技术不断更新以来,催生了诸多传播平台与软件,更加便利了民众的生活,能够为其提供更多的信息资讯。但是这一技术也具有不利影响,即发达的媒介技术使得用户获得了"瞬时性"的使用成就感,心理依赖现象严重。用户借助于传媒技术完成工作与学习,实质上是用户能力的"延伸"的表现,而这一观点也被麦克卢汉所认可,即"媒介是人的延伸"。依据这一理论,可以看出用户在使用媒介技术时,产生了依赖心理,即表现为"媒介依存症"。

信息技术刚诞生时,主要的载体表现为电脑,能够为民众提供便捷的网络搜索服务,信息的来源也更加地广泛。而随着智能手机的诞生,逐渐取代了电脑的地位,两者相比,手机更加便携,隐蔽性更强,用户可以不受时间地点的限制,随意使用智能手机。原先的手机功能较为单一,但是如今的智能手机的功能扩展,不仅保留了原先的通话功能,而且有机融入了娱乐休闲、信息搜索、办公服务等多种功能,更加满足了用户片断时间使用的要求,提升了"瞬间性"的使用感受。对于用户而言,以往只能够使用电脑才能够完成的信息搜索功能,如今已经能够借助智能手机完成,增强了对新奇刺激事物的体验感,这一观念的变化投射于实践中,便是用户的手机网络使用时间不断提升。根据中国互联网信息中心发布的第43次《中国互联网络发展状况统计报告》,2018年我国网民人均周上网时长为27.6小时,较2017年年底增加0.6个小时。似乎时间的增加幅度并不大,但是该种态势一直保持上升趋势,整体的发展态势良好,这也表明了用户逐渐沉迷于手机网络中,"媒介依存症"的表现更加明显。如白领阶层可在闲暇之余,利用手机网络进行社交、消费;商务人士可完成短时间的信息沟通;中老年人也逐步成为网络使用爱好者,利用媒介软件打发时间。由此可见,媒介依存症已经逐渐侵袭社会的各个群体,成为民众的主要生活方式,因此,我们不仅要关注媒介技术的便捷性,还要注意媒介技术所产生的不利影响。

当代大众审美标准的转变,表现为多方面的特征,一方面媒介传播渠道不断拓宽,公众所接收到的信息种类变多,但是我们也认识到,受众的审美标准越来越趋向于新奇,即"异化",导致这一现象的因素有多种,关键因素在于媒介传播的信息种类繁多,"异化"的信息才能够抓住时代热点以及公众的注意力,如网络热点事件、选秀节目与投票机制的结合、游戏社交等。

受众分析方法也是当下对于媒介到达效率进行审视和界定的一个重要参考。电商公司的大数据画像下,老年人市场已成为市场不容忽视的重要组成部分,电商企业便针对老年人推出高薪聘请,对象直指广场舞领舞者或是小区内的"热心大妈",这些人是老年人中的"意见领袖"。再看直播行业,观看直播的观众性别比例,男性与女性的比例约为6∶4,这会促使直播公司进一步培养和推送女性主播;而观看直播的时间集中在21∶00—23∶00点的情形亦会使得主播开播时间相对扎堆。

(二)民粹主义的审美实现

当代的媒体发展方式已经发生了转变,以往的媒体以内容取胜,而如今的媒体以注意力取胜,这是因为受众能够接收到多渠道的信息,因此媒介组织如何取胜关键在于牢牢把握住受众的注意力。传统的媒介形式死板,通常是以纸质报纸、新闻播报等形式加以展现,内容符合主流价值观,占据公众的主要信息来源。但是如今的媒介市场已经越发多元化,市场化的媒介公司开始出现,催生了诸多"爆款"信息,以耸人听闻的新闻标题与内容吸引受众的注意力,因此世俗化的媒介信息开始占据主流地位。而这一社会趋势也不断地被学者所批判,认为该种世俗化的信息内容不符合社会主流价值,但是笔者认为,若是从传统的精英化角度出发,认为所有非精英化的信息均是被批判的,那么该种观点是有错误的。借助于媒介信息技术的发展,越来越多的媒介信息内容出现,如"狗仔队"曝光明星私人信息、虚构真相等,以上的行为均是对传统精英化的媒介信息的挑战,但是不可否认的是这些信息具有社会热点的关注度,对于受众而言,其审美标准也在不断改变,与大众文化的步伐保持一致。

精英化的主流媒介组织应当及时地调整发展策略,更加重视大众化的传播方式,不仅能够扩大传播范围和吸引更多的受众群体,而且也有利于树立主流媒介组织的话语权。当下的媒介市场中,受众最为关注的热点并非主流新闻,而是备受争议的"选秀""征婚"类节目,该类节目的共同特点在于牢牢抓住了受众的好奇心,以此来吸引受众的注意力。

1. 草根阶层的审美革命——受众对"选秀"类娱乐节目的热捧

如今电子技术的发展,推动了电子媒介行业的更新,各类的媒介平台为抢夺受众的吸引力,不断地作出策略调整以及内容更新,以便符合热点话题。传统的媒介平台以广电媒体为主,其主要是以媒体人自导的方式开展,内容乏味、死板,缺乏与受众的互动环节。而如今的媒介平台管理者的发展理念发生了变化,更加注重与受众的互动环节,加强社会热点话题的营造,内容更多地偏向于故事化的演出,如"选秀""征婚"等,该类节目迎合了受众的好奇心,将受众与节目内容相联系,加强互动环节,从而集中受众的注意力,普通的受众群体能够发表自身意见,成为新媒体平台中的主体,这一改变完全不同于以往的精英化的媒介组织,塑造了新的媒体平台与受众关系。

因此可以看出,新的媒介平台推出的选秀节目,能够牢牢地抓住受众的参与感,建立互动的联系,以此获得受众的关注度。在以往的媒介内容上受众与"偶像"相隔甚远,受众难以传达自身的情感,这也导致节目整体参与感较低,无法与受众建立长久的互动关系。而如今的"选秀"节目不仅消除了媒介与受众之间距离,而且能够获得较好的经济效益,受众能够通过投票的方式选出喜爱的偶像,商家也能够借助选秀媒介平台加强商品的宣传,以扩大知名度,而选秀偶像也能够在出道后,获得公司的优质资源,成为家喻户晓的明星。在多方共赢的基础上,"选秀"节目横空出世,获取了受众的广大注意力。我国的节目制作人在抓住这一时代热点后,推出了相应的选秀节目,在2003年,天娱传媒公司成为第一个吃螃蟹的人,《超级男声》节目播出,但是由于当年的宣传方式较为单一,且娱乐频道的宣传力度不大,该节目的受众不多,节目效果不佳。而2004年的《超级女声》则吸取《超级男声》的经验,一经播出便吸引了广大受众的眼光,成为当时的热门选秀节目,收视率节节攀升,湖南卫视也以"青春""快乐"而在众多卫视中脱颖而出。

"选秀"节目的开展迅速拉近了"偶像"与受众之间的距离,受众不再是作为局外的观看者,而是能够亲自参与到偶像的选拔中。互动环节,受众能够根据自身的喜好,以短信、网络等多种方式,参与到偶像评选环节中,这一举措不仅完全改变了以往的精英化的单一媒介内容,而且成为引领新时代互动节目潮流的开端。如在《超级女声》中,为公正地作出晋级决定,节目组决定选手的分数由三方面构成,即专业评委,专门负责专业能力的点评,如唱跳等;大众评委,观众可以根据喜好选出偶像,进行投票,观众投票能够折合一定的分数;媒体评审,主要从媒体立场进行评判。在汇总上述三类主体的分数后,得出选手的最终分数,并且按照排序依次晋级。这种选秀模式完全颠覆了以往的单一精英化节目模式,因此一经推出,引发了全民热议,同时让受众积极地参与到了投票环节中,充分彰显了受众的参与积极性,这也是主要由于选秀节目抓住了受众的参与感,受众可以根据自己的喜好进行投票,另一方面也是基于短信、网络投票行为的便捷性,受众在闲暇时刻动动手指便可以为喜欢的偶像投票,易产生沉迷情绪。

"选秀"节目的火爆在于节目制作人牢牢地抓住了受众的心理,选秀节目的实质是展示,即"show",其为选手提供平台,彰显选手的能力与艺术风格,诸多选手展现不同的风格才华,能够迎合各类观众的喜好,从而使观众在投票环节中表现得较为疯狂,形成较为紧密的互动关系,即偶像的晋级与否将会紧紧地牵动受众的心。以往的精英化媒介节目中,通常为单一化的节目内容输送,缺乏互动性,而明星的培养需要多年的积累,从出道开始要不断地参演电视剧或电影,在各类节目上保持活跃,演技或唱歌技巧等方面均要保持高水准,才能够给受众留下深刻的印象,但是当前的"选秀"节目却是颠覆了以往明星培养方式,在短时间内就能推出一系列的成名方案,在选秀节目推出后,选手需要经过海选、区竞赛等多个环节,一直到走上舞台后,仍然需要面临不断的晋升竞争。在如此短的几个月内,挑选出全国冠军,因此选秀节目的高效性也注定了会吸引受众的视线,似乎观众能够真正地参与到偶像的推选互动中。当看到自己所喜爱的选手的发展历程,观众能够产生感同身受的感觉,并且积极地加入到投票环节中,似乎自己的投票能够改变选手的命运。因此我们在选秀节目中时常会看到现场观众的激烈行为:如选手投票环节,观众表现得十分紧张,在选手比分落后时,观众的情绪会不自觉地较为激动,甚至在台下声嘶力竭地为选手加油,号召朋友为自己所喜爱的选手投票,花费心力制作告示牌等,能够让选手看到自己的打call,这种种行为均表明了观众深切地参与到了选秀节目中,甚至产生了高度的共鸣感。对于观众而言,这不单单是一场选秀比赛,而是自身参与推选偶像的活动,自身的投票行为决定了自身喜爱的偶像能否出道,提升了观众的参与感,让观众深深地沉浸于节目中,增强了节目的关注度,也让节目的受众范围不断扩大。在选秀节目中,节目的制造者为了增加节目内容的跌宕起伏感,暗自安排选手的晋级或者淘汰场景,让观众进入节目"景观"中,以便提升节目的影响力。出于增强"景观"吸引力的目的,选秀节目通常会故意弄出各种八卦娱乐,例如几个选手之间产生了不和,节目中勾心斗角,或者某个选手向节目评委行贿,通过不正当手段拉票等。在各种选秀节目评审过程中经常被网友吐槽存在这种情况,虽然从法律上缺少证据,但是人们常常能听到各种传闻,如选票作假;名次提前内部预定;通信公司和媒体互相勾结,利用观众短信投票从中获利;女选手同意潜规则只为获得高名次,等等。虽然使得社会舆论对其不断抨击,但也起到了炒作的效果,吸引了更多的关注和热度。

2."民粹主义"的狂欢——各种"热点"的媒介受众审美

随着互联网的不断发展与普及,各种社会热点新闻不论是实时传播速度还是社会影响力等都提高了许多。过去主要是通过人们互相之间口口相传、报纸杂志的新闻版面或者电视里简短的新闻节目来扩散社会热点事件,并且当时对于媒介的管控十分严格,人们了解的"时事"大多都是官方领导的政治活动,或者属于宏大叙事类型的大人物或大事件,一般群众喜爱和关注的家长里短很少出现在公众眼前,更不可能广泛地传播。究其根本,过去并非没有相关的话题与新闻,也不仅仅是媒介能力不够,而是由于媒介传播缺少"民主化"。随着互联网这类新媒体的诞生与发展,使得这种情况有了较大的变化。爱观察的人们应该可以看到,最近几年不断出现各种称为"某某门"的事件,而且常常在报纸杂志、广播电视的有关栏目中可以看到社会舆论点评,被很多媒介受众重点关注。现在以"××门"为代称的信息在互联网上成为一种热搜名词,多次被各大搜索引擎收入前三名范围。为什么"热点"会对现在的人们具有这么大的吸引力呢?

现阶段的媒介主力已然是互联网等新媒体,实际上大部分"热点"都是被一些小型媒体或小范围的受众或个人给爆料出来的,这些事件在本质上具有非常浓烈的平民化特点,在这种事件中处于"强势"地位的通常都是政府领导、大明星或者知名专家、权威人士等,而以受害者身份出现的比较"弱势"的一方一般都是普通民众。例如2008年轰动一时的香港"艳照门"事件,尽管对于社会主流舆论而言,这件事是"被谴责"的,但是仍然有很多网友不断转载传播,一方面主流媒体并不提倡人们下载围观,但另一方面大家并不领情,还是在持续转发与讨论事件相关视频资料,还有一些好事的人写出各种打油诗来讽刺事件主角,对社会造成了负面影响。由此我们可以发现,平民阶层并不是什么都不清楚的群众,而是他们从潜意识里就把"艳照门"事件的主角当成了"强势"一方,所以他们面对丑闻时体现出的嘲讽戏谑也就是很正常的一件事了。因此也就导致"热点"自身就反映出强烈的"民粹主义"本质。

民粹主义又或者说是平民主义,是从政治哲学的专业术语中提炼而来,它是在19世纪的俄国产生的,关于该名词的解释,尽管学术界没有统一的说法,但比较一致的观点是,民粹主义十分重视平民群众的价值与理想,将平民化与大众化当成各种政治运动与制度能够合法化的根本来源。从官方角度来看,"民粹主义"是必须重视的挑战,这是因为它盲目极端地扩大了"平民主义",过分否定了已经产生并存在的社会与国家制度,提倡通过激进的政治变革方式来对社会进行管理,他们推崇的是将人民视为抽象的整体,但是对于构成"人民"的每一个具体鲜活的"人"却十分蔑视。新媒体在传播各种不同的热点时,体现了平民阶层的利益和需求,对权威与精英主义形成了挑战,这和"民粹主义"的主张保持了一致。然而在媒体活动中的"民粹主义",却不是像官方解释中的那样蔑视具体的个人。由平民主导话语权的新媒体平台,虽然有些领域中存在部分不理性的、个人本位思想的语言和诉求,但是大部分受众都比较理性且遵守已有社会制度。他们传播的信息只是表达了对现行体制内的具体事件与政策的不满意,并没有强调重新建立制度或者摧毁现存的所有制度,他们只是进行了改良并非进行革命。它只是从文化层面主张以民为本,远远达不到政治层面的"民粹"标准。

总而言之,全媒体为人们创造了一个从未有过的、宽广自由的"狂欢"场所。在这里,人们不但能够自由发声,感受自己的信息传递所带来的快感,还能够通过技术手段看到别人的生活,"人肉搜索"自己周围的任何人与事物。它使得过去存在的时间与空间限制被打破,实现了传统媒介无法完成的目标。媒介受众关注和热衷于"选秀"类节目以及社会热点,不仅从围观活动中得到了感官上的快乐,同时也体验到了无害的通感,二者一起形成了"民粹主义"式的审美热情。

3."景观消费审美"——全媒体传播对受众的消费心理影响

根据法国思想家居伊·德波的观点,当今社会已经变成了被拍照的景观,人们正处在这样一个"景观社会"中,即真实被"仿象"所替代。从这一角度而言,人们更倾向于通过审美与享乐的心态和眼光去看待国家政治、经济、文化等不同方面的"景观"与现象(虽然这类"景观"大部分都是人为建立的不真实仿象),极少关注仿象以外的真实情形,而全媒体就是拍摄全球景观的一台"摄像机",利用不同维度、视角和感官功能搭建了虚拟的景观社会。相较于德波时代的"景观社会",这时候已经重新构建了一个具有消费美学的新社会,和20世纪五六十年代相比产生了翻天覆地的变化:社会的主流媒介从报纸杂志、广播电视等发展为互联网等新型媒体。而全媒体正是对新旧媒体进行了整合,从而制造出了远超德波时代的种种"景观碎片"。从德波的角度来看,这种"碎片"是由人们日常生活中不同的感官体验和事件组合而成的,包含了视觉、听觉方面的生活场景。全媒体通过上述生活片段,利用夸张、隐喻等手段,打造出各种"景观幻象",同时利用先进的多媒体手段将景观无缝对接起来,最终向受众展示出以技术与虚拟仿象为基础的强大景观世界。

虽然一开始媒介传播的目的是加强社会互动,然而现阶段处于"物化"后的商品社会,消费主义对全媒体所打造出来的"景观"产生了很大的影响。人们在审视景观时或多或少都存在着一些消费主义方面的审美。它对于受众的审美心理主要带来了下列三种影响:

(1)"沉默的大多数"——受众对虚拟仿象的默认和沉迷

实际上,强大的媒介不仅为受众带来了各种信息,还提供了获取途径,同时也产生了一种"集权效应":先进的媒介工业技术为全媒体融合带来了十分强大的传播效果,这就使得全媒体打造的虚拟景观世界牢固地锁定和限制了受众。大家开始慢慢习惯于通过电子媒介来获取信息并进行人际互动。但是媒介在传播时会出现噪声以及各种其他干扰,同时商品化社会还使得媒介具有趋利性，因此人们也默认并接受了全媒体信息的虚幻性，最终"真实"的世界离我们越来越远。在这个变化的过程中，人们的审美心理也发生了改变，由一开始的批判质疑转变为接受和习惯，最终完全不关心"真实景观"究竟是怎样的，这使得全媒体彻底变成了打造日常生活不同景观的工具，并且通过"景观仿象"的方法把真实的世界展示在受众的眼前。

在这个过程当中，因为媒介传播存在意识形态的特征，同时在政治领域中也有着较大话语权，所以当媒介的话语所具有的公共性对受众产生作用时，他们的心理很容易就会出现群体化趋势。控制了传播媒介，就有了相应的话语权，就能够从自身利益出发选择、包装并渲染相应的传播信息。很明显，这种媒介传播是由强势群体向比较弱势的群体进行传播，是已经获得利益的群体对被支配者单方面的传播。

此外，正是因为媒体技术具有强大的力量优势，使得"景观幻觉"更加普遍地存在于大众互动和信息传播之间，而当人们被媒介所支配时，看上去似乎在享受科技给我们提供的方便与快捷，但事实上我们正在被不同的电子媒介工具给"异化"，并让我们逐渐沉迷其中，将虚拟景观视为真实场景：工作方面，人们能够利用互联网搜索收集所需信息，自认为主导并拥有了所利用的信息，但实际上背后都存在支配阶层话语的痕迹，掌握的信息基本上都可以看到支配阶层的价值观及意识导向；休息方面，人们在家里打开数字电视，在遥控器上不断切换电视台，想要获得更加丰富的视觉景观，各种各样的娱乐节目大肆流行，使得受众变得更加麻痹，经常一看就是几个小时，甚至连睡觉都忘了；在睡觉之前，我们的大脑想要从处理了一天信息的活跃状态快速转变为休眠状态成为一件困难的事情，几乎都会借助电子媒介来做些别的事，例如用手机刷短视频、用平板看看奇闻异事，或者用手机和别人聊天、发微博、发朋友圈等等。看上去似乎人们享受了媒介提供的视听盛宴，但是从另一层面来看，受众依旧是处于沉默地位的，始终都处于被动接受新闻与意识形态的角度（虽然和几十年前的德波时代有了很大的变化）。虽然受众能够自由挑选自己喜欢的新闻进行观看或评价，但是他们依旧是"沉默"的，因为受众无法参与媒介构建"景观幻象"的具体活动。受众人数众多，但是无法控制媒介，反而不断迷失在虚拟的"景观"之中。法兰克福学派曾经对媒介工业作出了批判，他们提到科技不仅仅是生产力的代表，同时也代表着新的意识形态。媒体变成了小部分话语权力阶层控制社会思想文化与意识形态的工具，通过媒体传播出来的信息中存在着误差、诱导甚至是虚假欺骗，但是受众已经习以为常，就算是有不同的意见也被淹没其中，无法改变媒介的强大掌控力。

（2）"被迫的消费"——审美主客体的可转换性

由于媒介不断强大，使得大众的消费欲望空前强烈，但是这种欲望和现实生活中所指的"七情六欲"在本质上存在着区别。媒体创造的媒介影像是以物质为基础但是又超出了物质需求的一种假的欲望。换言之，对于人们的日常生活而言，它不是必需的，而是一种"奢侈品"。这种欲望具有强烈的符号化痕迹，但是在媒介创造的虚拟景观中它却是无处不在、不能缺少的部分。被媒介影像所包裹围绕，受众便自然而然地萌生了消费主义思维，把这种假的欲望持续到底。

面对这一情形,"伪欲望"从一定程度上对受众的理性产生了束缚,而审美的功利性也开始慢慢显现。人们洋洋得意地使用各种先进的电子产品,以为自己享受了文明社会发展带来的成果,自认为掌控了各种媒介,能够随意处理不同的信息与景观,但却没有发现,当自己通过媒体开展活动时,同时也是被它们所掌控,并且受"伪欲望"的影响,出现了被迫消费的现象,人们的生活彻底被媒介技术给控制了。从表面看是受众在消费媒介,而实际上正好相反。所以审美的主客体也就存在转换的可能性。

当今社会处于媒体时代,人们都是通过媒介这种普遍的平台欣赏他人的景观,同时他自己也变成了别人眼中的他人;表面看好像是媒介在装饰受众,但其实受众也在装饰媒介与他人。实际来看,这是互相消费的关系,早在纸媒时代及广播电视时代就表现出来了。不同的地方在于,新媒体尚未广泛应用以前,媒介传播的方式还比较硬,不管是广告或者是新闻报道,人们都能够轻松辨别其中隐藏的阶层与意识形态,没有太多的消费欲望,大部分都是购买物质产品。但是21世纪以来,新媒体获得了迅速发展,电商以及BBS的兴起使人们欣喜地以为不会再处于媒介垄断的时代,自己也许能掌控社会文化。尤其是如微博这种自媒体的快速发展,消解了过去媒介的绝对话语权,这种话语权的去中心化让受众误以为出现了实实在在的媒介自由,受众得到了彻底解放,而且可以对社会文化造成影响。根据媒体性质及发展方向可以看到,虽然受众开始不断介入媒介的建构,在社会文化与政治上的影响也有一定增加,但是完全无法被当作"媒介的主人"。受众迫切希望自己能够主导媒介并成为中心,但是媒介话语实际上仍然被强势阶层所掌控,在今后很长时间内依然会存在着"被迫的消费"。媒介在审美主体与客体上的转换同时也对"景观消费审美"产生影响。媒体这种通过无形方式逐渐把"被迫"转变为"主动"的媒介,同时也需要应对媒介民主化和话语权两个方面的挑战。

(3)"碎片化"生活场景中的审美景观

对于媒体时代而言,其生活场景非常丰富且复杂。最为关键的一点在于十分的"碎片化"。出现这种情况是因为新媒体在运转过程中发生的平等互动。虽然这里所指的"平等"来自媒介技术,但是经过长期发展已经具有消解话语权威的能力,可以对社会文化与政治造成影响。

媒介在信息传播过程中出现的"碎片"构成了生活场景的"碎片化"。实际上过去的纸媒、广电媒体乃至更早期时,产生的社会信息数量绝对不少于现在,但是受到传播技术的限制,加上受众"默认"了话语权力的中心,导致现在看来当时的信息相对集中,并且舆论导向非常相近,还没有产生"碎片"。但是到了新媒体时代,情况大不相同,由于媒介工业技术发展规模扩大,将"去中心化"变为了可能,每个人也许都是媒介关注的焦点,传播的信息比过去更丰富,价值取向也变得更加复杂。中国人民大学的彭兰教授指出,"碎片化"一般存在两个层面的传播,也就是事实性和意见性信息传播碎片化。它们共同打造了人们日常生活中的各种"碎片化"景观。

现实中不同社会的利益需求各不相同,导致价值观也存在差别,不同的诉求经过媒体的各种途径传播至生活的方方面面。过去我们可以看到电线杆、路标牌上被粘满了广告,听到公共场所里的各种声音并且还能了解到娱乐明星的各种八卦新闻。上述内容共同形成了生活场景的碎片，同样使受众的审美产生了一些改变。这时的"景观"不仅是受众感官上能够体会到的时空及精神意象，同时存在更深层次的意义，在德波看来，它实际上是利用影像这一中介而产生的人与人的社会关系，并且也是社会生活彻底被商品殖民化的时刻。我们可以看到，这种景观同时具有了社会以及时间空间的关联性。此外，景观当中的"碎片"不仅反映了日常生活中的影像与语言片段，同时也包含了在这之中人与人之间的社会关系。

　　受到生活场景"碎片化"影响最大的就是受众的时间，被媒体进行了不断的分割：不管忙碌还是悠闲，人们总会无意识地经常查看手机消息或者上网看看新闻、收发邮件，如果比较空闲便会寻找周围的影音媒体从而让自己获得短暂的精神满足。只要媒介发生意外情况（例如手机丢了、没电或者电视、网络没信号等），人们就开始焦虑起来，不知道该干什么。德波将此进行了延伸，认为景观已经成了被物化的世界观，它把商品化的思维灌输给受众，将物质文明作为生活工作的导向。利用不同的物化后的"碎片"将表象与本质割裂开来，通过人为碎片建立了虚拟景观，进而有目的地影响受众的审美。受众的审美逐渐变得功利，浮躁取代思考，短暂取代永恒，碎片让中心的本质不再，整个生活变得空前热闹与喧嚣，而我们身处其中，默认着这种虚拟的景观，看似热闹的场景下掩盖着巨大的沉默。

第五章
媒介的宏观经营

媒介经营与经营媒介，表达方式的改变代表着不同的含义。经营是市场较为常见的行为，企业主要以销售商品作为经营手段，将商品推到市场上进行销售，从而获得一定的经济收入，通过这一方式也能够发挥企业的生产效能，为社会提供必需的商品，达到市场与企业的动态均衡状态。而媒介经营则是有所不同，其主要是以媒介组织的市场活动为对象，对媒介组织内的资源进行分配的活动，其涵盖了多种类型，如广告、发行等，在这些过程中均能够体现媒介组织的特性。同时媒介经营开展方式也存在涉外性，即包含部分媒介特征不明显的行业，如房地产等，因此可以看出媒介产业的经营活动可以涉及多个方面。这也是由于媒介产业的属性复杂所导致的，媒介企业自身可以进入媒介行业之外的市场，同时又具有排外性，禁止无媒介资质的企业进入媒介市场。因此在界定媒介经营时，可以从媒介组织为主体的角度入手，以开展媒介资源经营活动为表现方式。

"换位思考"理论是企业管理中有效的措施之一，以调换位置的方式进行思考，可分为对内与对外。对内而言，即企业的员工，管理者在做出管理行为时，需要从员工的角度入手，对管理行为的规范性与否作出评价，并且实时地调整管理内容，以达到较好的管理效果；对外而言，即企业的用户，管理者必须要根据用户的需求作出产品的调整，产品的推出必须是以满足需求为出发点，才能够在激烈的市场竞争中占据一席之地。换位思考，作为企业管理的重要策略，发挥着重要的作用，能够起到沟通的作用，让员工以及用户的需求得到满足，使得管理行为符合科学性、规范性要求，达到高效的管理效果，也能够被员工以及用户所认可。

在开展媒介经营时，可运用"换位思考"的管理方式，充分地考虑媒介经营中各方主体的需求与问题所在，从不同的角度看待问题，管理者的看法将会产生差异。在以往的媒介市场中，媒介行业入门门槛较高，因此媒介组织作为主要的媒介经营主体，能够参与到媒介行业与其他行业中，展开经营行为。但是随着媒介市场的准入标准的降低，越来越多的企业主体进入该市场中，媒介组织不再作为主体角色，而成了客体角色，因而经营媒介概念应运而生。针对这一现象，如何准确地理解经营媒介？本书认为，必须要从媒介的角色变化进行理解，经营媒介中的主体不再是媒介，企业逐渐成为经营媒介中的主体，而媒介作为客体发挥作用，因此在开展经营媒介时，对于经营方式、方针等多方面都要随之调整，以便更加符合主体企业的经营需求。

我们可以看到，角色的转换，促使媒介经营发生了转变，经营媒介取而代之，这不仅仅是表达用词上的改变，更是市场环境经营条件的一个写照，切实地符合了当前的市场需求变化。

第一节　媒介的集团化

（一）媒介产业集中路径

1. 媒介产业集中与规模经济、范围经济

根据产业经济学理论，产业类型可分为不同类型，即可根据市场结构的不同表现形式

(垄断程度的高低)进行划分,分为分散型与集中型。对于企业而言,扩大规模的策略作出必须要基于行业发展状况。将规模经济与规模不经济、范围经济与范围不经济的对比作为策略调整的依据,企业能够作出科学的产业集中决策,同时产业集中的决策还受到多种因素的影响,如市场的容量、技术更新的进程等。

对于媒介产业而言,其主要是依赖于媒介活动开展而获得经济效益,因此规模经济与范围经济的影响程度不高。部分大型媒介组织能够凭借企业规模较大的优势,达到提高市场竞争力的目的,以此取得较高的经济效益。但是也有部分小型媒介组织,尽管企业的规模较小,但是并不影响组织的市场竞争力,其市场竞争力较强,能够获得民众的认可,经济效益回报丰盛。但是我们应当认识到,当前的媒介产业的市场环境已经发生转变,媒介组织的发展必须要依赖于规模大小,且依赖程度越来越深,因此规模经济和范围经济所起的作用正在不断提高,能够影响到媒介组织的经济效益。如部分媒介组织的运营规模大以及媒介人才队伍实力雄厚,相关的媒介组织活动能力较强,活动组织模式较为规范等,不断地拓展媒介组织的经营范围,已经形成了跨国型的大型媒介组织机构,规模经济效应开始凸显,为媒介集团创造了巨大的经济效益,而这也充分显示了规模经济的重要作用。

对于企业而言,企业发展策略的调整必须要基于科学的战略之上,即集团化和战略联盟,通过这两种方式,能够有效地推动企业规模的有序扩张,占据市场竞争的优势。集团化发展,即以集团为发展方向,开展一体化策略,整合或联合多项经营活动,达到提高经营效率和企业控制的最大效果。企业的一体化开展包含多个维度,不仅包含企业内部的一体化,而且也包含企业之间的一体化。根据企业内部一体化的要求,企业可以向三个维度进行发展,分别是横向一体化(不同价值链上的平行活动)、纵向一体化(价值链上的连续活动)以及混合一体化(多条价值链上的多种活动),以此来达到企业内部高效化的经营目标。企业之间的一体化,则是联合多个企业,集中企业优势,以此互补不足,达到战略联盟的最佳效果。

2.集团化发展战略路径

(1)横向一体化战略

横向一体化,即横向开展集团化策略,也称为水平一体化,其主要战略方式是以并购、联合、投资等方式,对同类型的企业进行集团合并,从而获取经营权限,实现规模化的经营方式,以达到扩大企业竞争实力的目的。横向一体化战略主要集中于同类型的企业,即充分地集中各地区同类企业的实力,从而提升集团企业的规模经济,并且获得"多工厂经济性",达到高效经济收益的目的。

为提高媒介企业的经济效益,媒介组织可通过横向一体化的形式,集中同类企业的竞争优势,获得规模经济效益。其目的可表现为:(1)获得新的客户。对于大型的媒介组织而言,其通过并购、联合等多种方式,获得同类型企业的经营权限,能够实现客户转化,增加客户数量。并且使媒介组织的经营模式得到拓展,在不同地区的企业进行宣传,提高大型媒介组织的知名度。(2)进入新的市场。媒介组织可以通过横向发展的方式,兼并同类型的媒介组织,依照母公司的经营范围开展经营活动,能够迅速地适应新地区的市场需求,市场的竞争优势较强。(3)提高市场势力。大型媒介组织通过对同类企业的并购,市场竞争者的数量进一步减少,其余的竞争媒介组织的规模经济不高,难以与大型媒介组织相抗衡,从而获取该市场的优势地位。

(2)纵向一体化战略

纵向一体化,即纵向开展集团化策略,也称为垂直一体化。企业需要将生产链条上的纵向环节进行联合,如涉及供应、生产、销售等多个环节,达到企业产业链延长的目的,其本质是拓展企业的经营范围,实现外部价值链的内部化。以往的市场中,供应、生产、销售等多个环节由不同的企业所掌握,各企业通过签订契约的方式实现合作共赢,而通过纵向一体化的方式,能够实现企业内部控制目的,即企业内部可以运转供应、生产、销售等多个环节。对于企业纵向一体化策略的解读,学者们具有不同的意见,但是主流观点均认为该策略可以达到消除过高的交易成本的目的,防止在环节流转中花费不必要的成本投入。

纵向一体化能够促进企业经营规模的扩大,整合多方面的资源,不仅包括企业内部资源的高效利用,而且也能够达到客户资源、供应资源等多个环节的高效化,以便实现外部风险降低的目的。为达成纵向一体化策略,可通过两种途径:①大型媒介组织凭借自身强大的经济实力,以并购的方式,收购产业链条上的其他类型企业,从而实现产业链的企业联合,实现媒介组织的综合经营模式,如可与其他的企业管理、营销、客户管理等企业进行并购,以便实现企业产业链上的联合,达到内部化产业链的目的,降低外部市场风险;②大型媒介组织并不进行企业并购,而是以合作的方式,加强与媒体资源型公司的联系,从而实施纵向性的价值链条合并。

以纵向一体化的战略,可以达到诸多经营便利,包括生产链条内部化实现,达到资源配置的最高化,避免出现交易风险等。对于企业而言,在生产相应的产品与开展宣传时,其并不涉及其他交易企业,而是在企业内部一并处理,大大节约了合作费用,而且也能够实现合作确定性。如苹果公司作出了一项重大的决定,即采取收购策略,将 Quattro 公司业务并入到苹果公司中,以更好地进入智能手机广告市场。Quattro 公司的客户群体与苹果公司截然不同,多是福特汽车、宝洁等消费主体,因此苹果公司实施纵向一体化的战略,将会有利于拓展传播业务,占据手机广告市场的有利地位,降低苹果公司的宣传费用。媒介组织可基于纵向一体化的优势,实现客户资源的高效利用,进一步提升为客户整合传播服务的能力。

(3)混合一体化战略

混合一体化,即实施多项企业战略,也称为多元化战略。根据该战略的要求,企业的业务开展呈现多样化的趋势,涉及不同的产业以及业务。该战略的形式划分为两种:一种是有关联的混合一体化,这一战略指导下的公司在开展业务时,必须要注重业务之间的联系,即企业可以基于自身的业务优势,以纵向、横向的方式,兼并或者是合作不同的企业,拓展新业务范围;另一种则是无关联的混合一体化,这一战略指导下的公司的业务缺乏联系,核心业务与新业务之间关系断开。媒介产业以关联的混合一体化为发展模式,是能够实现媒介公司实力提升的有利渠道。

媒介组织实施混合一体化的策略,能够实现:一是获取范围经济效益。媒介组织能够基于自身的核心业务、丰富的业务开展经验以及市场竞争力,开展相关联的新业务,顺利进入新媒介领域中。同时新媒介领域的开拓行为,能够从原核心业务受益,极快地适应新市场需求,从而达到范围经济效益。二是获取新的成长机会。对于传统媒介组织而言,媒介产品的形式以及营销手段过于死板,难以有市场竞争空间,因此媒介组织需要进入新的传播领域中,从而实现市场竞争力的提升。如分众传媒便多次以收购方式同类型的媒介组织进行兼并,北京凯威点告网络技术有限公司主营业务为网络传播等,分众传媒便以1500万美元的现金与股票开展收购行为,并且针对网络广告服务商好耶,分众传媒以7000万美元现金和1.55亿美元的普通股收购……上述的行为进一步拓展了分众传媒的经营范围,不仅保留了原有的商业楼宇视频媒体等业务,而且在电影院线、手机等广告媒体中进行涉猎,实现了多业务并进的发展模式,实现了分众传媒的经济效益的提高。

3. 建立战略联盟:实现资源共享与优势互补

上述的企业发展战略主要是以媒介公司为主体,将涉及生产、销售等多个环节的外部环节进行并购,达到内部化的管理,以减少交易风险。而战略联盟则有所不同,其主要是基于媒介组织的专门化业务,实现外部化管理,达到各企业之间的联合。前者可以称为企业内部一体化,企业的法人主体作为管理者,使用企业的资金进行并购,是外在价值链内部化的一种表现形式。而后者可以称为企业间的一体化,企业的法人主体并非管理者,而是由多个资本主体共同介入发挥经营管理的作用,企业的联合方式是资源的联合,是企业内部活动外部化的一种表现形式。为了进一步促进媒介产业的发展,媒介组织可实施科学的战略联盟策略,以集中各企业的优势资源,达到合作的高效化。对于媒介组织而言,其核心业务能够保持竞争力,而媒介组织缺乏资金进行并购,内部一体化策略难以贯彻,因此媒介组织以战略联盟的策略,可以集合多个企业的核心业务能力,达到优势互补的目的,也能够进一步提升业务服务质量与节省成本。

媒介产业间一般存在三种战略联盟方式:

一是媒介组织之间的战略联盟。媒介组织缺乏全面代理能力,因此同类型媒介组织可进行合作,建立战略联盟,不仅可以达到营销效果的提高,而且也能够提升传播服务水平,更符合顾客的需求,提升知名度,扩大媒介组织宣传范围。

二是媒介产品制作公司与强势媒体平台的战略联盟。强势媒体占据优势的市场份额,市场受众较多,因此媒介产品制作公司在选取战略联盟对象时,需要充分注意到强势媒体平台的重要地位,不仅可以获得广大的受众群体,同时可以保证营销传播的稳定性,避免经营风险,保障媒体的曝光量,实现良好的经济回报。如昌荣传播与中央电视台以及省级卫视进行合作,借助该类强势媒体平台的强大受众资源实现高速发展。同时昌荣传播不仅开展独家代理卫视,如东方卫视、天津卫视等频道广告,而且与多个卫视平台建立了战略联盟,如湖北卫视、深圳卫视等。昌荣传播的战略联盟策略具有准确性,与中央传媒、省级卫视等建立长效性的合作,能够提供高质量的传播服务,更受客户的青睐,市场竞争力不断提升。昌荣传播董事长认为,在未来的时间内,公司在坚持原有的战略联盟的基础上,即继续开展与中央电视台的合作,需要进一步拓展业务范围,要积极探索省级电视台以及互联网媒介等,实现业务的多渠道发展。未来时代下的公众媒介习惯已经发生改变,不再是传统的长时间的

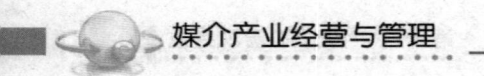

媒介接触,取而代之的是"碎片化"接触。与此同时,广告主的营销渠道也应当发生改变,要建立多维度的宣传方式,渗透到公众生活的各个方面,才能够真正实现营销的效果,达到宣传的最大效果。航美传媒、华视传媒便认识到了这一点,在与中央电视台进行战略合作时,提出了优惠政策,企业可参与到央视招标栏目的竞选中,中标者可以享受本传媒企业的优惠价格。

三是媒介组织与营销传播公司的战略联盟。媒介组织在开展营销传播业务时,必然涉及新业务,因此媒介组织可开展战略联盟,联动营销传播公司的优质业务能力,实现高效化的营销传播效果,主要表现为:(1)优势互补,提高经济效益。媒介组织的主营业务是以媒介产品为主,其营销传播业务的专业化程度不高,而营销传播公司可提供专业化的服务,提升媒介产品的传播效果,达到双方效益的最大化。(2)市场适应性强。媒介组织若是以开拓新业务的方式开展营销传播活动,必然导致传播活动的专业化程度不高,且易存在业务风险,媒介产品的营销传播效果不佳;而若是以战略联盟的方式,能够充分凸显媒介组织与营销传播公司的核心竞争力,更好地适应市场的需求。(3)开辟新竞争业务。媒介组织的业务主要集中在媒介产品上,因此竞争中也是传媒市场为主,而无法开拓新的市场。但是战略联盟能够弥补媒介组织的竞争劣势,为媒介提供更高端的营销传播业务,从而实现新竞争业务,达到高水准层次。

(二)媒介组织与战略联盟的实现途径

在开展媒介组织集团化的路程上,媒介组织可运用多种方式,如并购与联合,充分地集中企业优势业务,实现集聚资源的效果。

企业为了达到经营活动的高效化,可采取并购(兼并、收购与接管)的方式,实现企业产权的交易活动,不仅能够达到资源的优势互补,而且能够提高市场竞争力。所谓兼并,指的是不同企业实施重组行为,将其中一个公司作为法人代表,将其他的重组公司进行兼并,相应的公司管理者不再具有法人资格。所谓收购,即企业可以通过多种形式进行购买,从而获取另一家被收购企业的控制权限,实施相应的经营行为。此种收购行为并未剥夺被收购企业管理者的法人资格,但是经营控制权却发生了转移,由实施了收购行为的企业管理者享有。所谓接管,即一家公司的控股股东对所拥有的股权进行抛售,被他人所购买,或者是其他企业通过收购股份的形式,成为该企业的最大股份持有者,此时企业的控股者发生改变,由持股最多的个人或法人担任,因此董事会成员的组成需要进行改变,职业经理人也将会面临改选。

媒介组织的并购策略的实施,能够将外部环节实施内部化,从而节省支出成本,并且也能够提高内部环节的实施效率,实现生产链条的高效化,提高经济效益。企业以并购的方式,能够吸纳更多的价值链环节,扩大企业规模,并且以此带来经济效益的提高,即"规模经济"。若干公司经过整合的方式,以横向或纵向的方式将各公司的核心业务进行聚集,从而达到经营规模的扩张,通过该种方式可以带来规模经济下的成本降低,获得更高的经济效益,同时也能够达到管理高效化,管理人员可参与到多个价值链环节中,有效地降低了无谓的成本，促使企业资金的利用高效化，加大对创新技术的研发力度，提升企业的核心业务能力。同时企业以并购的方式，能够将外部的业务进行转化，实现企业内部管理，减少成本的支出。

企业联合能够有效地整合不同企业的优势业务资源，达到高效化的一体化战略目标。而相较于并购而言，联合的企业关系联系并不十分紧密，而是一种合作共赢的联通方式。企业兼并和收购行为将会改变公司所有权的归属，而企业联合并不涉及所有权的变更，仅仅是两个或两个以上的公司达成优势互补的合作。企业联合的形式可表现为集团化与战略联盟，而进一步地加以分析，可分别从狭义与广义角度加以定义。狭义的企业集团表现形式较为单一，多以垄断财团的方式出现，而广义的企业集团的表现形式多样，既包括大型规模的公司，也包括经济联合体，即企业以控制股份等方式实际控制其他企业所构成的联合经济发展方式。企业战略联盟可认为是两个或两个以上的企业，为追求更高的经济效益或提高竞争力，以协议的方式进行资源整合，加强企业的经济合作联系，其联盟方式可以表现为正式与非正式。随着当代经济贸易活动的发展，经济主体之间的联系越发紧密，因此企业的战略联盟发展是促进企业可持续发展的重要方式，这也是我国本土媒介组织发展的应有之义，能够整合各企业的优势资源与核心业务，提高媒介组织的综合实力，在市场中占据有力的竞争地位。

随着世界贸易活动的发展，媒介组织的国际化特征越发明显，因此兼并和收购行为成为主流发展方式。通过以上行为，媒介组织不仅能够迅速扩大企业规模，取得竞争优势，而且也能够吸纳更多的客户资源。如电通等国际媒介组织发展时，兼并或收购了部分中国企业，这是由于电通看到了中国市场的巨大潜力，客户资源丰富，因此可通过兼并或收购的方式在短时间内进入中国市场，也能够更好地适应中国客户的需求。但是我们应当要认识到，本土媒介组织立足于本土经济状况发展，而跨国集团的发展理念更加偏向于国际化，因此两者之间仍然不可避免地存在观念差异性。

媒介组织将外在价值链条内部化的过程，正是内部一体化的表现方式，主要表现为并购等途径。对于媒介组织而言，其发展的渠道多元化，主要可分为两个方面：第一，内部成长。即媒介组织在发展过程中，依靠自身的资金进行发展，拓展新业务，完善相关的企业管理制度等，从而达到规模扩大、经济效益提高的目的。第二，外部成长。即媒介组织并不一味地依靠于自身的经济实力，而是转向通过并购等方式，吸纳外部企业，达到优势互补的目的，从而能够进一步提高媒介组织的综合实力。以上两种发展方式均能够起到正面的推动作用，但是两者仍然存在优劣势之比，即外部成长是联合多个企业的核心业务的方式，起到集聚资源的目的，能够在较短时间内完成企业综合实力的提升，更好地适应不同地方的市场需求。而内部成长需要耗费较长的时间，并且企业的资金投入数额巨大，存在发展风险，易发生决策失误等，因此外部成长方式具有优越性，能够将企业的资金投入技术研发中，从而达到规模经济下的企业发展。美国著名经济学家 G. J. 斯蒂格勒在研究企业发展时，曾经发表过著名的论断，即企业的发展必然是建立在兼并手段之上，这也是大型企业的必经之路，而内部成长所提升的范围较为有限，大型公司若是仅依靠内部成长的方式，扩张速度必然受到

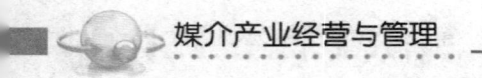

影响。

  随着越来越多的国际媒介组织的加入,中国市场的竞争越发白热化,因此如何培育本土媒介组织的优势力是解决该问题的应有之义。政府、学者与媒介相关人在经过探讨后,认为应当要建立本土大型的媒介组织与营销传播集团,提升国际综合实力,联合多家企业的优势资源,形成优势互补。我国传统的媒介组织发展速度较为缓慢,多是以内部发展为主,而缺乏了外部并购举措,这也必然导致我国本土媒介组织的竞争力较弱,诸多优秀的本土媒介组织在面对跨国媒介组织时,竞争实力不高,以并购的方式被吸纳到跨国媒介组织中,这将会对本土的媒介组织的发展造成打击。我们应当认识到,单一的媒介组织的实力薄弱,核心业务较为单一,难以在激烈的市场中占据有利地位,而改变这一现象的方式便是建立战略联盟,多家企业达成合作协议,进行优势互补,增强本土媒介组织、营销传播集团的综合实力。本土的媒介组织的发展必然会越来越体现集聚化效果,强强联合成为主流的媒介组织发展模式,并购措施将会广泛应用,经营方式也会经历跨越,实现资本联合,真正地走向国际市场。

  在面对跨国媒介组织的竞争时,中国本土媒介组织必须要采取适宜的发展措施,即并购与联合。传统的内部发展渠道,发展速度较为缓慢,难以完成快速的规模扩张,不得不让步于快速发展的跨国媒介组织,中国本土媒介组织的竞争力不断减弱。有鉴于此,中国本土媒介组织必须要转变观念,以股份制公司为发展出路,引入资本投资,运用并购、联合等方式在短时间内实现企业走向大型化,实现规模经济。在激烈的中国市场背景下,中国本土媒介组织的并购、联合之路,受到多方面的影响,包括:(1)社会资本的投资。引导企业集团、风险资本等主体将投资重点转移至媒介产业,实现社会资本的引入,促进本土媒介组织迅速完成转型。(2)政府政策的扶持。政府部门应当要提高重视,以政策优惠等举措,促进本土媒介组织的发展。

(三)并购的驱动力

1. 资本运营作为核心驱动力

  在激烈的媒介市场竞争的背景下,媒介组织的发展模式发生转变,以往的媒介组织主要是以依靠内部成长的方式,即自我更新的方式进行发展,而如今的媒介组织则是依靠外部成长的方式,引入外部资金,满足自身发展的需求,实现人才队伍建设、丰富客户资源等多种目的,从而增强企业的整体实力。媒介行业的资本引入方式存在多种,不仅有媒介组织之间的资金融合,而且包括社会资本的融资等,媒介组织也可通过上市,吸纳更多的社会资金,完成组织的外部价值转化。因此可以看出,中国本土的媒介组织发展模式已经发生了巨大的转变,如今是以外部成长为主,以并购等方式吸纳资金,扩大规模,形成资源资本化,实现媒介组织的竞争力提升。

  中国媒介组织以资金并购的方式,扩大企业规模,实现企业实力的提升,从而更加符合大型媒介组织的标准。我们可以认识到,资本化发展的趋势越发明显,市场并购整合成为主流的发展模式,该种方式能够让行业的竞争力提升,竞争氛围更加浓厚。媒介行业的资本化运作方式表现多样,不仅包含上市整合,而且也可表现为各类具有核心竞争力的公司进行联合,实现资源整合。

资本化运作能够促进媒介行业的综合实力,提升核心竞争力,对于企业的发展具有正面的促进作用,但是我们也应当认识到这一发展模式的弊端。中国本土媒介组织是以内部发展为主,缺乏外部资金引入的发展经验,相关的资本运转模式并不熟悉,这也导致本土媒介组织难以及时地识别市场风险,极易走向不正确的发展道路,从而导致最终的失败。对于媒介行业而言,资本化运作模式能够提供丰富的资金投资,但是也必然要求媒介组织的运行程序要进行公开,不得存在违规操作,这能够进一步地规范本土媒介组织的运作方式,增强竞争的公正性。但是资本化运转也存在弊端,即资本投资是为了获得收益,因此过度地重视短时间的回报率,这也会导致本土媒介组织的长期发展策略受到影响,不得不让步于短期的经济回报。对于媒介组织而言,创意性是企业发展的根本,缺乏长效性的策略规划,将会不利于媒介组织的创新策略的发展。

我们必须要充分认识到,资本化运转是对于现有媒介行业发展模式的革新,也必然会带来巨大的变化,提升中国本土媒介组织的国际竞争力,使之成为媒介行业的航空母舰。若是本土媒介组织缺乏资本融资的引入,则媒介组织的发展速度受阻,难以完成发展模式的革新,规模效益无法形成,难以在国际市场上占据有利地位。

2. 通过资本垄断实现经营战略资源垄断

企业开展集团化战略,具有多方面的正面作用,具体包括企业服务水准的提升,集合各企业的优势资源,扩大经营规模,节省成本支出,同时也能够更好地适应新市场的需求,丰富客户资源,开展新业务,并且降低企业内部成长的风险,保障企业能够平稳过渡。

同时我们应当要认识到企业在扩大规模与经营范围时,能够获得相应的规模经济与范围经济,同时也能够提升媒介组织的综合实力,加强对客户资源、业务资源的合理分配,行业的竞争力提升,占据优势的市场地位,开展垄断经济模式。

媒介行业以资本经营的方式,并购多家企业,并且形成行业垄断态势,这也充分地说明媒介行业发展的过度经济化趋势,难以体现媒介行业的长效性发展策略。对于资本而言,其希望能够在短时间内完成资本的回转,因而导致媒介行业过度地注重短时间的经济投资,而无法建立长期的发展策略。对于媒介行业而言,创意是行业发展的基石,但是在资本的干预下,创意的重要性被忽视,更多的媒介行业投身于短期回报率高的业务中。

在 2012 年,Blue World 召开了 2012 社会化营销年会暨国际社会化营销论坛,多家媒介行业中的领头企业纷纷参加,其中蓝色光标传播集团的董事长赵文权在峰会中发表讲话,他提及近些年该公司的发展策略集中于并购,也取得了一些成就,但是转而又提出了当前媒介行业发展的不良态势,即媒介组织营利方式并非依靠创意取胜,而是依靠资源经营,资源成为行业的争夺对象,一旦企业获得了某个资源,则在短时间内能够获得经济效益。而创意则不受到重视,无法以创意营造利润,市场竞争力较小,在最后赵文权也对整体的媒介行业的发展现状表示了消极的看法,认为现在的媒介行业正在朝着不良的方向发展。

对于上市媒介组织而言,其运用并购的方式联合小型媒介组织,可以达到拓展客户资源的目的。尽管中国本土媒介组织的实力不强,但是发展年限较久,相关的媒介经验较为充足,且积累了一定的客户资源。对于中小型的媒介组织而言,其无法通过内部成长或外部成长等方式扩大规模,因此只能够被其他大型的媒介组织并购,通过注入资金的方式,帮助其更好地渡过市场竞争。而大型的媒介组织也能够借此获得中小型媒介组织的客户资源,能够进一步地拓展业务,提升业务的成交量,也能够为原有客户提供更高标准的媒介服务。

3. 数字化驱动并购与前景探讨

随着数字化技术的发展,媒介平台也必须顺应潮流,优化营销模式,同时谷歌等跨国媒介组织也转变发展策略,不断加强数字广告资金投入,加大相关数字营销技术研发,因此对于传统媒介组织而言,必须要认识到当前市场的竞争重点的转移,需要联合多家媒介组织共同对抗跨国媒介组织的竞争。

以往的媒介行业形式较为单一,主要是以电视、报纸等为主,因此广告代理商的营销渠道较为单一,无须拓展新的业务渠道。但是在数字化时代,广告代理商的营销渠道拓宽,部分营销方式甚至与媒介组织发生重合,而移动广告、视频广告等形式的发展,不断地冲击着以往的媒介广告方式,不得不发生行业革新。同时谷歌、Facebook 等跨国媒介组织拥有强劲的经济实力,投入大量的资金研发数字广告,率先进入数字媒介市场,并且占据了优势的市场地位,传统媒介组织的发展之路严重受阻。

当前谷歌、Facebook 等跨国媒介组织的数字广告发展势头较猛,逐渐占领全球市场,并且以每年 15% 的幅度保持上升态势,到 2023 年,跨国媒介组织的占领率将会进一步提高,高达 27%。

随着多样化的消费产品的出现,消费者的消费模式也随之发生转变,传统的媒介产品难以负荷消费需求,故媒介组织不得不进行产品革新,而在此过程中,兼并收购能够极大地缩短媒介组织发展的时间,更快地实现媒介组织的业务更新。

跨国媒介公司在制定发展策略时,基于如今的数字化技术发展潮流,作出了数字型公司战略调整,这一策略的提出是基于媒介组织的产品特性,即符合消费者的消费心理与需求,需要以产品为载体,承载产品创新。但是规模较小的媒介组织认识到创新成本的投入过大,难以建立长效的创意机制,故在 20 世纪末媒介组织联合成为发展的趋势。当前数字化技术的发展对传统的媒介组织发展模式造成冲击,不仅是对于创意理念的更新,而且也导致客户群体的流失。因此传统媒介组织必须要转变发展理念,更加注重数字技术的更新,以收购的方式在短时间内完成数字技术能力的提升。当前的数字化革命造成了冲击,但是这也是引导媒介组织开展联合战略的重要方式,能够促进媒介组织整合优势资源,拓展客户资源,引进先进的人才资源,实现媒介组织综合实力的提升。媒介行业人必须要认识到,消费者是产品销售的主要对象,必须要牢牢把握住消费者的消费心理,以消费者的消费需求为出发点,大力发展数字化技术,是未来发展策略科学性的体现。

第二节 媒介多元化经营

(一)媒介多元产业的概念、条件和意义

1. 多元化经营及媒介多元产业的概念

当前对于多元化经营的含义,我国学者具有不同的意见,占据主流观点的有两种,一种是从多种行业的角度加以定义,即多元化经营为一个组织的经营行业包含两种以上。另一种观点则是从多种产品劳务的角度加以定义,即多元化经营为一个组织的产品劳务表现为两种以上。

媒介产业的多元化经营,是媒介组织为了适应激烈的市场竞争而作出的战略调整,其要求媒介组织在保证媒介产业为主的前提下,开展多渠道的产品劳务业务,实现企业业务的拓展,不仅能够转移交易风险,而且能够降低产品的生产成本,节省企业资金,实现规模经济效益。

对于跨国媒介组织而言,多元化经营模式应是较为常见的模式,不仅依靠主流的媒介产品获得巨额的经济利益,而且可延长产业链以及获得高效的经济回报。如哥伦比亚、福克斯等电影公司,其涉猎的范围较广,电影作为主要的媒介产品保持每年定量的发布,而且也涉猎其他业务范围,如影碟等副业务销售,不仅能够进一步地提升电影的知名度,也能够为企业带来巨大的经济效益。

2. 媒介多元产业经营的意义

(1)降低交易成本。媒介组织在销售主打业务时,必然要支出一定的生产成本与管理成本,而开展多元产业经营,能够充分地利用已支出的生产成本与管理成本,提高资金使用效率,也能够为企业创造更高的经济回报,达到延长产业链以及促进产业转型的目的。

(2)充分利用媒介资源。在前文中曾提及媒介组织能够代表主流发声,与政府关系密切,必然在资源、人脉、影响力等方面具有优势地位,但是传统的媒介组织的产品较为单一,资源利用率不高,导致更多的媒介资源被浪费,因此当前实施媒介多元产业经营不仅能够拓展新业务,也能够实现媒介资源的高效利用。

(3)实现产业价值链最大化。传媒行业发展是信息化社会的必然要求,也是新时代的应有之义,在20世纪的80年代,广电传媒等行业逐渐兴起,原先的传媒产品内容简单、形式单一,因此媒介企业在完成产品时,企业内部可完成所有环节,但是随着产业链条分工越发细致,产品的生产链不断地拓展,原先的企业内部生产已经不满足需要,取而代之的是多个企业联合,由此形成上下游企业,集聚资源,共同生产媒介产品,也形成了相应的产业链条。对于媒介企业而言,多元化的产业经营,能够充分地利用产业价值链条,为上下游企业提供生

产需求,提高经济效益。

(4)增强媒介组织的核心竞争力。企业需要面临市场竞争风险,因此必须要提高自身的核心竞争力,即重视资源分配效率,达到高效整合资源的目的,根据市场需求进行相应的调整,以便更加符合市场需求。对于媒介集团而言,如何保障核心竞争力,必然在于产业的多元化,因此多元产业经营不仅能够有效地分散投资风险,也能够促使企业投资更多的新业务,发现新机遇,实现市场竞争力的提升。同时也能够建立旧产业与新产业的联通,起到双重促进作用,为客户提供更全面的服务,在激烈的市场竞争中占据有利地位。

(二)媒介多元产业经营的实现形式

媒介的多元化表现形式多样,不仅包含了媒介行业多元化,而且包含了跨行业混合多元化。(如图 5-1 所示)

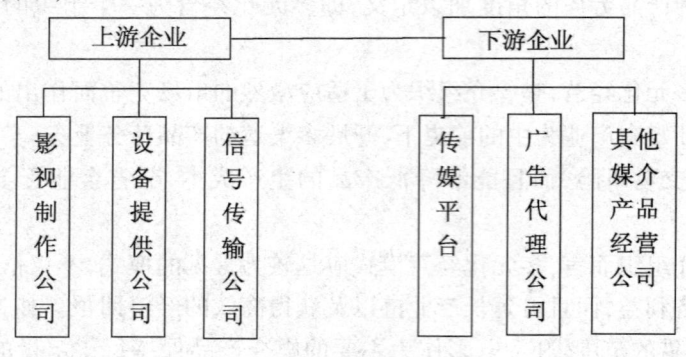

图 5-1

1.媒介行业内的多元化经营

该战略的主要发展领域较为固定,即媒介产业范畴之内,并不涉及其他行业领域,主要表现为:

(1)整合上下游产业。即将企业生产、营销、销售等多个环节进行联合,构成完整的产业链条,可以实现外部价值内部化,也能够减少支出费用,为企业创造更高的经济效益。

(2)集合多种媒体成立媒介集团(如图 5-2 所示)。即将多种媒介形式进行联合,如广播、报纸、网络等企业主体,不仅能够起到优势互补的作用,同时也能够拓展客户资源,提升影响力,传播范围进一步扩大,为客户提供更加全面的服务,增强企业的综合实力。

当前较为知名的国际媒介集团便是采用了这一发展战略,其通过媒介产业多元经营,整合企业优势资源,提供更全面的服务,如维亚康姆集团,其作为销售量极高的传媒企业,相关的传媒业务涉猎广泛,包括娱乐、新闻、体育等诸多方面,对于维亚康姆企业的发展前景,《财富》杂志曾经作出较高的评价,对于维亚康姆企业的股票持有看好的态度。维亚康姆正是实施了产业多元化战略,提供多样化的广告形式,不仅涉猎广播电视、户外广告、网络广告等,而且旗下有多个知名的广播公司与音乐电视公司,充分展现了维亚康姆的强大传媒实力。

维亚康姆集团业务广泛,分为多个业务类型,包括有线电视网、无线电视、无线传播、娱乐、影像等,并且旗下有多个知名传播平台,如知名的黑人娱乐电视、派拉蒙影业等,同时也涉猎影碟等副业务类型,延长传媒产业链条,为维亚康姆集团带来了巨大的经济收益。

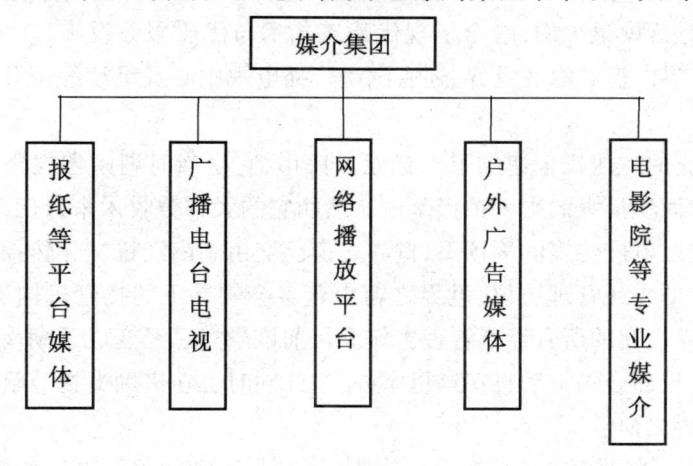

```
                    媒介集团
        ┌──────┬──────┼──────┬──────┐
      报纸等   广播    网络    户外    电影院
      平台媒体 电台    播放    广告    等专业
              电视    平台    媒体    媒介
```

图 5—2

我国媒介行业也具有多元产业代表品牌,如"第一财经",这一媒介平台原来仅仅是电视媒体和广播媒体,在上海电视台财经频道与上海东方广播电台财经频率联合后,共同组建了"第一财经",并且拥有独立的经营权限,能够自由地招聘人才并且完成经济效益的分配。在2004年与2005年,"第一财经"前后相继推出日报与网站,由此奠定了"第一财经"多元化产业发展的基础。同时"第一财经"并没有止步于此,而是继续进行多元化产业的涉猎,推出了"道琼斯第一财经中国600指数"(与美国道琼斯集团合作)。并且"第一财经"的财经人才队伍强盛,财经信息专业,对于相关的行业资讯分析规范,也进一步进入了行业分析市场,深受客户的认可。

2. 跨行业混合多元化经营

该战略不仅保留了主流的业务范围,而且涉猎其他业务类型,如地产、旅游服务等。该战略可以充分地利用原业务的经验优势与资源,推动媒介业务资源充分利用。

湖南电广集团不仅成为传媒行业的领头企业,而且涉猎多行业的业务,如房地产、旅游服务等,进一步拓展了电广集团的业务范围,也给电广集团带来了巨大的经济效益。

(1)房地产业务。湖南电广集团大力投资地产业,并且设置了子公司,即金鹰城置业有限公司,该公司成立之初便承接大型的房地产项目——骏豪花园,该地产项目是湖南省建设住宅小区的初步尝试,备受关注,该小区不仅被赋予"国家智能建筑(智能小区)示范项目"的称号,而且成为湖南省的示范工程,为其他的地产公司树立了良好典范。2002年骏豪花园第二期圣爵菲斯开工时,项目开发受到了多方集团的关注,不仅湖南广播影视集团将其纳入战略计划,而且金鹰影视文化城也将该项目作为主要的选址地带。在2004年年底,圣爵菲斯的主体工程已经初步建设完毕,共涉及10万平方米的建筑工程量。在2003年的10月,湖南电广集团继续开拓地产业务,收购了深圳荣涵投资有限公司,并且成为实际的控股人,大力投资长沙地产行业,为电广传媒带来了巨大的经济效益。

（2）会展旅游业务。湖南国际会展中心是由电广传媒投资建立的，作为具有高科技、智能化与现代化水平的专业性展览馆以及超大规模室内公共活动场所，该中心在整个湖南省甚至华中地区都是规模最大的，融合了现代建筑艺术与优质服务设施。中心建设有五星级高级花园酒店、世界之窗和海底世界，还有湖南广播电视中心及星沙经济开发区等多个人文历史景点。

长沙世界之窗的注册资金达到了 1 亿元人民币，它是当时湖南省规模最大的文旅项目之一，同时是该省面积最大的影视拍摄基地。然而它的大部分收入来自门票，从开业至今都在亏损。现阶段，在电广传媒的干预下，世界之窗已交由湖南经视文化传播有限公司托管经营，根据双方签订的委托管理协议，世界之窗由董事会领导下的托管机构进行经营管理，该公司全面接手世界之窗的所有经营管理工作。目前该景点已经变成了湖南经视电视节目的拍摄场所，主持人见面会等活动也在这里举办，与此同时也在借助电视节目的资源与影响吸引更多人关注世界之窗。

（3）投资业务。在湖南电广传媒公司旗下，还有几家专门负责电广传媒相关资产管理、实业与风险投资业务的专业投资公司，这些公司经历过长达数年形势低迷的股市环境，从 2003 年开始慢慢恢复发展，到 2004 年就逐渐实现盈利。

市场中存在的业务形式不仅包括上述三种，还有许多其他形式，例如山东淄博广电旗下还成立了广电医院、燃气有限公司、耐火材料厂和大剧院等多个领域的公司。

由于跨行业发展多元产业和媒介组织自身存在着较小的关联，因此更加需要谨慎对待。必须综合考虑该地区的地理环境、经济水平、将要投资的产业今后的发展前景和利润空间等多种因素，进而作出最终决策。

总而言之，上述几种实现形式并非彻底分离开来，而是互相融合渗透的。全球大部分媒介集团从一开始就是经营某一项传播业务，历经几十年的经营发展，逐渐变得多元化并开始跨媒体跨区域扩张，在传媒产业各方面都有所涉及，从而发展为全球规模的企业。然而它们通常都是对不同媒介产业进行整合，极少参与到其他行业当中。目前国内媒介由于政府管制及区域管理的特殊性，加上受制于自身资产能力，要想进行全面的媒介产业整合存在很大的困难。但是由于各个地方具有鲜明的经济发展特色，一些产业的发展情况比较特殊，进行跨行业多元化发展反而成为现阶段比较符合实际的实现形式。

（三）媒介多元产业的经营理念和投资误区

1. 媒介多元产业的经营理念

发展多元化产业不仅要了解多元经营所具备的必要和前提条件，还应当清楚理解媒介多元产业经营的相关理念，形成这种理念能够对我们发展多元化产业起到参考作用，通过理念来指导实际操作。

（1）掌控核心业务。媒介组织必须保有核心业务并以此为依托进行经营。唯有在某个业务范围内发展壮大，这个组织才算是拥有了基础，唯有牢固奠定了基础，才能将产业不断做大做强。根据产业发展目的进行分析,在有效的产业投资活动中,媒介不断扩张其自身资本,这些增长的资本不仅可以用来投资必要产业确保投资持续增长,还应当对媒介本业提供服务。根据产业发展的过程进行分析,媒介可以获得大量投资机会的根本原因在于它的社会影响力强大且资本实力相当雄厚。这一优势持续反映在后续的市场营销、品牌构建活动中,保护着产业的稳定发展。例如美国规模最大的报纸发行集团甘乃特集团,它起初是投资地方性报刊,后续的并购大部分也是以地方性报刊为核心业务开展的,该集团大部分收入与利润都来自报刊特别是地方性报刊。

(2)走可持续发展道路。所谓可持续发展指的是媒介组织的发展应当具有可持续性与灵活性,这集中反映在关于多元化投资项目的选择方面。

1)投资项目的关联度。大多数成功的企业在进行多元化项目投资时,会选择与自身有关的企业,例如海尔集团进行多元化经营主要分布在电器和电子行业,好丽友集团则重点发展食品产业。

一般来说,媒介多元化可以分为行业内和跨行业多元化两种。通常属于行业内多元化的项目都是具有较高关联度的。例如,原本就是一种上下游关系的节目制作企业和信号传输企业。而跨行业多元化的项目存在较低的关联度,有些甚至一点儿关系都没有。例如电广集团投资的会展酒店、主题公园等,这些尚且说是解决了一些内部消耗,它所投资的房地产项目就是毫无关联的项目。

从长远竞争的角度分析,媒介组织投资具有较高关联度的项目能够取得更多竞争优势。一方面关联度高,相对应的资源和人才就能够互相利用,从而减少企业进入成本;另一方面,对这些产业项目更加熟悉,它们具有类似的风险来源,这样就能够减小风险或者有效对抗风险。

假如投资的项目关联度不高,那么就要预测它是否能够产生新的优势并形成利益增长点。我们以电广集团投资房地产项目来举例,电广传媒已经是上市企业,因此其经营压力非常大,而房地产业已经发展得相对成熟,资金投入的风险相对较低。面对这种情况,房地产便成了传媒集团进行资本扩张的一个选择。电广传媒投资的房地产项目,包括转卖北京西红门的经济适用房,再到圣爵菲斯地产项目大受欢迎,这些都让该集团获利不小,因此在现阶段传媒业务收益存在较大压力的背景下,为了获得稳定的利润,投资房地产业是比较科学的。

2)降低项目撤出风险。在作出投资项目的决策前,企业必须充分预测该项目的市场风险。当这个项目发生问题时,企业必须能够迅速撤离,或最大化减少损失。假如看到某个项目十分火热,不考虑自身发展实力就盲目投资,一旦局势出现问题,又无法及时退出投资,既不能跟进又舍不得放弃,不仅造成了资源浪费,也错过了投资别的项目的时机。有的企业受资金限制,无法同时在几个市场中处于竞争优势地位,反过来只能追随市场,导致项目运作日益吃力,进而对主业造成影响,甚至出现严重亏损。此时就应当果断决策,舍弃经营不利、没有前景和发展优势的投资项目,转而投资具有良好发展前景的项目。

2. 媒介多元产业的投资误区

一般来说,多元化发展的目标是为了不断发展壮大企业。但是假如没有对项目进行有效评估,就会出现投资失误,造成相反效果。例如美国在线和时代华纳进行合并的目的在于将传统媒体业务扩展到互联网,进而寻求新的经营方式。但是时代华纳的内容产品最后却并未在美国在线网上进行销售,两家企业的业务依然是分开的,不仅运营管理方面是单独的,业务方面也很少相互融合渗透,这样一来非但无法体现合并的好处,反而还产生了两者结合还不如从前的奇怪情形。

通常来看,媒体容易在多元产业投资过程中遇到下列几种误区:

(1)无关联的扩张。尽管规模较大的媒体集团经济实力雄厚且在行业内形成了垄断,但是其资源并非无限的,假如投资的项目产业不能为媒介增加收益,那么必然会对媒体资金与精力带来分散,起到反作用。而对于集团来说,经营管理中只要有某一个项目效益不理想,就可能造成严重的危机。实际上,我们在媒体多元产业投资中经常可以看到因为无关联的扩张而引起投资失利的现象。此处将原南方日报作为案例进行说明,该报社虽然属于报业集团,但是对于广电媒介多元项目投资仍然可以起到参考借鉴的作用。

在短短几年内,南方日报曾经投资了大量与报业无关的产业,例如投资约5000万元人民币成立制药公司、花费4000万元人民币建立了两家水泥工厂,还拿出约2000万元人民币投资三水镇办企业,共同成立瓷片厂,另外还在东莞投入了300万元兴建食品厂,甚至还延伸到海南投资房地产。这么多与报业无关的产业最终导致报业集团无法承受,亏损总金额超过了1.4亿元。不管是制药厂、水泥厂还是食品厂,这些都和报业毫不相关。人们常说隔行如隔山,南方日报从未有过相关经验,所以在费力投入资金以后,不但没有获得利润,反而承担了大量的债务。

经过这种严重投资失败之后,南方日报社才意识到,经营报业的媒介在进行多元产业投资时,一定要围绕报业这一主业展开,否则将会自取灭亡,走向失败。

(2)盲目做大。从新闻集团投资的成功经历中我们可以发现,通过并购模式发展扩大媒体集团是非常有效的。默多克就是通过不断并购,才最终打造了属于自己的传媒王国。

默多克的企业遍布全球各国,从澳洲到欧洲,再到亚洲地区;涉及报纸杂志、电视、互联网、出版行业、大农场等多个领域;创建了《太阳报》、Star TV、《世界新闻》、《泰晤士报》、香港亚视等众多知名品牌。但是我们需要关注的是,默多克之所以能够发展壮大离不开背后的雄厚资本,新闻集团内部的管理机制与整合能力同时也在持续发展和健全。

媒体在进行多元产业经营后,需要面临许多行业与市场。由于部门和子公司数量不断增加,经营管理也变得更加有难度,这就需要企业领导者储备足够的跨行业跨地域经营管理的业务知识,不断提高能力水平,能够对旗下产业进行整合并促使它们良性循环发展。这个方面正是我国传媒集团所没有的。湖南电广集团陆续投资建设了世界之窗、海底世界、湖南国际影视会展中心、北京鸿坤伟业地产开发公司等众多产业,但是收效甚微,出现严重亏损。

现阶段,对国内大部分媒体而言,多元产业经营仍然是较为复杂的经营模式,假如媒体集团的实力不够、主营业务尚未发展壮大,在这种情况下再大量投资发展多元化业务,或许会产生反作用。而一些实力雄厚的媒体企业在投资多元化产业项目时,应当在原有资源的基础上逐步稳妥地扩张与发展。例如先以原有产业及关联度高的产业为中心展开延伸,进而发展到其他产业领域,这样才能够以核心优势地位占据新的行业领域。

第三节 媒介国际化经营

(一)国际市场进入模式的理论基础

企业要向海外发展和扩张,离不开国际市场进入模式这一关键因素。以该模式为核心的理论成果数量众多,其中具有代表性的理论主要有国际生产折中理论、决策过程理论、交易成本理论、国际化阶段理论、组织能力理论等,这些理论是现有国际市场进入模式的研究中的主流思想。

1. 交易成本理论

海外市场进入模式相关研究中,人们主要分析了交易成本理论,它的假设前提是产业组织理论存在不完全竞争且市场已经失灵,同时假设进入的市场非常大,从而构建了交易成本最小化的研究架构。进入模式决定了控制的程度,而不同的控制程度也会带来不同的收益和风险。进入模式的控制程度高,那么收益与风险同样也很高;进入模式的控制程度低,那么收益与风险也相对较低(如图5-3所示)。选择国际市场进入模式就是为了保持控制与投资间的平衡。

| 高控制模式
绝对控股 | 中等控制模式
对等权益 | 低控制模式
分散权益 |

图 5-3

当企业需要选择国际市场进入模式时,需要对以下四个因素进行考虑:专用资产、内外部不确定性以及"搭便车"情况。专用资产是针对某个或部分客户的需求进行的专门投资。外部不确定性表示外部环境所存在的无法预料的特性。而内部不确定性则是指进入者不能确定的投资风险。关于"搭便车"其实就是不用付出成本就能获得利润。上述四个方面和企业控制分支机构的程度成正比,换句话说,如果企业具有更多专用资产,那么其内外部不确定性也就越高,同时也意味着更多的"搭便车"机会,那么企业选择高控制度进入模式的可能性也越高;相反,企业就更加可能考虑低控制度的进入模式。企业需要全面考虑以上四方面给国际市场进入模式所带来的影响,选择最合适的进入模式,进而实现最少的成本投入,获

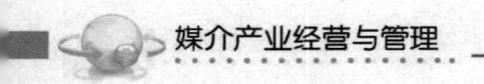

得最大化的长期效益。

2. 组织能力理论

这一理论把组织当作集合了能力与知识的整体。对于能力的管理是不断变化的过程，在管理过程中，企业获得、评价、掌握、结合及应用知识的能力十分关键。在组织能力理论中，将企业发展经验与信息管理能力进行了关联，企业从前的经验会对目前的行为产生极大的影响，而当前的经验也会对企业未来的行为产生影响。企业在市场竞争中保持优势地位的原因在于组织能力，它也是选择国际市场进入模式的决定性因素。从组织能力理论的角度分析，企业边界问题与能力存在很大关系，选择市场进入模式会受到各种有关企业能力发挥与利用因素的影响。如果企业具有较强的国际化能力，那么选择利用分支机构进入的概率就更高，这种国际化能力就是长期经验积累的成果。企业进入国外市场的经验同时会对今后选择进入模式的决定造成影响，换言之，企业在后续选择进入模式时存在依赖性，很容易参照之前的市场进入模式。

3. 决策过程理论

在选择国际市场进入模式时，内外部因素也会对企业产生影响。通常情况下，单一的外部因素不可能轻易影响到企业的进入模式选择，只是部分因素推进或限制了某一种进入模式。对市场进入模式产生影响的因素分为内部与外部两种。企业应当综合考虑不同因素的影响从而选取最佳进入模式。例如，假设想要进入的目标国家现有市场规模不大，经济增速缓慢，国家的外汇管制政策十分严格，同时政治风险较高，并且该国与企业所在国家的文化背景差异巨大，那么面对这种情形，企业一般会通过间接出口或签订许可证协议的途径来进入该国市场；反之企业就能够直接出口或者进行投资。

当企业选择进入模式时，不仅应当考虑内外部因素，还需要充分考虑企业向国际扩张的动机与目标对其进入方式产生的影响。在决定市场进入模式前，企业应当对自己的海外扩张目标排列出一个优先顺序，明确了发展目标以后再选择市场进入模式。

（二）影响国际市场进入模式的因素分析

当企业决定进入国际市场时，需要全面考虑各方面的因素，选取符合自身发展的国际市场进入模式。在选择进入模式时也会因为各种因素产生变化，这方面的分析研究已经有不少的文献。鲁特把市场进入模式的影响因素分成内部与外部两种。外部因素指的是目标国的市场、环境、产品等因素和企业所在国的国内因素。例如目标国的市场因素对市场进入模式造成的影响如下：假如目标国市场有限，那么企业就需要通过间接出口或签订许可证协议的途径来进入该国市场；假如该国市场存在非常大的潜力，那么企业就能够选择高控制度的进入模式，如直接进行投资。

对市场进入模式起到决定作用的关键因素还包括企业内部因素，它指的是企业的产品因素、企业资源或投入程度等因素。通过对公司资源/投入程度进行举例可以发现，假如企业拥有了丰富的管理、技术、资金和生产销售能力，那么它就可以在多个进入模式中进行选择；与之相反，那么能够选择的进入模式就很少。另外，资源还应当和企业为了发展国际市场而进行投资的强烈意愿综合起来。投入度更高的企业更有可能采取直接投入资金的模式进入目标国的市场。

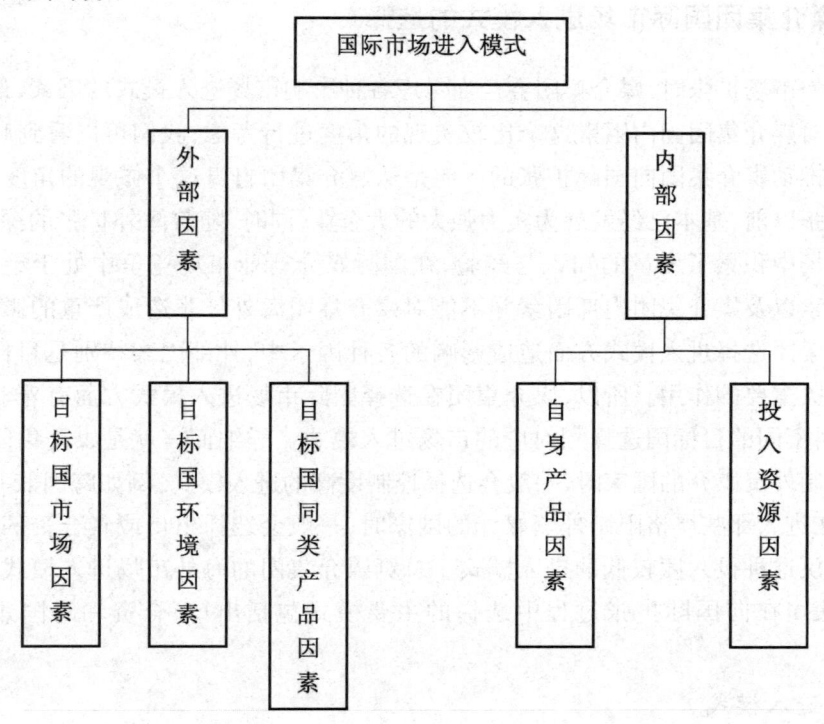

图 5－4

国际市场进入模式
- 外部因素
  - 目标国市场因素
  - 目标国环境因素
  - 目标国同类产品因素
- 内部因素
  - 自身产品因素
  - 投入资源因素

关于全球战略变量，主要包含三个因素，即全球集中度、全球协同效率和全球战略动机。它们对于市场进入模式所造成的影响可以总结为：在保持其他条件一致的前提下，如果企业所在的产业在国际市场中高度集中，那么企业就会采取控制程度较高的进入模式；假如其他条件一致，而企业的分支机构间存在着较大的全球协同效应，那么也会导致企业采取程度较高的进入模式；假如其他条件一致，企业存在着越强的全球化战略动机，那么企业就会采取控制程度较高的进入模式。KNOW－HOW 的价值与隐形性质组成了交易成本变量。二者对于市场进入模式所造成的影响可以总结为：在保持其他条件一致的前提下，企业拥有更高价值的 KNOW－HOW，那么企业越可能会采取控制程度较高的进入模式；假如其他条件一致，企业的 KNOW－HOW 隐形性质越明显，企业越可能会采取控制程度较高的进入模式。

一般来说，环境变量指的是国家风险、目标国陌生程度、需求不稳定性和市场竞争的激烈度。上述四种变量对于市场进入模式所造成的影响可以总结为：企业母国的国家风险越高，那么企业越可能会采取投入程度较低的进入模式；对目标国越不熟悉，企业越可能会采取投入程度较低的进入模式；如果需求稳定性越差，企业越可能会采取投入程度较低的进入模式；市场竞争越强烈，企业越可能会采取投入程度较低的进入模式。

根据上述内容，我们可以看到，国际市场进入模式的折中架构是全球战略变量。环境变量和交易成本变量也能够影响企业选择市场进入模式,同时全球战略变量及交易成本变量与市场进入模式的关系是正相关的,而环境变量与之则是负相关的。

(三)媒介集团国际市场进入模式的选择

在向海外市场扩张时,媒介集团会全面考虑各种影响市场进入模式的因素,最终确定进入模式。针对媒介集团国内因素这个比较宏观的角度进行考虑,我们可以看到政府始终是支持并大力推动媒介集团向国际扩张的。但是从媒介集团自身这个微观的角度考虑,它在开始海外扩张以前,基本已经发展为实力强大的大企业,同时,随着海外扩张的深入,媒介集团在国际市场中积累了大量的知识与经验,在国际媒介行业市场竞争中处于绝对的优势。因此母国因素以及媒介集团内部因素并不能对媒介集团海外扩张造成严重的影响,笔者认为在对媒介集团选择进入模式方面造成影响的各种因素中,外部因素特别是目标国政策因素起到了至关重要的作用。所以,媒介集团在选择国际市场进入模式方面有着非常明显的特征,即面对不同的目标国选择相对应的市场进入模式。详细而言就是媒介集团在扩张至某个不太限制外资媒介的国家时,一般会选择控制度高的进入模式,例如跨国兼并这种快速的方式;而在进入那些严格限制外资媒介的国家时,一般会选择出口或者合资的进入模式,或者许可协议这种投入度较低的进入模式。总览媒介集团的海外市场进入模式,我们可以看到,媒介集团在向国际扩张过程中选择的主要模式包括出口、合资和跨国兼并等进入模式。

1. 出口进入模式

在媒介集团向海外市场扩张时,最常见同时历史最悠久的进入模式就是出口进入模式,包括直接出口和间接出口两种模式,指的是企业向其他国家提供自己的产品与服务从而获得利润。出口进入模式具有以下优点:(1)降低企业在其他国家开展生产与经营活动所产生的风险。和其他进入模式相比较,在企业所在国生产产品进而输出到海外市场,能够规避在目标国生产可能会遭遇的政治与市场方面的风险。(2)能够产生规模经济。规模经济代表着假如生产规模持续扩大,那么就能够减少产品生产的平均成本。在媒介产业中规模经济特别明显,由于媒介产品所具有的独特性使得其边际成本一直不高,甚至有时候为零成本。企业集中进行大规模产品生产,进而输出到其他国家,就能够获取因为大规模生产而形成的规模经济。(3)利用出口进入模式获得国际扩张的知识并积累经营,进而减小进行海外经营的风险。此外,也筑牢了迈向更高层次进入模式的基础。如上文所说,在媒介集团开展国际化经营的初始阶段,便是通过出口进入模式向国际扩张的。媒介集团出品的电视节目、电影,出版的图书杂志等各种媒介产品不仅满足了国内市场的需求,同时也在向海外市场输出,利用出口的方式把集团的媒介产品持续输出到全球各地市场中。例如时代华纳出品了一系列的电影,如《哈利·波特》《黑客帝国》以及《超人》等,不仅在北美地区受到热烈欢迎,收获高额票房,它所创造的海外收入在总利润中的占比也非常大。2009年,时代华纳仅电影总收益就超过了110亿美元,其中有45.4亿美元都是海外收入,占比达到了41%。

2. 合资进入模式

通常来说,媒介集团也会经常选择合资进入模式,展开来讲,该模式指的就是母国企业和目标国企业一起出资、经营并承担风险。合资进入模式具有以下优点:(1)和目标国企业共同出资,能够从该企业处了解目标国市场发展情况、经营机制、文化习俗等有关信息。(2)和目标国企业共同承担生产、经营的成本和风险。合资进入模式存在的风险和投入程度高于出口进入模式又低于独资进入模式,选择与目标国企业合作出资,能够减少经营支出并减小经营风险。(3)避免目标国政策的束缚。媒介产品自身存在特殊性,部分国家会限制外资媒介进入本国市场,例如限制其进入的行业、限定外资所持有股份的比例等。政策限制是为了防止本国媒介产业和民族文化被外来媒介所侵蚀。媒介集团常常选择合资模式向海外扩张的根本原因在于该模式能够避免受到目标国政策的限制。例如新闻集团就很好地体现了合资进入模式的优点。有史以来,新闻集团在向海外市场扩张时经常会因为政策受到限制而选择合资模式进入国际市场。例如新闻集团和软银集团、索尼公司共同出资成立了日本天空广播公司,进而进入日本媒介市场;新闻集团和天津广电局共同出资成立了天津金大陆公司向中国媒介市场发展;新闻集团拥有的星空和台湾信超媒体共同出资扩张到了台湾地区的互动电视服务市场。

3. 跨国并购进入模式

收购与兼并共同组成了并购,跨国并购指的是母国企业利用某种途径和方式通过现金、证券或者其他方式获取目标国企业的部分或者所有股权,进而对该企业进行控制的进入模式。该模式具有以下优点:(1)能够快速进入目标国市场。和新建进入模式相比,并购进入模式不需要花费太多时间,能够有效缩短进入目标国市场的周期。(2)增加市场份额,并且将企业扩展到另一个领域开展经营活动。并购一般可分成横向、纵向及混合并购三种。横向并购主要是并购生产相同产品的公司,从而增加企业在市场内的份额,纵向及混合并购主要是将产业链上下游企业进行并购或者是并购生产不同种类产品的企业从而推动企业快速适应新产品市场并稳定发展。(3)能够充分利用被并购企业已有的丰富资源。与外来媒介相比,被并购的企业一般在目标国已经具备了各种相对成熟的资源,例如健全的销售网、现有人力资源和充足的客户资源。拥有这些资源就能够使并购方减少进入他国市场的压力和难度,提高生产效率,健全并拓展销售渠道,增加市场份额,降低竞争压力。(4)打破产业壁垒。通常一个企业的核心技术、最低生产规模以及政府设置的产业进入标准等都会形成产业壁垒,从而限制企业进入具体的行业,而企业并购该行业原有的企业,便相当于拥有了该企业的生产力与技术,能够极大地减少或破除规模与技术壁垒,避免政策限制,迅速进入市场。一些国家对外资媒介进入设置的限制较少,因此媒介集团就选择跨国并购的方式实现国际扩张,它们可以被视为跨国并购的坚定实行者。还是通过新闻集团来举例,我们可以将新闻集团的海外扩张看作全世界并购的代表。一开始新闻集团进入英国市场就是通过跨国并购的方式拥有了《世界新闻报》,奠定了集团后续发展的牢固基础。随后,新闻集团又通过相同的手段获得了《泰晤士报》和《太阳报》等。而在美国,新闻集团并购了如《纽约时报》和

《新女性》等报刊;同时在亚洲地区,它并购了香港星空卫视;而新闻集团在欧洲则并购了意大利的 Telepiu 卫星电视台以及克里斯-克拉夫特工业公司等等。新闻集团的种种跨国并购使得其不断向全球扩张,牢固树立了该集团在跨国媒介集团行业中的领导地位。媒介集团在进行海外扩张时,不仅会采取以上三种常用的国际市场进入模式,同时还会用到其他进入模式,例如许可协议、独资或者战略联盟进入模式等。

(四)传媒集团国际化经营战略

媒介集团海外扩张的速度在不断提升,规模同时也在变大,国际市场进入模式也更加丰富,此外,媒介集团在进行国际化经营时也反映出一些新的特征,例如国际扩张战略逐步转变为全球化战略,此外,在实际经营管理活动中采取产品与地区的多元化战略,从而实现规模经济和协同效应,并且降低风险。与此同时,由于媒介产品存在其特殊性,使得媒介集团更加重视本土化经营,不断推行人才与内容本土化发展战略,促使媒介产品能够更快更好地与目标国文化相结合,确保其在市场竞争中保持优势地位,达到利润最大化。

1. 基于全球化战略的国际扩张

关于全球战略的含义,许多学者进行了不同的阐述。哈佛大学的波特教授是这样解释全球战略的,全球战略不仅指的是企业生产经营活动跨国,同时还包括怎样有机结合所有跨国的经营活动,使得该企业在目标国的竞争力提升,从而对其在其他国家的市场竞争产生直接影响。日本学者石进昌司指出,全球战略指的是不将全球划分为国内或国外市场,而是将其视为一个统一市场,站在国际角度不定期思考分析研发、采购材料及部件、生产、营销、财务及人力资源等多个方面的战略。在加拿大学者包铭心的观点中,受全球战略影响,跨国企业为了将国际效率最大化,会选择在成本较低的国家开展经营活动,从而进行国际规模化标准化生产,推动各国市场共同分享活动,向全球一体化经营方向发展。

现阶段媒介集团的海外扩张逐渐转变为全球化战略,换言之,媒介集团不再紧盯着国际经营活动中出现的短暂损失,而是更加注重从国际角度着眼,在全球范围内优化并高效配置资源,从而实现长远的整体的收益最大化。在媒介集团的所有经营收入中,海外经营的占比逐年上升。例如 2005 年迪士尼发布的年度报告中,可以看到它的海外经营利润在总盈利中只占到了 20%,并未达到跨国企业全球战略的标准和要求。然而近些年来,迪士尼始终在持续实行全球扩张战略,其国际业务的占比正在逐年增多。

2. 多元化战略

人们将多元化战略区分为产品和地区两个方面。产品多元化战略指的是企业所生产制造的产品涵盖了多个行业,既有相关行业多元化战略又有不相关行业多元化战略。产品多元化战略以范围经济理论为基础,该理论指的是企业在同一时间内生产并出售各种产品总共投入的成本比生产销售单一产品的总成本要低得多。地区多元化战略指的是企业在全球不同市场生产并出售其产品,这些市场不仅有国内的还有国外的。在这种战略下,产品在世界各国生产并出售,不仅能够在全世界范围内优化资源配置,提升企业利润回报率,还能够借助投资多个国家的机会分散因为地区经济变化造成的风险。在进行国际化经营时,媒介集团常常会采用多元化战略。我们可以发现,不论是时代华纳、新闻集团,还是迪士尼或者维亚康姆等集团,所实行的都是多元化战略,并且同时采取产品与地区两个方面的多元化战略。简而言之,实行多元化战略能够促进规模经济与范围经济最大化,同时形成协同效应与交叉营销的良好局势。

(1)获得规模经济与范围经济。规模经济指的是在经济组织规模逐渐扩大的情况下,减少了平均成本从而提高经济效益的现象。在所有边际成本比平均成本低的行业中都可以看到规模经济,相较于其他行业,媒介企业更容易实现规模经济,其主要原因在于媒介产品和媒介企业盈利模式都十分特殊。媒介产品的特征指的是它的初期投入最高,但是生产了第一个产品以后,后续再生产的投入非常少,甚至可能是零成本。所以,媒介产品拥有更多的受众,就能够实现更大规模经济进而盈利更多。例如报纸出版行业,从报纸出版商的角度来看,他们需要投入的成本主要是编辑和管理支出,并且该成本是无法变化的,不管报纸能够发行多少份,出于保障报纸品质、避免自身失去定位特色、防止出现恶性竞争的目的,这部分支出必须得到保证。只要成功出版了第一份报纸,后续加大发行和销售的边际成本就会非常低,因此,报纸出售的数量越多,将会形成更大的规模经济。书籍杂志、广播电视和影片等媒介产品的生产都具有规模经济这一特征。此外,媒介企业的盈利模式也区别于其他企业,媒介产业拥有双重市场。媒介企业所生产的第一种产品就是内容,其次才是受众,在出售第一种产品以后才能收获第二种产品,继而把受众卖给广告商,这就是媒介企业的盈利模式。这表示,如果媒介产品的受众数量增加将会吸引更多的注意力,从而提高广告收入,这无疑促进了媒介企业实现规模经济。此外媒介企业还具有范围经济优势,它是指由于企业的生产经营范围不断扩大,其平均成本随之减少的情形。范围经济从分享支出或分享准公共支出中获得,也就是某项投入在用来生产某种产品时也有利于其他产品的生产活动。详细来说,范围经济是从能够共享的有形或无形资源中获取的。有形资源一般包括企业的厂房、设备和闲置生产力等;无形资源包含了企业的管理能力与经验、生产能力、销售网络、分配与服务体系,还有通过内部市场取代外部市场从而形成的经济。

在媒介产业中范围经济非常常见,这是因为媒介产品十分特殊,例如其属于一种公共物品。现阶段,大部分媒介企业都停止生产和提供单一产品及服务,一般来说,提供多元化产品的大规模企业,借助现有特殊资源与技术,把专属于某个媒介形式的内容素材转换成另外的媒介形式从而对外出售。这样能够减少分别生产两个不同媒介产品的投入,进而实现范围经济。例如把电影变成录像、电视剧或者图书等形式再次销售,生产能够互相关联的产品,减少有关产品的生产成本,从而获得单独生产某个产品不可能实现的范围经济。

(2)多元化经营带来的协同效应和交叉促销优势。多元化经营能够帮助媒介企业获得另一种十分关键的竞争优势,即利用多元化经营能够实现协同效应与交叉促销的共同发展。协同效应指的是企业总体价值高于企业内部各个独立部分价值加起来的总和,它是企业实行多元化经营的思想理论与决策标准。在采取多元化经营的企业中经常可以发现协同效应,企业与拥有的各个公司间产生联系从而获得协同效应。协同效应主要来自以下两个方面:第一,企业采取前向或后向整合战略对原材料供应与销售途径加以控制从而实现协同效应,或者促使下属各个公司共同分享他们的生产设备、研发或服务资源等,减少成本支出,进而获得协同效应;第二,企业可以将所属公司间的专业技术与知识进行共享和转让,帮助下属公司获取更好的产品生产、销售或其他方面的运作方式,最终实现协同效应。在媒介集团产品供应中也经常可以看到协同效应,企业对资源进行共享与利用,使得其各个独立的业务都能够同时服务于其他业务。如果媒介集团生产了多元化产品,就能够借助协同效应充分展示企业已有的优势,扩展更多经营业务,实现资源优化配置与利用。例如迪士尼所采取的经营模式就是协同效应最好的体现。迪士尼的经典动画电影《狮子王》累积获利达到了 10 多亿美元,同时它也使得百老汇演出、系列电视节目和其他有关副产品的发展更加繁荣。根据华尔街专业人士的分析,迪士尼动画片所产生的外部收益是这部电影票房利润的 4 倍之多。迪士尼出品了许多著名的动画电影,利用发行与录像,迪士尼收获了第一笔可观收入;随后,迪士尼在全球各地开设了迪士尼商店,专门出售其生产的玩具、服装、书籍、收藏品和电脑软件等周边产品,进而赚取了丰厚的后续收益。灰姑娘、米老鼠、唐老鸭、狮子王等经典迪士尼产品丰富多样,极大地满足了全球迪士尼影迷的愿望。

此外,媒介集团的销售模式也受到了数字化技术的巨大影响。许多媒介集团在产品销售环节中开始重视通过多媒体协同合作的方式实现跨媒体营销,借助互联网媒体销售产品是媒介集团常见的销售模式之一。由于互联网传播速度非常快,因此媒介集团利用这一特征通过互联网来宣传自己生产的媒介产品,通过在网上投放广告、植入网络游戏、进行网上促销活动等手段提高宣传力度,增加产品知名度,获取更多受众的关注。

3. 本土化战略

地方化、全球化是相互关联、同时产生的,两者共同形成了一个矛盾双方相互统一并相互促进的整体。为了实现全球化目标,跨国企业必须持续开展国际化市场扩张和营销,而跨国企业在进入目标国家以后最先遭遇的难题就是不同文化中的管理和开发。所以,在实现全球化时,也需要重视地方性问题。为使世界范围内的各种资源得到有效配置,确保自身处于竞争优势地位,跨国企业在进行国际市场扩张时,非常重视实施本土化战略。这一战略也逐渐变成了跨国企业重要经营发展战略中的一部分。

为了快速有效地融入目标国的政治、经济、文化环境当中,媒介集团在进入该国市场时,通常都会实施本土化战略,有针对性地生产媒介产品并向东道国市场进行营销。同时,由于媒介产品具有文化产品特征,因此实施本土化战略就显得格外重要,这是因为人们更倾向于用自己国家的语言与风格开展娱乐活动。媒介产品自带文化偏好,并且可能会产生文化折扣,这些都会影响媒介产品的生产与营销,所以媒介集团在进入国际市场时,都会把本土化战略当作国际化经营的核心战略之一。它们实施的本土化战略通常包括人力资源与内容两方面的本土化战略。

(1)人力资源本土化战略。媒介集团直接雇用目标国员工,采取人力资源目标化战略能够使其提高市场竞争力。这是因为雇用当地管理人员与员工可以更清楚地掌握目标国消费群体的需求,有利于媒介集团在生产媒介产品时注意降低因文化与情感方面的差异而对媒介产品的生产与营销造成的不利影响,避免因为文化差异而导致的民族主义情绪矛盾,有助于媒介集团快速与目标国文化相融合,筑牢发展基础。

(2)内容本土化战略。媒介集团不仅实施人才本土化战略,同时也经常使用内容本土化战略,从而使自身与受众的文化背景相符合,获取更多的消费群体。例如迪士尼在1998年的时候就已经针对各个不同的国家打造了多达35种不同的地方版本。自1995年以来,迪士尼的主要制片厂开始向欧洲、亚洲与拉美地区转移,进而生产更加便利的本土产品。尤其是在谈话类与娱乐节目中,本土化现象更加常见。例如国际广播公司制作的"命运之轮"节目在全球55个国家都有播放,每周有1亿多位观众在观看该节目。为了有效融入各国的文化背景,这个节目在德国被称作Glucksrad,而在马来西亚该节目又叫作RodaImpian,在土耳其播出时,它的名字为Carkifelek。同时,在2008年时道琼斯金融通讯社也提供了阿拉伯语、西班牙语和荷兰语等语种的产品,方便当地群众阅读,另外该公司也推进了在印度的业务发展。美国媒介集团的《绅士》《时尚》等其他杂志也在与全球各地的本土编辑进行合作,发行并销售地方版本的杂志,实行内容本土化战略。

第六章
媒介的品牌经营管理

第一节　品牌

品牌翻译成英语是"brand",最早的词义是烙印。古代家畜的主人为了证明其家畜的归属,经常在自家的家畜身上打上特殊的标记。这种方法后来被借鉴于手工业中,匠人会在工艺品上面刻上独特的标记,以分辨各种工艺品,而匠人刻上的标记多为符号的形式,因此符号便成为最原始的品牌形式。再往后,匠人多用签名作为标记,而这种方式也一直沿用到了现在,很多品牌的商标就是品牌创始人的名字。随着工业的发展,西方国家的一些手工业组织,开始在工艺品上刻上商标,一方面可以用来招揽顾客,一方面作为工艺品质量的保证,于是,在市场竞争逐渐激烈的时期,为达到销售商品及打压对手之目的,商标/品牌逐渐成为市场竞争的重要手段。这与商标用来区分商品的原始属性却渐行渐远,最终脱离正轨。庆幸的是,后来绝大部分的国家都相继制定了规范商标使用的相关法律法规,又重新把品牌的功能拉回正确的轨道。

20世纪以来,产品品牌的功能愈发突显,成为一种极为重要的市场竞争手段。大众选择品牌也已不再看表面化的东西,而是追求品牌所蕴含的精神及意识层面的深刻内涵。与此同时,社会经济规模发生翻天覆地的变化,结构庞大、专业化程度高的公司成为市场的主导,大众的日常购物需要也随之变得个性化和多样化。品牌从此脱下单一符号的外衣,显露出更加丰富的内涵,既可以体现公司的精神文化及发展理念,也可以作为公司无形资产,成为工作的重心。这就是品牌的现代意义。

(一)品牌的概念

消费者觉得品牌是名牌;策划人觉得品牌是营销;广告人觉得品牌是一系列有关联的广告;经理人觉得品牌是公司经营中的战略组合;企业家觉得品牌是无形资产。

品牌之所以有如此多的概念,是因为评价者的身份不同,评价的角度也不同。

(1)品牌是一种商标。很多人都会有这样的错误认识,误把品牌当成商标。其实,这两个词的含义差别很大。首先商标是为品牌服务的,注册商标是为了维护正版的权益,也就是保护品牌的价值;其次品牌需要制定战略规划,而商标并不需要,公司仅需设计一套专属的商标,并在商品包装以及营销广告中有所体现即可。

(2)品牌是一种牌子。在公司实际发展中品牌大多被用作描述商品的牌子,公司也会给不同的商品给予不同的名称,组成要素包括颜色、图案、符号、标记和文字,其作用是区分本公司的商品和其他公司的同类商品。这种做法是站在市场和经济的角度,把品牌当成公司商品营销的重要手段。

(3)品牌是一种载体。在消费者眼里,品牌往往承载着许多的附加价值,这是与那些普通商品最大的不同之处。商品只具有交换价值和使用价值,而品牌不仅具有上述两种价值,还具有信息价值或者叫符号价值。品牌的这种独特的价值也是一种新兴的市场权力,从过去的能量及物质中心向文化和信息中心变迁而来。当然这种变迁是建立在新的市场游戏规则基础之上。品牌的这种价值作为文化及信息的载体,可以从物质与精神两个层面来控制市场购买主体。然而品牌的这种价值的最大功能绝非占领市场,而是实现对市场购买主体精神及心理的双重控制。品牌的这种价值不仅能带来前所未有的商业利润,而且还能打造出新潮流,继而引领社会大众开启新型的生活方式。

(4)品牌是消费者对产品的相关体验与感受。品牌是消费者对产品的某种体验,涵盖了物质层面及精神层面的双层体验。品牌向购买主体传送的不仅是价值观念,还有生活方式,因而社会大众在购买某种品牌时,就相当于被灌输了一种象征意义,从而改变他们的生活方式与态度行为。品牌方深知,只有获取市场购买主体的信任和认可,品牌的自身价值才可以得到真正的实现。而如何才能获取市场购买主体的信认及认可呢?这就需要同市场购买主体建立起亲密无间的长期合作关系,当然这种良好关系的建立必须是以品牌的质量达标、配套服务全面周到等为基础。实现品牌战略,不单是突出商品的特色,更为重要的是应该注重研究市场购买主体是怎样看待和消费这个商品的。只有建立这种良好的关系,方可维护品牌的最大利益,若不能与市场购买主体建立融洽的关系,就从根本上失去了品牌的利益。品牌是商品、符号、公司与市场购买主体之间的纽带和桥梁,是一个有机的整体,涵盖了市场购买主体与品牌沟通的诸多方面。可以说,品牌是一种特殊的体验,是一种市场购买主体能亲身参与的体验,是一种市场购买主体对某种商品的真实感受。

(5)品牌是公司的无形资产。品牌可以说是公司最重要的无形资产,只有建立和维护好品牌,才更有利于公司的长期稳定发展。因为品牌可以成为公司创收的重要手段,也可以节约公司市场活动经费。同时,品牌作为创造健康消费、健康经济和健康社会的源泉,已经超出商品本身的价值,成为市场良性竞争的有效手段。另外,品牌带给市场购买主体的良好体验,也在一定程度上维护着市场购买主体对商品的忠诚度。

品牌作为公司最大的无形资产,不仅能提高商品本身的竞争力,而且其价值是超乎想象的。比如美国消费行业的头部公司可口可乐,其品牌价值据估算至少在 500 亿美元以上,其中九成的价值来自品牌的无形资产。因此,公司要想长久发展,必须高度重视品牌的价值。

(二)品牌的内涵

品牌作为一种特殊的符号标记,具备以下六大内涵:

(1)品牌属性:一个品牌必须具备一种独特的属性,这样才能保证其所代表的商品能够给市场购买主体带来某种特定的品性。而区分不同品牌的最好办法就是市场购买主体对于不同商品品牌属性的理解和感受。

(2)品牌利益:品牌是需要创造利益的,而品牌属性是实现品牌利益的基础,这种利益既包括情感性的,也包括功能性的,在某种程度上甚至是二者的总和。一般来说市场购买主体的利益也可以分为情感性和功能性两种,所以品牌的利益可以有效地满足市场购买主体的情感性和功能性需求。

（3）品牌价值：品牌也需突显制造商的某种价值。
（4）品牌文化：品牌代表着其商品背后所属的文化。
（5）品牌个性：主要指品牌核心价值所体现的特性与气质。塑造一个鲜明的品牌个性，有助于让潜在的市场购买主体对号入座，继而成为品牌的忠实客户。
（6）品牌用户：品牌体现了购买者或使用者的个性特征。一个典型的例子就是购买劳斯莱斯轿车的人不仅有钱，且地位尊贵。

第二节　电视品牌

（一）电视品牌的定义

电视品牌的发展趋势显得越来越无形化和抽象性，这种发展趋势与观众对电视品牌的联想、认知、认同和忠诚息息相关。因此，电视品牌是不能简单通过某个电视节目、主持人、宣传片、广告语或者台标来树立自己的形象的，而是应该让观众与电视品牌之间建立起一种亲密无间的良好关系。最简单但也是最重要的就是给观众提供更为优越的情感体验，也只有这样才能够更多更好地将电视品牌的文化价值底蕴展现出来。

对于观众来说，在数千个电视频道与数万个电视节目中，观众大多会凭借自己的经验与喜好进行选择。对于观众来说，电视品牌的意义更多体现在观众将其看作一个经验与承诺一体化的载体，电视利用品牌给观众一种承诺，让观众在选择时能够减少犹豫。事实上，电视品牌在一定程度上极大地增强了观众的收看信心，因为观众会把电视品牌当成一个保证。

对于竞争伙伴来说，电视品牌的塑造是一种非常有效的竞争手段。成熟的电视品牌留给竞争伙伴的机会很小，甚至会出现垄断的情况，毕竟电视品牌只需要保证客户的需求被满足，以确保自己的品牌做大做强。

对于品牌自身来说，电视品牌更像一种约定。这种约定是与观众达成的，即确保电视产品的质量达标。

总的来说，品牌所蕴含的核心价值和文化底蕴就是一个电视品牌的灵魂所在。观众选择一个电视品牌的原因也主要是对其核心文化价值的认同。任何电视品牌都必须培育自己独特的核心价值和深厚的文化底蕴，并且要将其在电视节目中以种种合理的方式弘扬出去，只有这样，才能将电视品牌无形的资产最大化。

（二）电视品牌的发展

一个成功的电视品牌，不是看它能够获取多少利益，而是看它是否做成一个无形的精神品牌。精神品牌的基础是电视台品牌，电视台品牌的基础是电视频道品牌，电视频道品牌的基础是电视栏目品牌,电视栏目品牌的基础是电视节目品牌。这是电视品牌发展的完整链条,环环相扣,且链条越往上发展难度越大,品牌内涵也越抽象,越无形。最为关键的是,电视品牌发展的链条是不可逆的,不能越级发展的。相对来说,如果某个电视频道具有其独特的核心竞争力,特别受观众的青睐,那么这个频道之下一定是有若干个品牌栏目及节目的。因为当电视品牌发展到电视台品牌阶段时,它可以整合前三个阶段所产生的推动力及品牌效应,形成整体形象品牌,但所面临的风险及挑战也远远高于前三个阶段。当电视品牌发展到无形的精神品牌时,说明它的核心价值观及文化内涵已经得到广泛认可,但同时所面临的风险及挑战也是最大的,哪怕出现一点小问题,如果不能及时解决,也会有功亏一篑的风险。

(三)电视品牌的构成要素

1. 电视产品

电视产品就是对电视品牌属性基本认知的具体体现,电视品牌是电视产品最基本的载体。电视产品听上去可能只是若干个名词的存在形式,但是它却与电视技术发展及观众的需求拉动存在着很大的关联。因此,电视产品首先必须明确观众的内在需求以及产品存在的理由。因为通常作为普通的电视观众,他们准确、完整、清晰、客观地描述出电视品牌战略的重大意义是比较困难的,所以电视观众的内在需求大多是由一小部分观众提供的碎片构成的。电视品牌公司再把这些碎片进行深度研究和探索整合,大致可以分为以下几类:一是"经验中的缺憾";二是"经验中美好的记忆";三是"模糊的向往"。总的来说,即观众通过知识、见识以及场景等多种刺激,所产生的一种不那么清晰的憧憬。电视观众对于任何电视频道、栏目、节目以及其他电视产品的内在需求及感受,均受其相关产品及类似产品的制约。而也正因为电视产品易受类似产品及相关产品的制约,所以电视品牌公司必须从旗下电视产品中概括出相关概念,进而选择出最适合的定位策略以及传播方法。

2. 受众

受众是电视品牌战略实施的对象,即目标客户,如果没有这些目标客户,实施电视品牌发展战略就失去了实际意义。不同的目标客户具有的特性也不尽相同,而专属特性的不同也导致目标客户的收视选择存在明显差异。因此,电视品牌公司目前普遍采用的定位策略是聚焦,即选取一个特定的目标客户群来做。例如探索频道采用完全商业化运作模式,打造出超越国度的电视品牌。据不完全统计,目前在探索频道的片库里,高质量纪录片的播放总时长高达 8 万小时,并且纪录片内容多彩多样,虽然都是以探险为主线,但也会涉及健康、历史、科技、科学和人文等诸多方面的内容,播放语言种类高达 33 种,播出国家高达 155 个。除此之外,探索频道还将自身品牌衍生出消费品,其在美国开有 154 家专卖店。电视品牌已经成为探索频道最重要的财富,聚焦策略给探索频道带来了将近 10 亿客户。这个典型的案例是有很大必要在电视品牌目标客户的研究中加以重视的。受其他目标客户群的影响,很多目标客户群的收视心理及行为超越了自身的特性。产生上述现象的原因主要有以下两种:一是链动,即垂直目标客户之间的相互影响及扩散,通常由上端扩散至下端;二是拼合,即电视品牌可能同时受到相类似群体的制约。

3. 定位

定位是指目标客户对某个电视品牌的独家记忆。定位也可看出电视品牌所赋予的情感及意义。例如,韩国 KBS 电视台以生产电视剧闻名于世界,因为该电视台深知一部电视剧所能产生的附加值。电视剧不仅能带来经济效益,并且具有文化传播及交流等附加作用。如该电视台投拍的《冬季恋歌》成为一段时间的热播剧,其所带来的社会效益一点儿也不低于经济效益,进一步提高及巩固了 KBS 的品牌地位。据不完全统计,一部《冬季恋歌》电视剧,让 2004 上半年到韩的外国游客总人数比 2003 年上半年增加了三成,同时超过了 2002 年韩日世界杯期间的游客总数。《冬季恋歌》在无形中向世界人民展示了韩国的传统文化以及电视行业的发展现状,扩大了韩国的国家形象,也在无形中增强了 KBS 的电视品牌影响力,由此可见,《冬季恋歌》在这场狂欢中功不可没。再举一个例子,央视九套自从创办以来,历经多次定位调整及改版,使央视九套的品牌效益取得了显著成绩。总的来说,央视九套关注的视角更广阔了,从中国扩展至全球,对国际新闻的报道量明显加大,以客观的角度及立场报道国际重大事件,并且实行滚动播出模式。同时,央视九套还高度重视栏目外包装,建立 CIS 识别系统,聘请国际问题专家担任主持人。央视九套从此走上了品牌定位正确的轨道,相应的目标客户定位也愈加明确,即国际人士。

4. 核心价值

核心价值是电视品牌的内驱力,也是打造电视品牌的意义所在,更是打造电视精品的关键。在打造电视品牌时,核心价值有助于品牌方形成正确的决策。电视品牌的六要素分别是定位、使命、远见、核心承诺、核心价值和属性。其中定位是为核心价值服务的,使命、远见、核心承诺被包含于核心价值内。依靠抄袭和仿造,绝对不会打造出电视精品,原创与创新才是打造电视精品的必由之路。值得注意的是,最好的电视品牌不单是广告收入最高或是收视率最高,更应该看它有多少忠诚的受众及有多少稳定的广告投放。例如央视二套的经典栏目《对话》,它的收视率不是很高,但有一群忠实的受众,那就是工商界人士。

当下的电视台处境异常艰难,要想打造一个有忠实受众的电视品牌更是十分困难。一般情况下,电视台被迫成为广告商打造品牌的工具。广告商不仅成为最后的赢家,还在无形中扼杀了电视品牌的战略发展及核心价值的定位。电视台虽然面临收视率的考验,但其受众的收视选择往往与广告商毫不相关。因此,电视品牌核心价值的塑造,不应指望广告商,而应该依靠其受众的传播,同时辅以必要的措施,包括形象识别、品牌延伸、品牌叙事、品牌定位、品牌名称、生命周期策略等。

第三节 电视媒介品牌的营销

品牌营销不是孤立的,而是一个连续的过程,主要是通过各种营销手段,来扩大品牌形

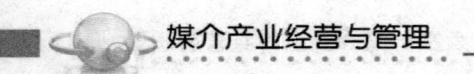

象，获取品牌效益。它的活动起点是品牌个性的建立，包括品牌适用人群、品牌风格形象、品牌代言人、品牌概念、标识设计以及品牌名称等。它的手段主要包括优惠酬宾、广告招标、事件营销、人员推销以及通路策略等。它的管理主要包括品牌维护、渠道管理、士气激励、营销制度以及队伍建设等内容。由此看出，品牌营销是把电视机构总的品牌发展规划和整体战略进一步具体化和落地执行的过程。

（一）电视产品内容营销

和其他产品类似，电视产品也需不断地传播及推广，从而保持活动性，提高知名度。那么最佳的传播及推广模式，就是要与节目紧密关联，制造焦点，从而吸引社会大众的目光。

（1）事件性新闻营销。站在市场角度来分析，电视机构也是生产机构，它生产的是无形商品，即文化产品——五彩缤纷的电视节目，但这种无形商品同样也会被纳入市场竞争之中。电视品牌关乎电视机构及媒体人的整体形象，它是电视频道的象征及标记。而电视频道打造品牌的重中之重是品牌栏目的创建。品牌栏目的创建需要关注和报道一些重大新闻事件，亦可通过有关活动进行事件营销。

比如央视在报道热点、突发事件方面是其他电视机构无法比拟的，因为央视的报道具有权威性、全面性、准确性以及辐射范围广等特点。例如"非典"时期24小时滚动播出的相关报道、伊拉克战争爆发时的实时连续播报、历届奥运会及残奥会的独家转播权……这些事件都能成为当时社会大众关注的焦点内容，能有效吸引社会大众的目光。当然具有广告投放需求的公司更加看重这一点，往往瞄准时机，集中投放自己的品牌广告来提高知名度。

2001年7月13日，央视进行"申奥"直播。海尔集团瞄准时机，成功成为这次直播的广告赞助商。因为申奥结果存在不确定性，于申奥直播前，央视与海尔集团协商了两套广告投放方案。一套方案是针对申奥未成功的，另一套是针对北京申奥成功的。当奥委会主席宣布北京申奥成功后，央视按照既定方案播放海尔集团公司的广告，并且取得了很好的效果，有的观众认为北京申奥成功与海尔集团有密切的关系，于是通过各种各样的方式向海尔集团公司表示祝贺，这对海尔集团来说简直是额外的收获。同时央视也收获颇丰，据统计直播当天的广告收入高达2000多万元。

（2）活动营销。当今社会科技高速发展，信息传播的速度之快、受众之广早已今非昔比，而这对电视机构来说既是机遇，也是挑战。电视栏目作为电视机构重要的板块，则需要深入调研什么样的推广模式能引起受众的收视兴趣，栏目以什么样的表现形式会让受众欢迎，怎样贴近受众生活，栏目需要满足受众什么样的需求，受众群体如何定位，以及受众观看电视栏目的心理是什么样的。不仅要深入调研上述问题，更应该研究如何解决上述问题，因为电视机构的策划体系及栏目推广是需要构建在以受众为中心的基础之上的。

例如，福建卫视在这方面做得就非常不错，它通过丰富多彩的形式，让频道与受众之间实现集中化、近距离的互动，能够充分了解受众的心理需求，让节目走出电视，与受众进行面对面的接触。该台极力创建的品牌营销活动有一年一度的"观众电视周""金话筒新人赛"等。其中"2005·观众电视周"活动，由《365夜》《新视觉》《纪事》《发现档案》等八个经典栏目联袂打造,主题是"观众互动、体验魅力、展示风采",不仅发扬了该台团结协作的优良传统,而且实现了栏目与活动的相互促进,有效提升了频道的知名度,极大地提高了频道的品牌效应。

(二)电视品牌广告营销

广告是电视机构的主要收入来源,据不完全统计,电视广告收入大约占电视机构总收入的八成。所以电视机构把广告经营当成自己的生命线,尤其是大型集团化的电视机构,他们把广告经营作为工作的重心。

我国电视广告发展已经有40余年了,已经从过去的销售模式演变为现在的营销模式,也从卖方市场演变为买方市场。这也造成广告业竞争的白热化以及媒体资源的过剩和浪费。白热化的竞争也引发了一些恶性竞争结果,比如:内卷——内部人员为拼业绩,抢夺客户,致使内部无良竞争、成本内耗;折扣竞争——低利润低折扣;过度促销——低履约率高促销。

针对上述不良情况,电视机构应该规划合理的营销策略,依据整体战略思想及资源情况去构建营销系统,从而有效地应对市场竞争。在倡导品牌良性竞争的前提下开展广告营销,重视广告经营对栏目的促进功能,巧妙利用品牌的影响力包装广告"产品",妥善实行客户管理。

从2000年开始,很多规模较小的电视台的广告收入呈下降趋势,但央视的广告收入却持续上涨。2005年央视在招标会上,成功获得58亿元的广告收入,在2006年更是获得高达67亿元的广告收入。

造成这种差异化的原因主要在于,央视在报道热点、突发事件方面是其他电视机构无法比拟的,因为央视的报道具有权威性、全面性、准确性以及辐射范围广等特点。央视重点时段广告收入的迅速增加,也标志了我国电视广告正式迎来品牌营销时代。

央视在广告经营上取得的成绩,离不开媒体品牌的打造。

(1)按照媒体品牌定位开展广告推广。媒体品牌打造必须与广告经营需求紧密结合,而了解广告经营需求是开展广告品牌战略的基础,也是打造媒体品牌的重点。比如电视节目的定位应该与受众需求紧密结合,不同的节目吸引不同的受众。电视广告经营应充分研究和分析受众的实际需求,有针对性地制定相应推广模式,对受众进行广告投放。

电视机构通过精准品牌定位分析,有策略有针对性地进行广告投放,能把广告品牌和自身媒体品牌构建有机结合,不仅有助于广告经营,同时还有助于提升媒体自身的形象,另外也有助于受众找到心仪的广告,让受众满意。

每个电视机构都具有不同的定位,市级及以下的电视机构,其所制作的电视节目主要在本地区播放,其广告招商的目标企业也是针对本地区的。省级电视机构所制作的电视节目主要在本省范围内播放,当然也有在外省播放的少数情况,其广告招商的目标企业主要是针对于立足于本省、向全国进军的企业。中央电视台所制作的电视节目,则具有在全国任何地方播放的优势,故其广告招商的目标企业主要是那些具有开拓全国市场能力的大企业。

(2)按照客户需要选择营销策略。对于有营销战略需求的企业,不应该单纯地拘泥于依靠在某个电视台播放自己的品牌广告,而应该采取多种营销手段相结合的战略。比如日化龙头企业宝洁经常采用多种营销策略。2001年年末,该企业与中央电视台商讨广告招商相关事宜,参加商讨会的人员不仅包括时任中央电视台台长的赵化勇、宝洁公司的老总,还包括中央电视台广告部负责人、宝洁公司员工。双方人员经过深入的交流,达成广泛的共识,长期的合作伙伴关系从此建立起来。该企业想借助中央电视台这个全国最大的推广平台,提高自己在全国消费者心中的知名度。该企业相继跟中央电视台研发互联网、户外、平面等有关资源,后来该企业又跟中央电视台《半边天》栏目达成合作意向,推出"飘柔女性记录特别节目"。这一营销手段马上收到成效,该企业市场份额上涨了15%,亦将旗下飘柔品牌的影响力扩大了几倍。中央电视台在该企业倡导美化生活理念的过程中,依靠自身推广优势,很快将这一理念推向全国,大大提高了该企业的知名度。

(3)通过品牌推广强化广告资源宣传。实现品牌化战略必须高度重视广告资源宣传。品宣途径主要有两种:一是利用促销产品进行品宣,二是利用媒体机构进行品宣。分别举两个例子说明一下:中央电视台大规模活动的广告销售、一套电视剧的广告销售以及一套黄金时段的广告招标等项目,就是利用促销产品进行品宣。而央视广告部常年使用的形象宣传片,就属于利用媒体机构进行品宣。无论采取上述哪一种品宣途径,品宣效果都是由品宣力度决定,而且必须采用广告宣传的模式。

举办招商洽谈推广大会是加强企业品宣力度的最佳方式,届时广告公司及企业客户都会积极参加洽谈,由于是面对面对企业客户进行品宣,所以不仅可以全面细致地解答客户的所有疑问,还可以最大限度地加深企业品牌在客户心中的印象。总之招商洽谈会在企业进行品宣过程中具有不可替代的作用。

招商洽谈会需要电视机构的节目部门的大力配合,但是招商洽谈会有别于电视机构的节目部门所举行的节目发布会。招商洽谈会的工作重心为介绍节目广告资源的影响力,只是会顺便介绍一下节目内容。

(4)按照广告营销的市场反响改进电视节目内容。品牌概念的核心为消费者,品牌的价值不仅体现于品牌和产品客户关系中,而且还体现于品牌和广告客户关系中。品牌可以给客户带来实际利益,创造实际价值,这也是品牌能够长期存在的根本原因,所以品宣计划一定要以客户为核心,从客户实际需求出发,从客户的根本利益出发。同时电视机构栏目理念也要以客户需求为立足点,这才是品宣的关键所在。

过去电视机构的栏目编排和广告招商属于两个不相干的独立部门。广告招商人员根本不会考虑电视栏目编排、节目制作等方面的问题,因为也不会对栏目播出产生任何影响。但是近些年电视机构之间竞争日益残酷,电视机构不得不开始考虑广告招商部门在电视栏目编排、节目制作等方面的重要作用,因为广告招商部门能及时掌握栏目广告收入及消费者的反馈。在电视机构栏目评估中,其广告收入多少是最有价值的评定标准。如果该栏目广告收入没有达到预想目标,则很大可能被关闭。如果该栏目广告收入非常理想,那么它会被电视机构重点扶持,给其更加广阔的发展空间,比如增加该栏目的播放时长,或者是安排该栏目在黄金时段播出等。按照广告招商部门收到的消费者反馈情况,实时更新改良电视节目内容,既是品建的需要,也是品宣的基本要求。

(三)电视资源的整合营销

与过去市场营销策略不同,现在的营销策略首先要转移营销中心,转变营销模式,重点营销对象不再是企业,而是具体的消费者,也要采取先进的营销组合要素,淘汰掉过时的要素,要以消费者需求为导向,不应以市场需求为导向,目标是切实提高消费者满意度。

有专家在总结国内外营销理念时,归纳出简易的品宣模型。该模型在过去旧模型基础上,借鉴整合营销思想,将以往的3P当作品宣要素,有效弥补了过去品宣时缺少基本要素的不足。促销的目标应该是寻找和培养潜在的客户,不要只顾短期的售卖行为。要传达给客户及潜在客户以下要素:渠道、价格、产品和品牌,让品牌更容易被客户及潜在客户接受,逐渐培养他们对品牌的依赖,从而有效建立和维护客户与企业共同发展的合作模式。

整合营销的观点是整合重组公关、营销和广告等一系列与品宣有关的要素,确保客户无论从哪个渠道获取到的关于企业品牌的信息都是相同的,以达到品牌诉求的完整性及一致性。同时提倡统一使用及配置广告资源,进而让企业品宣之路愈加宽广,宣传方式多种多样,品宣效果大大增强。

运用整合营销理念既可以缩减品宣费用,还可以整合营销资源,维护品牌良好形象,从而达到企业预想的品宣效果。现在电视媒体呈碎片化特点,分散了客户注意力。而通过整合营销策略,可有效克服电视媒体碎片化带来的不利情况。

建立数据库是整合营销策略取得成效的基本要素和关键环节。策略重点是通过数据库寻找到自己的客户,比如直接与客户面对面沟通,建立动态管理模式,提高客户对品牌依赖性。另一种营销模式为举办俱乐部活动,如举办观众俱乐部,增加与观众交流的机会,培养其对媒体的偏好。

(四)电视媒介品牌的价值

很多人都认为品牌的价值是从品牌资产价值中获得的,也就是企业的溢价收入,这种变化能够直观地对企业货币价值造成影响。然而,近几年来,关于品牌价值的许多观点都认为其主要来自市场,也就是消费者对于品牌的接受与认可、信任与忠诚。凯文·凯勒作为美国知名品牌研究专家,经过了长时间的品牌研究,最终提出以消费者为基础的品牌资产价值理念,该理念的主要思想是通过消费者和品牌之间的关系来对品牌价值进行认知,并不是通过财务的角度对品牌价值进行衡量。

为什么强势品牌会有高价值呢?这是由于它的知名度很高,同时还与消费者形成了紧密的关联,能够让消费者感受到品牌所带来的好处。如果消费者把品牌和它所产生的有形与无形价值关联起来,那么他们就会自愿去购买该品牌并忠诚于它,同时也愿意以更高价格来购买。所以,品牌价值反映在品牌和消费者的关系当中。

第七章
广电媒介节目经营与管理

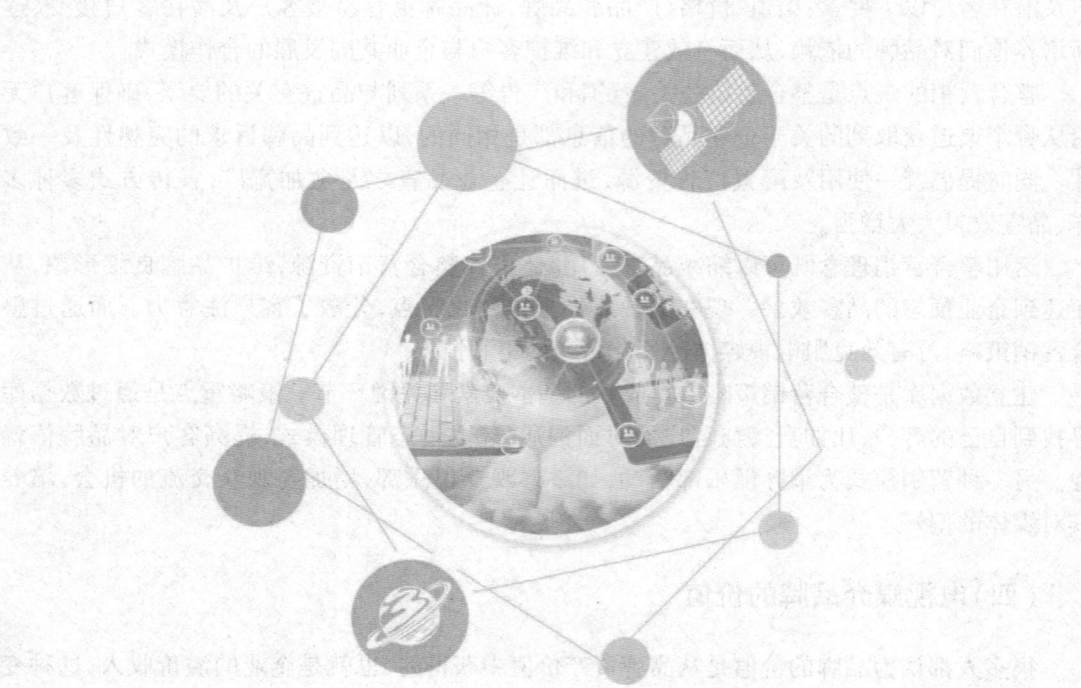

电视节目的概念源自英国,1999年,在地中海有着"袖珍王国"之称摩洛哥的小城蒙特卡罗出现了第一个电视节目的模板市场。之后,随着互联网的世界通联,电视节目"出海"已成国际惯例。1999年荷兰Endemol公司制作的真人秀鼻祖《老大哥》,目前仍然活跃在数十个国家的电视节目上。而之于我们内地电视观众非常熟悉的《中国好声音》,其版权也是买自荷兰的《The Voice of Holland》,此节目亦在全球几十个国家和地区被改编或者本土化。

第一节 电视节目的发展概况

有关中国电视发展历程的研究,大部分学者主要是从史学角度进行纵向研究,大体是以时间维度进行类型划分,比较有代表性的研究是郭慎之教授将我国电视发展历程概括为:早期(1958—1965年),"文化大革命"带来挫折(1966—1976年),改革开放的新时期(1977—1992年),走进大市场(1993年至今)。

我国的电视节目历经了从最早的简单抄袭、模仿和山寨海外节目,到之后采购版权,而后进行本土化的改编制作,直到现在,进行主动的自我研发和创新并且逐渐向海外输出的过程。

由于我国电视发展客观上晚于海外,节目的制作理念自然也相差较多,我们一直扮演着追赶者的身份和角色。即便到了20世纪90年代,国内各大电视台的节目形式还多以对海外节目的简单模仿或克隆为主。国内观众对于海外节目缺乏接触的机会和窗口,对于各大电视台"照搬"来的节目也非常受用,以至于哪家电视台能最早克隆一个"新"节目,而且模仿得还非常到位,就会在与同行业竞争中占得先机。当时版权意识保护也未能跟得上,所以抄袭也成了公开的秘密。这个时期,比较有代表性的是,甚至对整个"90后"都带来青春时代回忆的节目——《超级女声》。2004年,龙丹妮和湖南卫视合作,借用《美国偶像》的节目形式和内核,推出了针对普通人的女性歌唱选秀类综艺节目,在推出的当年没有大热,但第二年迎来了收视巅峰,甚至成为一个文化符号和文化现象。同时期出现的还有央视克隆自英美大热的智力闯关竞技类节目《谁能成为百万富翁》的《开心辞典》;湖南卫视的《玫瑰之约》脱胎自凤凰卫视的同类节目……也是这个时期,很多市县级电视台播出了大量的未经授权的日美动漫和港台电视剧,一定程度上培养了庞大的日后海外剧集和日美动漫的受众群。纵观这个阶段,由于大部分节目只得其形,不得其味,徒有皮毛,未见真章,容易引起不必要的涉外版权纠纷,致使节目往往昙花短现,难以长久维系。

而后,随着版权意识的不断提升,国内观众的品位也日渐提升,呼唤出现更新的节目形式,于是,我国电视节目的制作迎来了一个新的阶段,采购版权的同时进行本土化的改编。

业内一般认为,在电视节目制作上,具有里程碑意义的是2010年7月在上海东方卫视开播的《中国达人秀》,该节目是从英国一家公司花费百万元人民币购买的,节目取得了很好的成绩,让业内认识到购买海外节目版权的益处,引发国内其他电视台争相进行寻找和购买,以期望通过引进海外成熟的节目形式,在当时日益激烈的卫视竞争中快速攀升。甚至出现了某些经济实力雄厚的电视台大量囤积海外节目版权,即便自己没有空间上新,但是也要阻止其他竞争对手的染指。与此同时,由于是正式购买的版权,在播出和改编方面也有了底气,海外节目如何在内地更好地落地,往往决定了版权购买的成功与否。毕竟在经历欧美原创、日韩二度创作、港台再次创作之后,留给内地的想象空间已然不甚宽广。此时期比较成功的就是购买自荷兰的《The Voice of Holland》,最初的购买者灿星是一家基于东方卫视班底的第三方电视节目制作机构,购买之后,遭到最初的联合对象——东方卫视的婉拒,灿星于是把目光投向了不远处的浙江卫视,与浙江卫视共同打造了现象级的爆款节目《中国好声音》,也一定程度上成为"制播分离"的成功案例。

在互联网的加持下,国内受众有了更多直接接触国外电视节目的机会,旧有的"时间差"已然起不到"保鲜"的作用。这就迫使国内的电视节目制作者们,要开始拿出自己的创意,打造新节目。国内大多数省级电视机构已经成立自己的策划部门或是研发部门。央视作为国家级电视机构,出手不凡,《中国诗词大会》《如果国宝能说话》《国家宝藏》等一批原创电视节目,丰富了内地观众的节目视野和欣赏经验,并且真正做到了对于大众价值观的导向,同时也完成了对于中国文化的自我表达和自信阐述。湖南卫视作为国内省级卫视排头兵,自不甘落后,《声临其境》《乘风破浪的姐姐》等继续发挥着自己在综艺节目无与伦比的优势。更引人侧目的是 2021 年年初,一直在省级卫视竞争中默默无闻的第三梯队成员——河南卫视突然发力,春晚的一个节目《唐宫夜宴》播出之后,取得了前所未有的关注和意料之外的成功。"在欢快的音乐声中,10 多名身着盛唐服饰的少女乐师嬉戏打闹,为夜宴准备着节目……河南卫视春晚的舞蹈节目《唐宫夜宴》火了,这支 5 分多钟的舞蹈展示了唐朝少女们从准备、整理妆容到夜宴演奏的过程,像是唐朝少女的博物馆奇妙夜之旅。"女演员们用婀娜多姿、秀逸韵致的舞姿将大唐盛世完美呈现在舞台上,晚会组在原有的舞蹈节目上改编的时候加入了水墨画、国宝、VR 等特效,让虚拟场景和舞台结合,尽可能从电视包装的角度去给节目呈现效果加分。让观众在欣赏"鬓云欲度香腮雪,衣香袂影是盛唐"的别样丰腴身韵审美的同时,感受中原和黄河厚重的历史和文化。晚会的总导演陈雷在接受媒体的采访时表示,《唐宫夜宴》的出圈着实没有想到。"时代需要新的东西,需要新的表达形式引领年轻人,通过新的形式让年轻人看到老祖宗留给我们的瑰宝。"自此,一路以来的"奇妙游"把"又穷又弱"的河南卫视推向了一个又一个"热搜",用新的科技赋能,新的形式表达文化,这样的创新赢得市场和受众的肯定,也促使国内各大卫视不得不注重内部的创研开发。当然,自主的研发和原创不可能一试就成功,需要不断地积累和摸索经验。当前亦不能完全和海外节目提供商断绝买卖,在充分学习海外制作经验和对本土受众的经验不断积累之上,未来,相信我们会看到更多"由内而外"向海外输出的我们的电视节目。

(一)电视节目栏目化

电视节目是电视这种媒介最常见的一种内容呈现形式,是电视播出内容的终极组织和播出形式。而电视栏目化则是指,在电视节目被分成多个专栏的编辑形式和播出方式,即将反映同一内容和同一类型的节目归为一栏,使它有固定的名称、标志、片头、片尾和时间长度,并在编排中以固定的时间播出。

电视节目的栏目化,是电视节目走向成熟的一个标志。电视节目栏目化方便节目编排,使电视节目编排了内在的秩序;有利于培养和固定收视群体,提升节目本身的影响力,最终提升收视率;栏目化使得节目定位更加准确,更有利于电视节目的传播等。

栏目化是电视节目播出管理有序化的体现,电视节目栏目化就像高铁运营时刻表一样,每天播出的节目、节目的时间安排、节目的时长等对内对外都有了明确的排列,从而实现了电视播出管理从无序到有序的转变。20世纪末期,国内各级电视机构,基本实现了全面的有序化管理。

栏目化利于电视媒介发挥多种功能。电视媒介的自然属性和社会属性决定了其有认知、教育和审美的功能。不可能每个电视节目都能做到三大功能的实现和统一。通过电视节目栏目化的实现,每个栏目各有长短,形成互补和映衬,相辅相成,展现不同栏目自身特色的同时,完成共同功能和使命。

栏目化也有助于电视机构办出自身的特色。电视机构初创之际,大都以全面综合性为主,20世纪80年代电视栏目化开始之后,慢慢地,各个电视台开始寻找自己的特色,比如以"新闻节目"立台的上海东方卫视,以"娱乐"节目知名的湖南卫视,以"电视剧"为核心栏目的安徽卫视,各机构都有属于自己的特色,从而对节目编创、风格样式、收视群体都有了基于自身特色的定位。

在电视节目栏目化的发展过程中,规范化之下要更有内涵,专研类型的同时切记形态要丰富——综艺不能充斥整个电视内容,栏目也需要有自己的独特性或者个性化。综艺节目代表的节目娱乐化,一定程度上对电视节目的传播和电视媒介产业的繁荣确实做出了肉眼可见的益处。综艺节目能大程度地吸引年轻的受众,从而让广告商青睐以换取高额的广告费用,从而拉动电视产业的壮大。不过,综艺节目的泛滥,一味强调电视节目对于感官的简单刺激,更多地满足观众的窥私欲和猎奇心,弱化了电视的教化和审美功能。甚者,会对社会风气造成负面的影响,很大程度上加重社会文化危机。

(二)频道专业化

电视节目频道专业化是电视节目发展到一定阶段的产物,也是电视节目专业化的一种体现。电视频道专业化,指的是电视媒体经营单位根据电视市场的内在规模和电视观众的特定需求,以一频道为单位进行内容定位的划分,使其节目内容和频道风格能较集中地满足某些特定领域受众的需求。在传媒市场化的进程中,电视频道专业化成为电视业发展的必有之径。这不仅是电视业改革的内在动力,也是市场竞争的唯一出路。电视频道专业化也并非简单的制度性变革,是多方面合力形成的系统工程。

从综合频道发展到大量出现专业频道,是中国电视业迈向更大市场的一步跨越。央视作为先行者,从20世纪90年代开始,进行多频道化建设,国内观众比较熟悉的"1"到"17"也是从这个时候陆续出现,分别是综合频道(CCTV1)、财经频道(CCTV2)、综艺频道(CCTV3)、中文国际频道(CCTV4)、体育频道(CCTV5)、电影频道(CCTV6)、国防军事频道(CCTV7)、电视剧频道(CCTV8)、纪录频道(CCTV9)、科教频道(CCTV10)、戏曲频道(CCTV11)、社会与法频道(CCTV12)、新闻频道(CCTV13)、少儿频道(CCTV14)、音乐频道(CCTV15)、农业农村频道(CCTV17)以及专门的冬奥频道(CCTV16)。

多频道的出现,对于广电的产业化是有益的促进。首先,对于电视节目的发展指明了方向,每个频道的建设有了明确的发展前景,在既定的发展方向上,保证了电视节目质量的稳定性,提升了节目的鲜明性,避免了"大杂烩""一锅炖"的现象。其次,目标受众比较明确,甚至在省级卫视中,可以看到明显的定位。比如立足于"新闻节目"的上海东方卫视。立足于"电视剧"的安徽卫视,一周七天的节目编排,都是围绕电视剧展开,一周之内可以看到"韩剧""泰剧",在一个省级卫视的平台中也是不多见。立足于"娱乐"的湖南卫视,收获了多少赞扬也就承担了多少批评。多频道之后,对于落实"制播"体制也起到促进作用,无论是"制播分离"或是"制播一体",有频道才有实验的基础环境和场合,才有了试错和改进的平台。同时,广告是广电收入的一个主要来源,多频道之后,扩充了广告投放的时间。

频道化的问题也比较明显。各家机构在频道定位上不甚明确,顶层设计缺失的现象使得各家机构互相学习模仿,结构问题明显,"模块化"现象突出;同时在频道内部建设上,各家内容雷同现象也屡见不鲜,由此对节目创新创意能力的极度渴求,使得频道专业建设上的人才,从管理人才到节目制作人才需求问题都日益明显;同时,广告的单一化来源,在频道数量达到一定数字的时候会出现力有不逮之感。在之后的频道化发展中,注重引进人才的同时,要注重内部人才培养和挖掘;明确机构内频道建设的顶层设计,明确频道核心定位和受众定位;打造核心节目,发展优质节目,拥有自己的"拳头"节目;优化频道节目编排,合理安排节目框架构成;积极拓展盈利渠道,发掘新的盈利来源;提升管理水平。

(三)新媒体/融媒体发展

改革开放以来,在经济建设和改革开放共同发展的战略方针影响下,地方不断加强技术研究和更新,积极建设广电行业。特别是到了 21 世纪,媒介的形态再次发生了翻天覆地的变化,新观念、新技术的迭代更新,新的媒介平台兴起,传统媒介遇到新的挑战,电视媒介业也不例外,从自身延伸开去,广电行业也陆续开始向新形式靠拢,提升自身的创新,不断扩大自身的影响边界,广电新媒体以一种和报纸、广播等传统媒体相对性的一种存在和媒介形态,出现在我们视野中。依照不同的平台和载体,我国广电新媒体已经从自身的"电视机"领域,扩充到手机和互联网领域。手机电视、数字电视(IPTV)和网络节目各领风骚。互联网时代,我国从中央到地方都非常支持新媒体的发展。国家广电先后为上海文广、央视国际、南方传媒、中国国际广播电台以及杭州华数、江苏电视台,另外,广电体系之外还有一家民营企业——北京华夏安业科技有限公司颁发 IPTV 牌照。根据全国有线电视公报等统计数据,截至 2019 年 3 月,全国有线广播电视用户 2.21 亿户,全国交互式网络电视(IPTV)用户 2.72 亿户,互联网电视(OTT)用户 4.20 亿户(2018 年年底数据)。IPTV 和 OTT 用户数均已经超越有线电视用户,将其纳入规范管理也是顺理成章的事情。

信息化是当今世界经济和社会发展的大趋势,也是我国产业优化升级和信息化带动工业化实现跨越式发展所面临的机遇,要赶上与发达国家的经济差距,更需要在信息化建设的道路上积极探索用信息技术带动国民经济的高速发展。各种信息的传播由不同的网络传送,随着信息和通信技术的飞跃发展,三网融合成为全球信息化发展的必然趋势,我国产业化发展的加剧和市场经济的深入使三网融合的成果已经进入千家万户。

在我国,广播电视主要由国家广播电视总局负责监管,由中央电视台、中央人民广播电台和各地市电视台、广播电台以及有线电视运营商来经营。对于互联网,有中国电信互联网、中国联通互联网、中国移动互联网等,可以在全国范围内提供互联网业务。所谓"三网融合",是指电信网、广播电视网和互联网之间,通过技术的升级改造、网络基础的整合渗透,实现互联互通,并最终能够提供包含语音、图像、数据等综合统一的业务形态的信息网络。

"三网融合"不仅仅是一般理解的电信网、计算机网和有线电视网三大网络的技术融合、业务融合、行业融合、终端融合、网络融合、内容融合及用户融合,更是一种大整合。从理论层面来看,"三网融合"促成了新5W(Whenever、Wherever、Whoever、Whatever、Whomever)传播模型的诞生,实现了"在任何时间、任何地点,由任何主体,向任何对象,传播任何信息"的理想传播状态。从实践层面来看,"三网融合"促成了电信网、计算机网和有线电视网三大主体之间取长补短、动态竞争,达到 $1+1+1>3$ 的效果,更促使新的业态不断涌现,如IPTV、多屏互动电视等。从消费者的角度,"三网融合"正在实践着"以消费者为中心"这一服务理念。"三网融合"不但为消费者提供了更加多元的信息服务、更加丰富的网络选择、更加便宜的资讯费用,还让消费者体验到前所未有的"主动性"。

2001年3月15日通过的"十五"计划纲要,第一次明确提出"三网融合":"促进电信、电视、计算机三网融合。"2006年3月14日通过的"十一五"规划纲要,再度提出"三网融合":积极推进"三网融合"。建设和完善宽带通信网,加快发展宽带用户接入网,稳步推进新一代移动通信网络建设。建设集有线、地面、卫星传输于一体的数字电视网络。构建下一代互联网,加快商业化应用。制定和完善网络标准,促进互联互通和资源共享。2010年1月13日,国务院审议并通过了《推进三网融合的总体方案》,决定加快推进电信网、互联网和广播电视网的三网融合。以此为标志,在我国已经出现并研究十余年的三网融合概念及方案正式进入了实施阶段。7月1日,国务院对外正式公布了第一批三网融合试点地区(城市)名单,北京、大连、哈尔滨、上海、南京、杭州、厦门、青岛、武汉、湖南长株潭地区、深圳、绵阳12个地区(城市)入围。

以前,广电网络仅仅能让老百姓看电视,三网融合后,电视机将成为家庭的信息和娱乐终端的有一个选择,用户将从看电视,变为用电视。三网融合后,有线电视网络将增加六项电信服务,由传统的只传输广播电视节目,向宽带互联网服务、IP电话、音视频点播、电视游戏、电视银行、远程教育等业务发展,形成广电网络的新业态。

在三网融合过程中,为将有线电视网络建成一张可管可控可调度的绿色网络,广电机构构建IPTV、手机电视集成播控平台,负责节目的统一集成和播出监控,负责电子节目指南

（EPG）、用户端、计费、版权等管理。这意味着广电部门事实上控制了 IPTV、手机电视的内容播控权，电信运营商虽可以传输 IPTV、手机电视内容，但节目源只能由广电部门提供，并接受广电部门的管理。

案例链接

芒果 TV

芒果 TV 上线于 2014 年 4 月，是全国广电系统中最早布局互联网平台，以视听互动为核心，融和网络与电视特色，依托湖南广电的节目资源，独播、跨屏、自制的新媒体传播平台，亦是湖南广电旗下唯一的互联网视频平台。2018 年，芒果 TV 作为湖南广电"双核驱动"战略主体之一，与芒果互娱、天娱传媒、芒果影视、芒果娱乐五家公司整体打包注入快乐购，从此成为国内 A 股首家国有控股的视频传播平台。2018 年 7 月，更名为"芒果超媒"，也是国内首家扭亏为盈，并实现营业额持续递增的互联网视频企业。在 2019 年中国互联网企业 100 强榜单中，芒果 TV 排名第 20 位，同时也是排名第一的国有控股企业。

芒果 TV 的上线标志着"芒果独播"战略的启动，湖南卫视将大量资源输送至芒果 TV，旗下节目不再与其他任何新媒体合作，所有的自由版权节目均由芒果 TV 独播，从而全面提升了芒果 TV 的业界影响力和品牌度。据数据显示，2014 年以来，湖南卫视向芒果 TV 输送的节目数量超过 150 档，累计播放量超过 1000 亿次。例如，《快乐大本营》《天天向上》《花儿与少年》《我是歌手》等多档独家热播节目为芒果 TV 带来了极大的受众群体。

2020 年芒果超媒跻身第十二届"全国文化企业 30 强"。2021 年 1 月，芒果超媒股票价格超过 90 元。截至 2021 年年底，芒果超媒总市值达到 1067 亿元，净资产 168.6 亿元。根据芒果超媒股份有限公司 2021 年半年度报告，其运营主体快乐阳光实现营业收入 675 259.98 万元，同比增长 45.96%，净利润达到 138 640.84 万元，同比增长 32.84%。2021 年上半年，公司头部 IP《乘风破浪的姐姐》（第二季）位列点项目招商金额首位，《妻子的浪漫旅行》《密室大逃脱》以及剧集《理智派生活》《陪你一起长大》等均获得良好收益，营销升级成果突出。

表 1　芒果超媒 2021 年上半年主要财务会计数据和财务指标

单位：元

	本报告期	上年同期	本报告期比上年同期增减
营业收入（元）	7 853 228 785.77	5 773 764 006.22	36.02%
归属于上市公司股东的净利润（元）	1 451 207 609.75	1 103 375 574.00	31.52%
归属于上市公司股东的扣除非经常性损益后的净利润（元）	1 440 022 162.65	975 131 242.87	47.67%
经营活动产生的现金流量净额（元）	401 943 857.80	11 508 801.22	3392.49%

续表

	本报告期	上年同期	本报告期比上年同期增减
基本每股收益(元/股)	0.82	0.62	32.26%
稀释每股收益(元/股)	0.82	0.62	32.26%
加权平均净资产收益率	12.87%	11.82%	1.05%
	本报告期末	上年度末	本报告期末比上年度末增减
总资产(元)	21 270 163 889.69	19 265 699 802.98	10.40%
归属于上市公司股东的净资产(元)	11 807 733 933.39	10 587 978 185.42	11.52%

也是在2018年,芒果TV开始孵化MCN机构,借助产业内涵丰富的MCN机构一方面展现了芒果TV迎合融媒体环境的姿态,另一方面也体现了芒果TV在内容经济驱动下的商业模式创新。所谓MCN机构,涉及网络红人的筛选、孵化,通过创意化的内容开放、技术研发、用户管理、资源整合、商业合作、经济变现、平台对接等实现链条化、系统化的运营管理。而选择湖南娱乐频道进行MCN孵化,重要原因就是该频道体量较小,即便尝试失败也有回转的余地。湖南娱乐MCN机构一经面世便取得重大突破,结合当前市场环境选择美妆、母婴、萌宠、娱乐等几大热门板块,借助抖音、快手、小红书等平台一路高歌,打造头部网红达人,在网络上迅速建立起规模巨大的传播矩阵。两年时间,湖南娱乐MCN基本稳固了行业领先地位,跻身MCN前五名榜单,机构账号超过650个,粉丝量超过4亿。2020年,湖南娱乐MCN模式被国家广播电视总局评为"全国广播电视媒体融合典型案例"。

2021年1月,"湖南娱乐MCN"通过品牌升级以"芒果MCN"的全新形象面向受众,实现了华丽转型和品牌升级。芒果MCN作为湖南广电旗下新媒体和内容服务机构,现在是湖南TV唯一的MCN官方平台,以打造市场TOP明星娱乐MCN为目标。2021年9月,芒果MCN在抖音MCN机构排名第七,综合指数92.0;10月,芒果MCN在抖音MCN机构排名第三,综合指数93.8;11月,芒果MCN在抖音MCN机构排名第十一,综合指数93.8。凭借明星艺人在短视频直播方面得天独厚的天然优势,芒果MCN通过名人效应使一部分明星粉丝转化为品牌粉丝,带来了强大的流量和经济价值,真正取得了品牌效应和经济收益的双丰收。目前,明星娱乐板块粉丝超5000万,明星账号达到50个。芒果MCN一方面为这些明星艺人提供短视频领域的内容打造和宣传,另一方面,为其提供优质的综艺资源,经过全链条孵化最终实现商业变现。在不进则退的融媒体时代,众多新媒体业务在市场经济环境下很容易遭遇发展瓶颈。而垂直赛道TOP级的短视频MCN机构符合市场化发展趋势,则能在新业态、新赛道实现数亿、数十亿规模的广告营收。

2019年1月25日,习近平总书记主持中央政治局第十二次集体学习并发表重要讲话,针对全媒体时代推动媒体融合向纵深发展进行了再动员和总部署。可以说,芒果TV作为省级主流媒体在我国媒体融合转型背景下,打破常规,通过合力的顶层设计、完善的运行机制、创意的内容打造、独特的独播战略、强大的资金支持,搭建了自主化传播平台,重构了商业运行模式。可以将其工作室制度成功经验总结如下:

第一,实行扁平化工作室管理模式。相较于传统主流媒体层级结构相对鲜明、复杂的管理模式,芒果TV实行扁平化管理,精简结构层级,精炼管理层次,湖南卫视和芒果TV共享44个节目制作团队,堪称工作室制度运营的典范。目前,芒果TV一共拥有20支综艺节目团队,通过独立工作室、S级团队、A级团队、初创团队共四级体系开展管理。在这种管理模式下,工作室的权限有所扩大,工作主动性和效率也明显提升。从工作室进行节目立项、提案,到经营管理委员会进行审核,多方打磨后节目从筹备到成型。值得一提的是,制片招商负责项目招商引资工作,使工作室管理拥有更多自主权和资金支持。因为,扁平化工作室管理模式符合当前融媒体环境下的市场背景,也为不同制作团队提供了充分的发展平台。

第二,实行强有力的人才激励政策,人才密度相对较高。芒果TV自成立以来,采取了多种方式吸引融媒体人才、互联网技术人才、文化创意人才等,通过高薪酬的人才激励政策吸收了众多优秀人才加盟。突破传统主流媒体"吃大锅饭"的落后管理形式,芒果TV采取创新化、自主化、市场化的激励约束机制,薪酬分配向业务带头人、骨干、创新人才及优秀团队倾斜。数据显示,2020年芒果超媒管理层薪酬远高于其他主流媒体,甚至不低于商业化互联网视频网站。针对大学生招聘,推出芒果TV青芒计划,除了相应的薪酬支持,还推出新人721培养计划、双导师2V1辅导、芒果文化体验及芒果TV转正机会等,这些对于应届大学生有较强的吸引力。正是多措并举的人才激励政策,吸引了众多行业人才加入,形成了复合型、多元化、多层次的优秀人才队伍。

第三,推行"一体共生"的发展模式。2015年2月,湖南广电集团推出《湖南广播电视台建设新型主流媒体若干意见》,实行"频道制+公司制"的业务模式,实现了资源、业务一体化运作,助推芒果TV开启了全新的转型道路。从2017年开始,芒果TV对湖南卫视实行版权付费反哺,以《路从今夜白之遇见青春》作为首次"尝鲜",推开卫视输送内容、进行反哺的新局面。作为国内首家省级广电传媒集团,湖南广电集团整合集团所有资源发展芒果TV,逐渐形成并稳固了"一体共生"的发展模式,并且进入全面收获期。从2017年至今,芒果TV已经连续4年实现盈利,始终是在线视频品台盈利排行榜上的佼佼者。

第四,经历多次融资,利用资本的力量缩短品牌成长周期。一方面有湖南广电集团长期以来雄厚的财力支持,另一方面发挥资本的力量,进行多次融资,从2015年6月到2021年6月间,共经历6次融资,不断加强芒果生态的业务拓展与转型升级。其中中国移动于2019年向芒果TV投资,并成为芒果超媒第二大股东,而中国移动作为运营商,本身就意味着用户群体与资本。由此可见,芒果TV从独播、独创,到打造独特的垂直生态,再到不断对外布局,可以说在内容成本增加、红利减少的大环境下,它已经为下半场的角逐准备好了"粮草"。

第二节　电视节目的类型

大卫·麦克奎恩曾做出这样的表述:"电视是一种高度类型化的媒体,只有极少数一次性节目会偶尔不在已经确立的任何一种一般类型之内。"电视节目的类型不仅是指一种电视节目的生产理念,更是指节目制作的模式,是模式化生产后在基本架构上相似的节目作品。

(一)新闻类节目

通过分析全球电视节目的发展脉络,我们能够发现,新闻类节目在各个时代一直受到观众的重视和欢迎。节目内容不但丰富,而且传播面广,具备较强的实效性,也因此吸引了大量的受众。通过对其历史发展态势进行分析发现,新闻类节目在电视台全日制播出方面的占比持续提升,从一开始的1次/日的综合性节目,慢慢地拓展到一日数次,再到当下的一些电视台的整点新闻、半点新闻,乃至通过新闻频道全天候播放各类新闻信息。由于电视台对这一类节目的需求量持续提升,新闻节目的制作又是如何满足不断提升的市场需求的呢?其答案是:尽量地促进节目类型化制作,通过缩短制作时间,最大程度上满足广大受众的播放需求。又是如何去实现其类型化制作的目的呢?其答案是:根据新闻类节目的不同类型结构进行"流水线"式制作。以下按照我国新闻类节目的制作模式,在节目内容与形式层面,对组成新闻类节目的类型结构的九大元素进行分析与概述,具体如下:

(1)人物要素:其通常是指男女主持人或播音员,人物特点是五官端正、形象自然、真诚专业、认真严谨、稳重专业等;女性、男性的年龄范围各是25~45岁、28~50岁。

(2)情节要素:在导入新闻片头之后,节目开始播放。针对导语内容来说,一般是由主持人介绍"开场白或者导入语";对于消息类新闻节目来说,通常需要设计节目导视,主要内容需要结合不同节目的实际需求,播放一些不同编辑思路与技巧的影视录像、主持人论述、一线记者的现场报道等;在节目最后,主持人需要说出固定的结束语,代表着节目播放完成。

(3)场景要素:因为新闻节目通常需要通过演播室中的主持人配合来进行,所以,其场景大部分是在室内,也就是新闻演播室。其场景布置一般是以主持人为主体。通常来说,在进行新闻节目背景设计的过程中,一般是以具备一定现场感的、繁忙的节目制作现场为背景,由此能够彰显出新闻工作者的一个特殊的工作环境,呈现其真实性;或者是选择一个电子屏幕,它不但能够通过不同图文素材来解释主持人的播报内容,促使观众能够正确理解,而且能够体现出具备现代高科技特征的电视媒介的运行性能。

(4)服饰与道具要素:新闻节目主持人的服装通常是优雅、有品质的西服;女主持人的服装颜色相对鲜亮,男主持人的服装颜色相对深沉(需要佩戴领带)。主持人的发型设计不能过于追赶潮流,但是也不能过于守旧原始,需要给人一种大众化、得体的感觉,看上去稳重有精神。演播室中的道具一般是:一个办公桌及相关文稿、图片等,结合实际需求,偶尔会摆放一些特殊实物，便于主持人进行阐释；并且，也需要结合现场人数摆放桌椅，同时也可以摆放一台供主持人使用的计算机等。

(5) 音乐要素：新闻节目的音乐一般是穿插在节目的开头、结尾及中间，其旋律强调的是清新、自然、大气，节奏比较适中、沉稳，在听感上相对简洁、明快。

(6) 灯光要素：关于录像新闻来说，在拍摄期间选择的是自然光；如果照度不足的话，则需要选择散射光，以此达到提高亮度等目的，呈现出新闻节目的真实效果。关于灯光的应用通常以人物、景物等造型为主体，在预防阴影形成时，演播室中的主持人的灯光一般是高调的，其背景光一般比主体光阴暗，其目的是强调主持人的形象，确保人物形象更加鲜明，同时需要打面光，而且一般也需要给人物导入轮廓光，由此来增强主持人的形象立体感。在特殊情况下，还需要引入其他辅助光、场景光等光源。

(7) 主题要素：节目的主题一般能够说明新闻工作者的价值观。一般来说，在主题设计方面，新闻节目需要符合国家的法律政策及党章党规，遵循国家利益，符合社会大众对新闻节目的期望度，满足社会大众的情感需求等。

(8) 对话要素：电视新闻节目在语速变化方面与广播节目相比，会较快一些。其语言一般是简洁、干脆、利索的，语气相对平稳、节奏固定。同时在一些新闻节目中需要保持固定的套式（如："刚刚收到的……""接下请看来自××的……""记者接到……"等）。

(9) 视觉风格要素：关于新闻节目开始、结束等阶段的画面录制来说，其分别是"全推"与"全拉"的录制手法。在对主持人的拍摄上，通常选择的是"中、近景固定镜头"；对被采访者而言，通常选择的是"近景+特写镜头"拍摄；对现场记者而言，其通常选择的是"近镜头"录制。若要更加具体、清晰地说明新闻事件的整个发生过程，强调节目的真实性、严谨性，在进行现场录制期间，通常不会选择艺术浮夸的手法，而是以长镜头的方式表现真实。在新闻内容的编辑方面，若要说明新闻事件的整个发生环境，一开始的画面需要进行全景描述，在结尾中也需要选择全景或小全景拍摄，确保能够让观众清楚地了解事件所处的背景，同时以抽离的整体性、首尾呼应的方式增强节目的完整性。对于中间的片段来说，一般是通过中景、近景、特写等镜头进行穿插拼接，给人一种形象、生动、逼真的效果。在纪实性手法的表述上，在拍摄影片的过程中，一般不会选择固定镜头，通常选择的是移动镜头，以此来强调节目对事件信息调查的现场感。

对于我国电视新闻类节目的类型程式来说，需要体现出节目所固有的真实感、客观性等特征，并按照我国电视新闻节目的制作要求进行确定。例如：关于人物要素的设计方面，节目主持人需要给人一种内敛、稳重、大方、厚重的印象，年龄不可偏大，也不可偏小，需要给人带来一种成熟的魅力；不然，就满足不了我国电视新闻节目对主持人的形象规定。再如，在"主题要素"设计上，新闻节目需要在题材选择方面强调社会主义价值观，在主题上要确保在一定程度上助力社会的进步和发展，为促进社会主义物质文明、精神文明、政治文明的同步发展提供助力，此方面与个别西方国家的新闻价值观是完全不一样的。一般而言，优秀的电视新闻类节目在类型程式方面可对其他节目带来一定的启发与借鉴。

(二)教育类节目

利用大众媒介对公民进行教育,是社会进行普众教育的一个关键载体与渠道。在大众媒体实施社会教育指导上,电视教育通过其强大的现代化传播特点,逐渐成为当代社会教育体中最具有影响力的一个关键构成。电视教育节目一般而言是指通过电视传播方式播放的用于开展社会教育活动的一类节目,它能够达到教化民众、增强国民素质等目的。教育类节目一般分为两类:教学类与社会教育类。对于前者来说,它一般是指系统介绍文化知识的一种教育类节目,也包括不同的知识文化讲座等。例如,一些地方广播学校开设的不同学科的专业课程,其实都是系统介绍文化知识的教育类节目。再如,与计算机课程相关的知识讲座,其实也被认定是知识讲座类节目。对于后者来说,其一般包括理论节目、科学知识节目、法制节目等。例如,《今口说法》《案件聚焦》《拍案说法》等一般认定是法制节目;《军事天地》《大风车》等一般认定是特定对象类节目,此类型十分丰富。这能够看出,电视教育类节目的覆盖面非常广,且内容多样,形式复杂。为了能够统一地给予论述,在本节的研究中,只针对其中的"社会教育类"节目展开研究,对一些具有代表性的节目类型程式进行分析,以下从9个方面进行分析。

(1)人物要素:主持人一般需要具备一定的文化品位、艺术修养,并且还需要掌握丰富的知识,需要给人一种沉稳的印象,例如,知识型节目播音员或配音员等沉稳的声音。

(2)情节要素:"传递知识"一般属于社会教育类节目类型程式中的一个指导性思想。若要实现高质量的播放,社教节目一般需要根据趣味性的情节进行设计与创作,然后通过设置悬念等方式激发观众的兴趣。在节目主体内容上,注重的是对知识的传授,在对内容的表达中要相对真实、精准、科学,在结尾时需要进行一定程度的总结、归纳、评价,然后对一些需要探索的问题进行呈现与说明。

(3)场景要素:节目场景一般包括主持人主持节目的演播室场景、事件发生现场的现实场景以及真实再现的场景等。

(4)服饰与道具要素:通常而言,女主持人的服装需要给人一种雅致、庄重的感觉;男主持人的服装需要给人一种儒雅、大方的感觉;节目道具通常是指主持人需要的桌椅以及讲解过程中需要的一些摆件等。

(5)音乐要素:节目音乐通常是后期导入的。一般包括两种:专门创作的音效、精心选配的音乐。不管是哪一种,都需要确保和节目的主题及风格相适应。

(6)灯光要素:社教类节目在录制的过程中,用光需要比较注重艺术感,不过与文艺类节目相比,其用光相对平实。也就是说,社教类节目的用光需要以新闻类节目用光为切入点,结合实际需求导入一些修饰光,创设出一种相对独立的艺术环境,例如,追光的导入等。

(7)主题要素:通过传播、灌输、介绍不同的科学、文化等而使用不同的拍摄题材,由此来衬托出设计主题。

(8)对话要素:节目播音员通常是以平实、科学的态度,形象、逼真地进行概述与说明。

(9)视觉风格要素:节目拍摄的手法有两种,即纪录式与真实再现式。在注重拍摄场景真实性的前提下,也强调画面的艺术性,以此来提高画面的视觉表现力,逐步增强节目的审美效果。

创建社教类节目的类型程式的基本原理和其他类型节目是相同的,它们都希望能够和其他节目,诸如文艺类、服务类等节目完全区分开来,构建一种独特的节目类型程式样态。所以,在实际创建过程中,必须要结合社教类节目的"传递知识、教化大众"的属性进行概述与归纳。例如,在人物要素的设计方面,其主持人必须要具备较强的文化艺术修养,不但要确保知识面广,而且还需要确保语言应用灵活、规范,内容表达要精准、顺畅,给人一种示范性、知识性的效果;另外,在"情节要素"方面,社教类节目一定要强调节目的趣味性,通过导入一些悬念,以此来激发观众的观看兴趣。在节目主题内容上,需要强调所传播知识的真实性、科学性等,以此来彰显出社教类节目的价值与功能。在"视觉风格要素"的设计上,社教类节目需要强调画面的视觉效应,并在一定程度上提升节目的艺术表达水平,增强其文化品质,提高社教类节目的审美品位。

(三)文艺类节目

随着人们物质生活、精神文化生活的愈加丰富,人们对文艺类节目的需求也日益提升。这也使得一些电视工作者对文艺类节目的制作更加重视,也对节目的质量有了更高的要求。特别是比较受我国大众喜欢的一类文艺节目,例如综艺节目、大型晚会等。在当下的市场环境中,需要不断地总结、归纳,分析文艺类节目的制作规律,深入探索,构建出一些新颖的文艺节目类型程式,并以此来对这一类节目进行类型化制作,尽可能地满足社会大众的观看要求。如《超级女声》《快乐男声》《中国好声音》《创造101》等选秀类节目。因此,对各种文艺类节目的类型程式进行研究,并创建与之相应的类型程式,是实现文艺类类型化的一个重要过程与基础条件。通过对国内一些具有典型性的文艺节目的类型程式进行研究,对文艺类节目类型进行以下整理与归纳:

(1)人物要素:通常而言,文艺节目中的人物一般包括主持人、演员、嘉宾等。不管是男或女主持人,都需要保证形象端正、五官协调、性格开朗、动作自然、幽默灵活等。其中,女主持人与男主持人的年龄范围各是20~40岁、25~45岁,年纪偏大、偏小都不太适应节目娱乐性的氛围。

(2)情节要素:往往在文艺类节目刚播放的时候,主持人是非常热情的,然后导入一个能够烘托热闹氛围的开场白,如《天天向上》等;在节目中间,需要主持人形象且激情地"串词",说明节目中的不同类型的文艺表演活动,或者在主持人的指导下开展不同类型的智力文艺实践;在最后,主持人需要以紧扣节目主题的美好祝福式方式进行结语表达,以示感谢。

(3)场景要素:文艺节目对现场气氛有着较强的要求,因此录制现场一般是以大型演播室为主,需要保证能够容纳大量的观众,并且能够进行现场表演,自由地开展不同的文艺活动,不过,很多文艺晚会也会在露天舞台中进行推动,在场景设计上,包括三个区域,即表演区、主持区、观众区等。若节目中穿插一些大奖赛类活动,还需要设置评委区;当下一些综艺节目会以公路式、旅行式的方式呈现,此类节目的场景则会根据节目的活动环节进行相应的设计,如《奔跑吧兄弟》等。在节目的背景创作上,一般需要运用高新技术,根据节目类型进行写意、活泼等手法的创作,在现场烘托出一种浓烈的文艺气息与氛围。

(4)服饰和道具要素:节目主持人的服饰通常是华丽、时尚、新潮、鲜明的;节目中的道具相较而言比较简单,通常是一些精致的且能够随身携带的无线话筒;不同节目的服饰与道具存在不同的个性化特点,需要根据节目内容的要求进行灵活配置。

(5)音乐要素:文艺节目的音乐通常包括三大内容:①表演节目中配制的音乐;②为了烘托现场氛围需要进行现场即兴弹奏的乐曲,其一般具有轻松、愉悦、自然等特点;③专门创设的"专业"音乐,如央视春晚的结束乐曲《难忘今宵》。

(6)灯光要素:节目现场的灯光存在极强的修饰性特点,特别是在需要强调现场表演时,灯光会营造绚丽多彩的感觉,给观众构建一个光影四射的氛围。

(7)主题要素:在我国,文艺节目的主题设计一定要满足党中央对文艺节目的要求,需要坚持为社会主义服务、为人民群众服务的基本宗旨,遵循"百花齐放、百家争鸣"的基本原则,需要通俗易懂、寓教于乐,有益于社会主义精神文明建设。通过较高艺术水准的文艺作品,满足大众精神方面的多元需求,并逐步增强大众的文化品质与审美修养。

(8)对话要素:文艺节目的对话通常是以生动、亲切的方式进行表达,或者通过幽默、风趣的方式进行调侃,或者通过深情的旁白进行论述,为观众营造一个轻松、愉悦的氛围,使其能够积极主动地接受文艺熏陶,并由此获得审美体验,逐步增强艺术欣赏品位。

(9)视觉风格要素:文艺节目演播现场,摄影机位的数量是比较多的,拍摄角度是比较丰富的。尤其是文艺晚会的录制,一般是通过俯拍法进行录制,由此能够体现出整个演播现场的全景面貌;若晚会是在露天广场举办的,也需要结合需求通过航拍的方式俯瞰整个演播现场,由此带给观众一种壮观、震撼的视觉效果;为了体现出晚会现场的整体设计效果,需要大大提高画面的渲染力。文艺节目的录制手法是比较灵活、自由的,尤其是部分综艺节目比较注重镜头录制的个性化、创新性特点,在视觉风格上并没有统一的模式;在对一些内涵丰富的文艺节目的表现上,如电视诗歌、电视散文等,则要给人一种沉稳、含蓄的意境美。

考虑到文艺节目是以娱乐为核心的节目类型,其内部组成元素都需要在一定程度上为观众带来轻松、愉悦、自由的感觉。文艺类节目在当下是最为普遍并广受大众喜爱的节目类型,笔者认为不同的文艺节目类型在编辑创作中,如果能按照其类型程式的参考标准进行规划,便可在很大程度上确保节目制作的规范性、系统性、统一性,如《中国好声音》《奔跑吧兄弟》等都在一定程度上沿袭了以往节目的基本范式。

第三节 制播体制

国内的广播电视资源是以行政配置为主导,以系统、区域分类为切入点的,存在行业垄断、条块分割、区域封锁等特点,会给人一种"有系无统""有场无市"的感觉。大部分电视节目的生产具有低成本特点,并且由于缺乏良好的竞争性,节目内容、频道定位等雷同性非常普遍,会导致资源损耗,因此需要根据市场逻辑的要求促进媒介组织的资产重组。我国并未创建大规模的全国性节目销售市场,因为节目分销这一产业链的断裂,造成电视台的经济收入严重依赖广告,节目流通、销售环节的收益占比非常小。我国亟须尽快组建与节目相关的经纪、代理、评估、咨询、推介等第三方企业,创建电视分销市场,促进节目的多元增值,并且也需要促进交易程序的规范化管理,限制交易环节的情感交易与暗箱作业,确保不同的市场竞争主体地位的大大提升,加强交易模式创新与改革,借助于互联网技术等创建网络交易平台。

(一)制播融合和制播分离

按照电视节目的生产主体与播放主体的内在关系,制播制度一般有两种:融合与分离。其中,后者一般分为两种,即外部与内部。内部一般是指播放单位将电视节目委托给隶属于自己的节目制作企业进行生产设计,比如,BBC的大部分节目委托给其隶属的节目生产企业进行设计;外部是指提供市场购买或委托给独立的社会生产企业进行设计与创作,比如,德国第三频道的节目大部分是通过社会制作企业进行生产设计的。前者一般代表着节目的制作、生产与播放全部都是在电视台实现的,属于垂直一体化经营,完全摆脱了市场交易模式。

电视节目的社会化制作是一个必然的发展方向。电视制作初期,欧美的公共广播电视节目生产选择的是制播融合模式,德国的商业广播电视则选择的是内外部分离模式。在20世纪80年代之后,随着电视私有化与市场化等趋势的出现,电视节目的生产逐渐朝着市场化方向转变。推动电视产业发展,其切入点是推动电视市场的全面发展。电视节目生产产业存在较强的流程化特征,所有电视价值产业链都附带着不同的商机。由此来看,制播分离需要在市场分工的前提下,促进节目的市场化与社会化发展。一直以来,我国电视选择的是制播融合模式,这虽然有利于增强节目制作的专业化水平,促使电视产业市场不断发展,但在自产自销模式的作用下,管理成本偏高,经营效率低下,并且由于信息化、数字化等发展,制播模式改革已经成为一个重要的发展趋势。为了提升节目创作效率,增强电视节目市场化效应,促使其竞争愈发激烈,提高运行效率,创建高效供应与有效需求的平衡机制,实现电视产业的可持续发展,改革成为必然需求。

倡导竞争、改变垄断、保障消费者权益等是欧美电视制播制度的一个重要理念。在制播融合制度的作用下,节目生产制作期间获得了垄断盈利,不过其节目品质低下,选择范围较窄,受众的利益受损。尽管电视播放存在一定的固有垄断特征,但是生产设计过程中能够达到垂直分离,融入自由竞争的氛围中。所以,全球大部分国家都相继创建了电视节目的内外部市场竞争架构,对各类节目生产企业实施公平公正的竞争制度,严格遵循质量与价格进行自由选择,创建一套成熟、健全、专业的节目评价机制。欧美国家通过立法等方式对市场垄断进行重新规制,比如,欧美利用法律政策明确公共电视节目的配额,强调社会制作企业一定要符合特定的比例要求,由此能够展示出社会不同的声音,符合文化多样性、维护公共利益等基本要求。

在制播分离的前提下,有一定资质的播出单位能够进行纵向制播融合。站在经济层面进行思考,如果制播融合过程中的经营成本比较高,远远超过制播分离模式的经营成本,那么需要通过市场进行购置,相反,则需要自己生产制作。其经营成本一般是指信息成本、合约成本、监督成本等。所以,英国当前的电视产业发展趋势是大部分电视网都朝着产业链上游制作企业垂直一体化,与好莱坞影视创作企业完全兼容或重组,由此来大大增强市场竞争优势。节目生产和播放垂直融合的经济逻辑包括:①作为播方单位,朝着制作市场垂直融合,代表着具备相对稳定的节目供应来源;对于制作商来说,一般说明市场销路是稳定的,垂直融合的企业往上或往下供应链多元化拓展的关键推动力是渴望获得充足的保障及市场操控力,最大化地获得更多资讯。②减少市场交易成本,这是因为彰显自己组织内部职责所需要的成本一般比市场买卖所耗用的成本少。

(二)西方广播电视制播制度

(1)西方国家的电视制播制度。美国、德国、英国、日本等商业电视台的制播模式所具备的特点:电视网和附属台的Ⅱ级动态网状架构,电视台需要在辛迪加市场(企业通过签订统一销售商品和采购原料的协定而建立的组织)中购置相应的节目。附属台针对节目生产、播放、广告销售等利益配额和电视网达成一致意见。电视网需要以独家播放的方式对附属台制作节目,然后对其提供相应的经济补贴。其优势是:电视网的广告能够覆盖全国各个地区,创建全国性的电视市场。而附属台则降低了节目生产制作成本与经营负担,能够将黄金时段节约的制作资金投资到一些电视网不会制作的节目中,比如地方新闻、公共事务等类型的节目。

从 20 世纪 70 年代之后,西方国家对电视网的生产垄断进行限制,并明确了相关法律政策,倡导独立的节目创作企业实现电视创作多元化发展。例如:英国在这一时期中,其电视网的经济实力非常大,能够对全国的电视制作进行操控,并且也对节目的销售、播放等进行控制,属于垂直融合模式,对电视行业竞争带来消极影响,辛迪加节目市场遭遇到一定的冲击与威胁。为了改变三大电视网的市场垄断现状,逐步增强节目的多元化效应,英国 FCC 于 1970—1995 年之间颁布了《金融利益和辛迪加法案》,逼迫三大电视网在节目采购中,更多地从独立电视节目制作方那里采购节目。并且,在 1971—1996 年之间,FCC 推出了《黄金时段享用权规定》,制约电视网对附属台黄金时段节目的供应。对于这一政策来说,它倡导新的节目制作人与发行人积极地融入电视市场,由此减弱电视网对附属台节目的操控能力,增强节目制作行业的市场竞争效应,确保电视节目的制作单位完全与播放单位相分离。在 20 世纪 90 年代,由于福克斯等其他电视网的创建与发展,有线电视、卫星电视与互联网等创建,三大传统电视网的市场规模持续缩减,以上两项法规随之取缔。

(2)西方国家电视制播的市场经营。①电视节目的分销路径。西方电视节目的分销渠道一般是利用电视节目辛迪加实现的。节目辛迪加参与节目的代理、发行、销售等。例如:英国电视节目辛迪加约有上百家,其完全改变了电视网的垄断现状,确保节目的有效流通,真正地实现了制播分离。②电视节目的分销措施。英国电视节目制作企业为了实现节目经济效益最大化,利用多元渠道促使产品价值最大化,同时配置了能够获得最佳回报的营销模式与排序,将节目的制作费用尽量地转移到其他不同的发行端口与区域。节目供应单位按照市场规模与获得的盈利率调整端口顺序,但是这些端口一般是指无线电视网、有线电视网、卫星电视网、国际节目辛迪加等,盈利率偏高的端口一般排在盈利率小的端口的前面。③电视节目分销资金模式。美国电视节目制作行业的资金模式选择的是"赤字财政"模式。制作企业分担其中一些成本,由此来获得自己创作节目的Ⅱ或Ⅲ级销售权。英国与其完全相反,作为回报,他们选择的是"成本附加"模式,电视台委托独立节目制作人制作节目,并愿意承担全部的制作费用,还要预付节目制作人一笔制作费用或利润,通常是全部制作费用的10%。然而作为回报,电视台得到的不仅仅是节目首播权等初级权利,而且通常还有大部分二级权利,这样电视节目制作人也降低了风险。

(三)我国制播分离改革

一直以来,因为电视台播放部门具备一定的垄断优势,播放单位与制作单位的地位完全不平等,其具体表现为:两方风险不共担、盈利不平等、权益不均衡。由于数字技术与网络技术等持续发展,广播电视频道的频率资源逐渐增加。2005年广电局颁布的《针对促进广播影视行业发展的指导意见》,其中明确强调了制播分离的创新方向,产业前景广阔的诸如综艺、音乐、科教、体育、交通等频道能够创建企业,创建市场化经营机制。

(1)我国制播分离两步走的规制政策。我国电视制播分离改革的方向包括两步走,即先台内,后社会。首先是促进存量转制,利用结构重组与资产融合,将能够经营的节目制作单位完全独立出去,变成一个具有独立法人的机构。并且,作为播放单位的电视台必须要大力宣传新闻类节目的创作,降低导向与播放风险。其次,实现增量转型,对独立出去的制作企业实施产权制度改革,确保投资主体朝着多元化方向转变,转变成真正的独立法人主体,创建法人治理架构。促进股份制创新,力争所有权与经营权的独立,利用兼并、收购、重组等方法,乃至进行跨区域、跨行业、跨所有者运营。制播分离之后,电视台和制作企业之间属于持股关系,通过资本的力量进行衔接,促使所有权和经营权完全独立,让节目创作单位能够真正地变成自主运营、自我控制、自我发展等。制播分离实现之后,节目创作单位需要对更多的资源实施深加工,拓展广电内容制作产业的价值链。很多具备一定实力的节目制作单位在进行经营性资产整合的过程中,利用兼并、收购、重组等资本经营方式,促进资源的高效配置,扩大资本经营规模,由此来促进多元化经营,促使其价值不断增值。

(2)制播分离有利于广电产业与资本市场进行联姻。据《中国广播电影电视发展报告》统计,我国的电视节目缺口大,回放率高,供需极不平衡,引入社会资本进入传媒内容产业成为繁荣市场的必经之路。2005年广电总局实施的《广播电视节目制作经营管理规定》、2006年国务院颁布的《关于非公有资本进入文化产业的若干规定》等政策文件,明确指出民营资本能够进入文化产业,参与音乐、娱乐、科技等栏目的制作。制播分离是节目制作单位实现市场化的一个重要推动力量。一方面,广电产业和民营资本的融合。节目制作企业能够利用委托生产、共同创作、招标购置等手段引入民营资本。这必然能够扩大广电节目的创作渠道,促使其发展空间不断扩大,激活市场活力,创建多元化的节目供应市场。比如,光线传媒是电视节目制作单位与发行单位,其业务囊括影视节目与大型活动的承建、艺人经纪等。另一方面,广电产业和外资相融合,我国传媒市场是国际资本备受关注的一个焦点方向,在20世纪末,外资已经利用合资、节目对换、对等落地策略融入我国电视行业。跨国传媒集团具有信息、人才、技术等方面的竞争优势,并且也拥有大量的国际产业运作经营经验,对我国电视节目制作而言是一个挑战,同时也对实现电视节目制作市场化、国际化的发展明确了方向。当然,广电产业也能够进行上市融资。广电总局颁布的《关于促进广播影视产业的发展意见》提出,扩大投融资渠道,放宽市场准入,条件成熟的经批准可直接上市。

(3)制播分离后的政府规制方案。在制播分离完成之后,政府需要以维护公共利益为切入点,取缔市场化引起的"市场失效"问题,对广电市场进行规制管理,保障资源配置的高效与公正,促使市场的稳健发展,进而促进节目社会化经营,并为市场化流通、规范化播放等作铺垫。

创建高效的电视节目评价机制。通过权威的数据、规范的流程、科学的指标等对节目实施高效评价,然后完成成本核算,力争实现节目的科学配置。有效的节目评价指标能够对节目的经营等方面发挥一定的主导作用,属于制播分离之后节目管理制度的一个主导内容。普通的惯例是通过收视率、满意度、专家意见、节目投产比等方面进行评价,同时根据加权法对节目实施横向对比,并且创建面向多渠道、多主体的节目招标体系,择优播放。对于其他指标的比重来说,央视的经验更加丰富,他们通常将一些指标的权重相继认定是客观评价指标、主观评价指标,其占比各占一半。评价必须要减弱主观性、增强专业性与权威性,为节目的设计、整顿、分布与规划等带来支持与启发。

创建一个开放、规范、科学、有序的一体化的节目交易市场,由此能够确保内容制作产业的全面发展。美国广播电视法规明确指出:电视台在市场中购置节目的占比是25%。我国需要适当地提高来自社会单位制作节目的播放占比,创建一个节目来源多元化的经营机制,激发市场发展动力,取缔条块分割与市场垄断等现象,民营的节目企业与国有控股的节目企业需要具备相同的议价能力与竞争地位。利用举办电商节等手段来实现节目的有效互动与交流,将市场制度纳入广电市场的经验范围内,利用竞争、价格等市场制度调整节目的创作与生产。创建英国式的节目分销单位节目辛迪加,维护不同所有制的市场竞争主体的正当权益,促使高效供应,并实现市场需求平衡。我国相关部门需要注重对独立创作节目的维护,构建一个节目来源多元化的竞争机制,需要明确电视台播放社会制作企业的节目占比,结合我国的具体情况,参照欧美国家的具体情况,最终设置其配额占比。

保障公益性节目的播放。站在福利金融学层面进行分析,产业政策属于公共意识形态的产物,需要真正地保障大部分人的福利。电视产业不但要具备一定的产业属性,而且也需要具备一定的社会属性,同时要逐步渗透民族文化的文化属性,彰显出科学知识传播、教育等功能,并进一步创建公共领域体系。国家在公益事业发展方面,主要实施的政策是提高投入、改变制度、优化服务等,对此电视台在创作、采购、播放相关节目的过程中,必须要考虑老人、儿童、农民、少数民族、残障人等弱势群体的基本权益,针对一些特殊节目需要实施特定

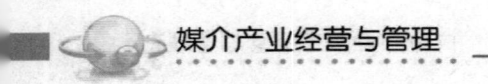

的配额，促使广播电视公共服务的广泛化、普适化等发展。

总之，没有一个强大的节目制作市场就没有强大的电视产业，制播分离改革要引入市场机制，丰富节目资源，提高节目质量，降低制作成本，对于繁荣广播电视内容制作市场、拓展现代媒体产业空间具有重要意义。但是制播分离需要微观组织结构的改革和宏观管理体制的重构，需要人事制度和财务制度的改革，需要媒介政策和法规的配套建设。

第四节　电视广告经营

广告依赖于经济，同时也能够说明经济发展趋势，属于社会经济发展的一个重要体现。通过分析我国电视媒体广告经营的发展历程来看，其可视为我国社会经济发展史的一个缩影。早在1978年党的十一届三中全会中，就明确指出实施改革开放过程中需要以经济建设为中心。1979年年底，上海电视台插播了我国首条电视商业广告——参桂补酒，随后中央电视台也第一次插播商业广告，接下来电视广告的数量持续提升，基本上抢占了全部国内电视媒体产业收入的90%的份额，成为支撑电视媒体产业的一个重要收入渠道。

（一）我国电视媒体广告的发展历程

在电视媒体广告经营的呈现方式上，其属于电视台利用节目的前后播放，推荐某一产品或企业形象，并由此获得经济或实物收入的一类经营模式。从1979年上海电视台插播首个商业广告至今，我国电视媒体行业的广告经营发展时间比较长，且经历了三个发展期。（1）缓慢成长期（20世纪70—90年代）。这是我国电视媒体广告缓慢成长期，此时我国电视媒体广告实现了由零至有、由小至大的一个变化过程，1978年年底举办的十一届三中全会正式宣布我国开始实施改革开放政策，随后中国经济迈向了一个全新的发展方向。1979年，中共中央宣传部颁布了《关于报刊、广播、电视台刊播外国商品广告的通知》，支持媒体插播广告。1979年，中央电视台正式插播广告；1979年年初，上海电视台插播了首条商业广告——参桂补酒；同年，又插播了一条外商广告——雷达表。（2）快速发展期（20世纪90年代至21世纪初）。这一阶段是我国电视媒体广告的快速发展期。此时，我国电视媒体广告的资源是非常紧俏的，呈现供不应求的特点，我国电视媒体广告实现了高速发展。由1991年的11亿元提升至2001年的178.58亿元，年增幅突破41%，明显超过同期GDP的增幅。并且，这一阶段出现了两个代表性事件。第一个是1991年电视媒体广告营业额第一次高于报刊媒体广告营业额，是我国传媒产业的一个重要支撑力量。从1991年之后，报刊广告经营额表现出不断减少的发展趋势，慢慢地低于电视广告经营额。第二个是创建了第一家广电上市企业。1992年，"上海东方明珠股份有限公司"成立，其于上交所正式上市，是我国首家上市广电单位。（3）平稳发展期（21世纪初至今）。这一阶段是我国电视媒体广告的平稳发展期。此时，国家媒体广告实现了市场化转变，资源已经开始逐渐饱和。1998年，九届全国人大会议强调:诸如电视台在内的一些事业部门需要实施自收自支的经营策略。在2001年之后,由于我国成为世贸组织的一员,国家电视媒体逐步走上了事业单位的市场化生存之路,不仅面临本国各类传统媒体和新媒体的竞争,还面临着国际媒体的竞争。

总的来看,伴随着40多年的改革开放,我国电视媒体广告产业迅速壮大。2010年,中国GDP超越日本,成为全球第二大经济体。作为经济发展晴雨表的广告,及时用数据印证了这一经济成就。根据国家工商行政管理总局公布的数据显示,2010年我国广告经营额达到2340.51亿元,比2009年增长299.5亿元,增长率14.67%,高于我国GDP 10.3%的增速,比2009年7.45%的增长率上涨7.22%,其中,电视媒体广告经营额679.8亿元,占全国广告经营额的29%。国际金融服务公司摩根士丹利发布报告称,2010年是中国广告行业标志性的一年。据国家市场监督管理总局数据显示,2019年中国广告经营额已达8674.28亿元,同比2018年增长8.5%,人均广告消费额为619.57元。

(二)广告的经营主体

广告的经营主体一般是指广告主、广告企业、广告媒介等。结合国家工商行政管理总局的基本要求,我国实施广告代理制,也就是说,广告代理单位在广告被代理单位所授予的权限中策划相应的广告宣传活动,即在广告主、广告企业和广告媒介三方之间,颁布以广告主为核心、以广告企业为媒介的广告经营制度。

该政策完全借鉴了关系营销六市场模型(如图7-1所示)。它不仅融入了顾客关系,而且也融入了其他利益相关方,具体包括关联市场、供应市场、内部市场、就业市场、影响者市场等。广告企业是这一市场的一个中介单位,其在广告媒介与广告主之间发挥着桥梁作用,顾客依旧是关系营销全部概念的一个重心。

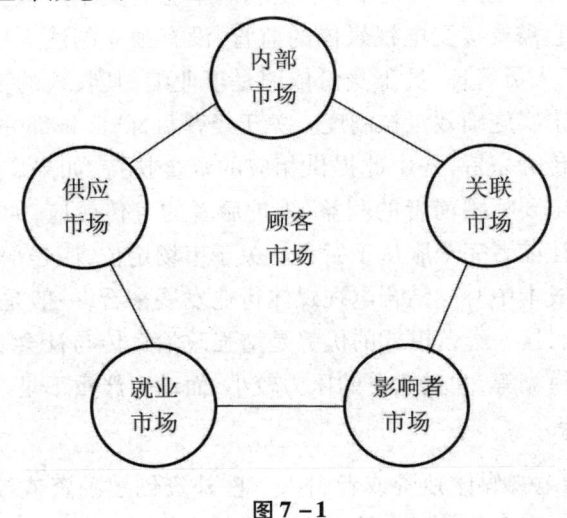

图7-1

广告主是指为了宣传或推销产品,自行或者委托别人创作、生产、发布广告的法人或其他经济单位或个体。在现实环境中,广告主一般代表着为了推销产品或服务的不同行业的企事业机构；广告经营者一般代表着接受委托提供广告创作、设计、代理的法人或其他经济部门或个体。而事实上，广告经营者一般代表着广告企业，例如，广告客户代理企业与承包代理企业。对于广告客户代理企业来说，是指接受广告主的委托实施广告创作、代理并投放的广告企业；对于广告承包代理企业来说，是指通过媒体获得广告资源承包代理权的广告企业。广告发布者一般是指为广告主或广告主委托的经营者发布广告的法人或其他经济单位。在具体操作期间，广告发布方一般指不同的媒介，针对电视媒体广告经营广告发布方来说，其一般是指不同类型的电视台，当然具体是指电视台的广告部门。

结合广电局的数据整理，截止到 2020 年 12 月，由各级广播电视播放单位及频道频率命名来看，总计有 407 家地级以上的广播电视台、37 家教育电视台、2107 家县级广播电视台。

（三）国内电视媒体广告的经营模式

电视媒体被视为我国党和政府的喉舌，最初属于非营利性质的事业单位，中央、省、地区、市县，四级办电视，一级政府一个电视台。1979 年，中宣部发布《关于报刊、广播、电视台刊播外国商品广告的通知》。随着政府政策的松动和社会经济的发展，我国电视媒体在自身发展和市场需求的刺激下逐步走上广告经营之路。但是，我国电视媒体广告经营长期以来都是事业体制，并不是真正意义上的市场主体，通常是电视台的广告部门或由电视台广告部门改制而来的广告公司负责。我国电视媒体广告经营模式主要有三种：事业化经营模式、公司化经营模式、事业化与公司化双重经营模式。

1. 事业化经营模式

事业化经营模式的概念是：对于事业机构的电视媒体广告部，其职责是对广告业务进行全程经营与管理，这一部门是成本中心，并不是利润中心。关于产权关系，广告部和电视媒体具有行政隶属关系，它需要接受电视媒体的监管，没有独立的法人资质，也并未设立独立账户与人事权等。关于人员管理，员工身份依旧是事业编，其收入的变化与经营额无关，与市场竞争无关，并且并未实施绩效考核制度。关于经营目标，广告部并非以实现利润最大化为宗旨，而是以政治宣传为宗旨，并由此提供相应的资金扶持，如果广告经营和政治宣传出现矛盾的话，广告部一定要牺牲前者的利益，维护后者的宣传效应；如果经济效益和社会效益相矛盾的话，则需要让前者完全服从于后者。关于市场定位，广告部并非量入为出的盈利中心，而是量出为入的成本中心。结合电视媒体行业发展来看，一般是根据所需资金量的多少来确定广告经营利润，这一经营模式的优势是增强政治宣传与社会效益等，不过其存在的不足是产权模糊、权责模糊等，并且承受的压力较小，而动力严重不足。

2. 企业化经营模式

这种经营模式是指电视媒体独资或者引入一些外资创建独资或控股企业，将广告部从事业编转化成市场主体，完全负责媒体的广告经营活动。关于产权关系，广告部变成广告企业，和电视媒体一样具备一定的独立经营权，电视媒体利用资本操控对广告企业实施监管权，两方通过资金作为枢纽进行业务合作，没有行政隶属关系。广告企业具备独立法人，也设置了独立账户与经营权、人事权等。关于员工管理，员工的身份属于企业编，其收入的多少和经营绩效有很大的相关性，创建了市场竞争机制与绩效考核体系。根据经营目标来看，改制后的广告公司以利润最大化为目标，不以政治宣传为首要任务，当广告经营与政治宣传发生矛盾时，除非特别重大的政治宣传任务，否则都以尽量不损害广告经营利益为前提。在定位上，改制后的广告公司不是量出为入的成本中心，而是量入为出的利润中心，根据自身情况和社会需求确定广告经营利润。

该模式具备的优点包括：(1)以市场为核心，创建了产权清晰的现代企业体系；(2)以资本为枢纽，高效整合了大量的社会资金；(3)以有限责任为原则，减少了电视媒体的经营风险；(4)以绩效为激励手段，增强了员工的工作热情。不过对于这一经营模式来说，也存在不足，其表现包括：(1)极易造成不顾社会效益而盲目实现经济效益最大化的行为；(2)不能享有国家税务局对广电事业单位实施的免征广告收益"企业所得税"的减免政策。

3. 事业化和企业化双重经营模式

该模式是指在电视媒体广告部中设立一个广告企业，根据企业制方式对其实施经营管理。不过其上层单位依旧是作为事业部门的电视媒体广告部。该企业需要在电视媒体广告部的监管下运作，具备一定的经营自主权。该模式一般是"一套人马两块招牌"，一般需要电视媒体的负责人担任广告企业的董事长，广告部的负责人担任广告企业的总经理等。

关于产权关系，广告部改制变成广告企业，和电视媒体具备较强的独立性，电视媒体利用资本与人事操控等方式对广告企业实施监控权，两方以资本与人事关系为枢纽连接在一起。站在广告部层面进行分析，其依旧具有明显的行政隶属关系。广告企业设置了独立的法人资质、账户、经营权等。关于员工管理，员工的身份是事业编，但是也有一些是企业编，其经济收入和经营绩效有很大的相关性，同时创建了市场竞争机制与绩效考核体系。关于经营目标，站在广告企业层面来看，其是以追求盈利最大化为基点，但是站在广告部层面来看，其是以实现政治宣传效益最大化为切入点，如果两者出现矛盾的话，需要在首先考虑政治宣传的基础上，兼顾广告经营利润。关于经营定位，站在广告企业层面进行分析，其属于一个量入为出的盈利中心，但是站在广告部层面进行分析，其属于一个量出为入的成本中心。该模式具备的优势包括两点：(1)遵循市场发展原则，创建了现代企业体系；(2)以绩效为激励手段，从某种意义上来说，能够增强员工的工作热情。不过该模式也存在不足，其表现有两点：(1)偶尔会出现牺牲经济效益而维护政治效益的现象；(2)在企业化改制不彻底的情况下，无法更好地满足市场发展要求。

案例链接

默多克和新闻集团

默多克的新闻集团从澳大利亚家族报业起家，经过半个世界的全球媒体征战，已经成为与时代华纳、迪士尼、维亚康姆等处于同一竞争地位的传媒集团。媒介产品包罗万象，新闻集团经营的核心业务涵盖电影、电视节目的制作和发行，无线电视、卫星电视和有线电视广播,报纸、杂志、书籍出版以及数字广播、加密和收视管理系统开发。

鲁伯特·默多克(Rupert Murdoch),美国著名的新闻和媒体经营者,出生于澳大利亚墨尔本以南30英里的一个农场,毕业于牛津大学。他目前是全球庞大传媒帝国新闻集团的主要股东,董事长兼行政总裁。以股票市值来计算,新闻集团已是世界上最大的跨国媒体集团,亦称为"默多克的传媒帝国"。

世界500强之一的媒体帝国——默多克新闻集团,由传媒大亨鲁伯特·默多克担任董事长兼首席执行官,控股电视、电影、书籍、杂志、网络以及报纸等全媒体行业,电视网横跨南北美洲、大洋洲、欧洲和亚洲,是当今世界上规模最大、国际化程度最高的综合性传媒公司之一,实际控制者是默多克家族,其家族在2021年4月发布的福布斯富豪排行榜中,以235亿美元位列当年富豪榜第71位。

英国著名的《泰晤士报》和《每日电讯》《镜报》《卫报》等都在其旗下,默多克征战英伦,在英国收购的第一份报纸,也是原英国销量最高的小报《世界新闻报》。《世界新闻报》创建于1894年,2011年由于卷入丑闻,于当年7月10日发布最后一期之后,正式宣告停刊(下图)。2002年3月某日下午,13岁的英国女孩米莉·道勒在放学回家的路上离奇失踪,女孩失踪后,由于她的手机语音信箱还在被多次使用,所以她的家人和警方一度相信她还活着。然而,2002年9月,噩耗传来,米莉的尸体在森林中被发现,后经过警方调查,最终确认了凶手是一名夜总会门卫并将其缉拿归案,后被判无期徒刑。据凶手供认,米莉在被绑架的当天就遇害了。9年之后,米莉的家人才知道,《世界新闻报》在这次案件中扮演了非常不光彩的角色,其雇佣的私家侦探在米莉失踪之后,为了获取更多的信息以写出更加博人关注的新闻,通过黑客手段,窃听米利的语音信箱。这种行为让米莉的家人和民众大为震惊和愤怒。窃听事件也惹恼了全英国,民众纷纷指责《世界新闻报》"道德败坏",广告商也取消了合同。仅仅4天时间,默多克新闻集团的股票市值就蒸发了26亿美元。随着米莉案的水落石出,默多克旗下的报纸也被曝长期用类似的手段,对英国王室和其他人进行监听监视,伦敦地铁爆炸案中驻阿富汗英军的家属手机被监听,哈里王子的大麻案件,运动界的高尔夫名人"老虎"伍兹的丑闻等,都是第一时间被刊载在默多克旗下的媒介上。

(最后一期《世界新闻报》头版大标题只有简单几个字"谢谢,再见")

在欧洲，默多克有天空电视台，目前已经发展成有300多个频道。在美国，它曾经拥有知名的好莱坞老"八大"电影制片大厂之一的20世纪福克斯电影公司。2019年，迪士尼正式宣布对21世纪福克斯的713亿美元收购计划获得了最后的监管批准。当年3月20日，迪士尼以713亿美元价格完成对福克斯的收购。2020年，新冠肺炎疫情突然出现，全球影视市场遭遇重创，整个北美传统的影视行业"凛冬已至"，更是让资本市场对默多克的这一操作由原本的质疑变成了"称赞"。对于普通的观众来说，超级英雄电影的版图在迪士尼和默多克的这笔交易中再一次扩大，"X战警"将回到漫威的大家庭中（漫威在2009年年底被迪士尼以超过40亿美元收购），"快银"出现在漫威剧集《旺达幻视》的彩蛋中也可以看作这次收购的达成对漫威宇宙MCU再度拓展成为可能。同时，这次收购对于迪士尼的影响还有很多方面，其中作为普通消费者在之后会直观感受到的就是，如果迪士尼乐园里会出现超级英雄形象的话，将会出现很多。这也为迪士尼乐园的业务开展留下重要的内容（IP）支撑。

在中国，近4000万个家庭可以收看到默多克的电视节目。20世纪80年代中期，默多克开始把他的触角向中国延伸。默多克第一次来到中国，自称是以旅游者的身份，但事实上，他的首次访华便促成了新闻集团与中国的第一次合作，新闻集团旗下的20世纪福克斯公司向中国中央电视台提供了《音乐之声》《巴顿将军》等50多部影片。而后，20世纪福克斯公司摄制的《泰坦尼克号》《星球大战》等影片也为中国观众所熟悉。中国观众可以直接或间接地收看到星空传媒9个频道的节目，其中包括很多人已经熟知的凤凰卫视中文频道、Channel［V］音乐频道和国家地理频道。而2002年开播的星空卫视则沿用以前在很多国家成功的先例，采用本土化的战略。1999年3月，新闻集团在北京成立了代表处。第二年，卫星电视在上海设立代表处，成为首家获准在沪设立代表处的境外传媒公司。2001年9月，新闻集团旗下的星空卫视获准在中国广州落地，成为第一家在中国开办的外资卫星电视频道。2001年年底以前获得有限落地的境外电视频道只有27个，其中STAR集团就占据了7个。

（1）"买买买"

1953年，年仅22岁的默多克刚从牛津毕业，就接过了父亲留下来的名不见经传的家族报业。当他发现，家族报业旗下好几家报纸已经处于亏损状态的时候，作为守业者的默多克显示出了和其父亲不太相同的经营理念。通过出售、合作、购买一套"组合拳"，默多克在当地站稳了脚跟，随后，主要是通过收购的方式，默多克在澳大利亚取得一定的优势。此后，默多克用"买买买"的手段，在整个世界新闻出版业扮演起了"收购者"的角色。1968年，英国《世界新闻报》的拥有者要出售报社的部分股份，默多克首先收购其40%的股份，而后，通过自己的判断，用大量耸人听闻的新闻、名人八卦绯闻秘事，竭力争夺正在崛起的电视媒介的受众，而后，进一步扩大自己在《世界新闻报》的股份，最终坐上主控人的席位。默多克的商业版图在英国逐渐扩大的时候，触角同时伸向了大洋对岸的美国。1985年，默多克收购美国20世纪福克斯电影公司……2003年，默多克收购美国直播电视公司（Direct TV）。成功收购美国直播电视公司意味着默多克终于得到了新闻集团天空环球计划中唯一缺失的链条，为打造一个全球媒体帝国铺平了道路。为了同时拥有报社和电视网，默多克加入美国国籍。

50多年孜孜不倦的并构，50多年的奋斗，默多克终于拥有了自己的传媒帝国。默多克所掌控的新闻集团拥有几乎所有的媒体类型（报纸、电视、电影、杂志、出版、网络等）。

(2) 要销量不要格调

默多克的报纸为了提高销量，不惜大量地使用色情和暴力、名人的绯闻等。在经营《世界新闻报》和《太阳报》的时候，为了提升市场占有率，默多克在报纸上使出"绝活"——性和暴力。专注报道八卦、当时社会禁忌角落的内容，靠着能快速吸引眼球的内容出奇制胜。即便被同行鄙夷，默多克依旧我行我素，在《太阳报》第三版刊登穿着泳装的女性图片，而后更是直接登出裸露部分身体的女性照片，直指当时社会的底线。

(3) 媒体内容

本土战略。跨越异域文化，顺利构建利益链条，其媒体组织在所在地基于当地环境，制作和产出符合当地受众喜欢和接受的内容。当华裔女子邓文迪成为默多克的第三任妻子的时候，默多克家族的产业更是如鱼得水。内容为王，"我有的别人没有，别人有的我比他们更好"，新闻追求强大的冲击力，曾经所谓的"流量为王"在互联网时代一开始还能有些市场，有几年甚嚣尘上，甚至要改变固有的行业认知，不过事实证明，最能持久地吸引受众以及稳定媒介市场，最终还是得靠内容。采编独立。资本不干预报纸的采编，内容编辑和出版经营之间相对分离，编辑部门的内容生产独立于发行、广告和其他相关者的利益倾向，确保媒体采编的客观、真实、公平和公正。采编是整个媒介生产的基础，经营部门主要负责市场开发，为采编人员生产出来的媒介产品找渠道，完成销售过程，充分发挥各自的能力和优势，让专业的人做专业的事。资源共享，纵向一体化的网络共享。媒体资源整合，是媒体根据各种资源的内在联系，按照完整性和有序性的原则，对资源进行调整、组合、配置、共享。需要指出的是，这种整合并不是各种资源在结构、形式、功能、意义上的简单集合，而是通过集聚、重构、优化，使媒介系统内各种资源发挥最大效用。特别是在拥有众多媒介形式的集团化媒介组织内，跨媒介之间的资源共享是一个重要的课题内容。

(4) 管理模式

吸收借鉴新公司的文化精髓，不断学习新型互联网公司的企业文化；员工间实行无等级人事制度，坚持以"人"设"岗"，成立薪酬部门，根据岗位给予薪酬，保障薪酬在同行业中有一定的竞争力，留住核心人才。坚持在新老公司内部进行员工的交流与调派，在丰富员工的行业认知的同时，将自身企业的核心文化做最大限度的传播；不断提出未来发展工作目标，无论是一个如此庞大的企业，还是具体到个人，都需要一个计划和对未来的展望，把对未来的计划形成企业内部书面规定，让员工"有奔头"、知道如何用力、劲儿往一处使。雇佣大量的业内专家和行业精英，从自身的发展和需求提出对媒介发展的专业意见。当然，如此庞大的企业，自然亦拥有强大且专业的财务管理系统。

(5) 官商合作

重视同当地政府的合作交流。20世纪70年代，默多克和英国首相撒切尔夫人私交甚密。当托尼·布莱尔还是英国工党主席时，为了自己的竞选，远赴澳洲拜会默多克。也正是在默多克的帮助下，布莱尔成为英国最年轻的首相，默多克更是被戏称英国议会的"阁员"。

同时，布莱尔还成为默多克其中一个女儿的教父。不过，默多克更多的是一种"政治投机"，当工党不同意有利于默多克的商业提案之后，默多克便不再支持工党，转头转向保守党。在卡梅伦当选首相之后，默多克出入唐宁街的频次更多。哪怕是默多克旗下的重要员工，都被人挖出和政府政要关系紧密。比如，原本是默多克得力干将的安迪·库尔森后来成为卡梅伦的新闻发言人。

第八章
影视媒介的经营与管理

第一节　制片机构

从新中国成立至20世纪70年代，中国的电影产业经历了一系列发展与改革的历史过程。从影视制片的角度来看待电影发展，有一个重要的推动产物——制片机构。在新中国成立之后，电影行业与其他行业一样，也经历了较长一段时间的计划经济时代。电影业的制片、发行与放映按照相应的计划指令进行投资，由国家政策进行规范化指导，也是在这个阶段，国家重点在"老少边穷"地区投放了相当多的电影资源，帮助众多观众能够看得上电影。而在这个时期，营利性的特点还是完全没有登上电影制片的历史舞台。

而随着电影行业的不断发展，我国成立了中国电影公司、长春电影制片厂等一系列国有单位，进行专业化、长期化的影视制作，并于1984年5月，当时的文化部提出成立中国电影总公司的方案，要求中影总公司更多地从市场化角度出发，利用自身的资源与长期的市场优势地位进行经济体制改革。国家也出台了一系列文件进行针对性的支持，以期中影公司能履行起电影行业领导者的责任。于是在1985年，中影总公司就决定对地方票价进行浮动式管理尝试，使原先始终处于0.20~0.35元之间的政府规定票价开始松动，维持了30多年的统一票价模式开始被打破。基于此，制片机构对营利性和电影自身循环发展模式展开了新的探索。

1992年，全国电影放映收入为19.9亿元，而制片的收入只有1.68亿元，不足总收入的1/10，制片难以为继。在此情境下，当时的广电部发布了1993年的3号文件《关于当前深化电影行业机制改革的若干意见》，希望寻求打破中影总公司的垄断地位，将电影发行和制片的权限发给了全国32个省市和地级市的电影制片公司，并且原来的全国性的16家电影制片厂也不再统一拨款，需要其自身去寻找发展资金。通过政府对制片厂的全面放权，各家电影制片厂也积极地开发更符合当下社会发展的剧本和制作团队，在取得了自己生产影片权利后的各家新型制片公司也积极地利用市场灵活性等优势，开发出了很多既叫好又叫座的好电影。

（一）制片机构的市场化初期阶段

20世纪70—80年代，电影制片市场处于转型的改革期，随着国家对电影制片厂的扶持，电影市场已经不是仅仅只有观看老电影这一个播放渠道了，人们已经可以通过录像厅、磁盘等方式来观看各式各样风格和种类的影视作品，电影的制片市场开始慢慢打开。特别是随着电视的普及，使得电影经济化的脚步也面临着极大的挑战。而电影市场内部，因为很多电影制片厂和播放厅设备陈旧、人员缺少，使电影的制作水平和播出效果大打折扣。黄会清老师对此时的情形曾撰文指出：因此也就导致了很多观众的流失，国有电影厂例如上影、北影等均处于亏损状态，而国有电影发行企业约1/3处于亏损。在这样的内外部环境下，1984

年，很多电影制片厂积极地寻求市场机会，将单位性质由国营向企业过渡。既然选择面对市场，那么就会直面挑战，自负盈亏，对自己的产品和作品负责才能谋得发展。由于电影是艺术性与商品性并存的，而电影生产是一个工业化的实现过程，电影制片厂在市场化的初期也是进行了多番改革和试点。

1984年5月，当时的文化部提出成立中国电影总公司的方案，由此电影市场开始进行专业化的电影制片管理工作，中国电影总公司选择立足于当时的客观环境深化电影行政管理体制改革，进一步理顺电影管理体制，调整管理职能和职责分工，实行电影统一归口管理，形成权责一致、分工合理、执行顺畅、监督有力的电影行政管理体制，为电影业的发展提供了体制保障。

1985年1月，当时的文化部电影局在广州召开电影体制改革座谈会。同时也指出要将1984年10月中共中央关于城市经济体制改革的决定，向着进一步扩大电影企业经营自主权的方向迈进。

通过这一系列举措，电影行业的制片管理也将矛盾聚焦在如何将电影制度进行修修补补上，没有在解决电影市场扩大的基础上进行理论和制度创新，所以整体改革的力度偏保守，也是由于电影制片的改革尚处于基础阶段，另外也表现出电影管理手段与改革开放与整个经济体制改革一样，都是在循序发展的道路上越走越快。

进入90年代，随着我国《著作权法》的相继修订，国内生产的影片也不再只允许一家进行垄断承包、统购统销，除中影总公司外，越来越多的私营制片企业也可以进行自主制作和发行。与该时期的其他自主改革一样，"自主"一词的使用也是扩大电影制片走向私营化的主要动力，积极地调动起制片厂改革的自主性。1994年，徐克导演、李连杰主演的"黄飞鸿"系列之《狮王争霸》，开始在内地电影院放映。当时，观众关注的都是影片精彩的动作、搞笑的剧情、黄飞鸿大义凛然的气节，谁都不曾想过，这部影片背后有一场中国电影发行史上"最惨烈"的战争。而《狮王争霸》的引进，真正推动了中国电影发行的改革。自此，电影发行不再统购统销，而是开始执行"分账"的方式。1997年上映的影片《甲方乙方》也更进一步创新了电影制片市场的分账制度，《甲方乙方》是中国第一部由导演参与票房利润分成的影视作品。它从开始筹组拍摄到最后的如期上映，都是按照工业化流程的制片过程进行的，影片内外都充斥着很多同时期国内电影所没有的丰富的商业片要素。本片也是冯小刚导演的"试险之作"，由于导演不拿酬劳，这对于当时很多捉襟见肘的制片机构都是一种极大的激励。令人欣慰的是，这次的冒险非常值得，《甲方乙方》一经上映，就取得了非常好的票房成绩，最终于国内收获了3600万元的票房，位列当年的票房榜第九名。从这部电影开始，拉开了中国"贺岁档电影"的序幕，也是中国影视制片机构向前迈进的重要一步。

在电影制片的市场化初期，国内电影制片行业基本还未出现"电影投资人"的概念，因为在此阶段拍电影需要财政部门进行出资、处理，由政府进行兜底投资，更是连拍摄立项和拍摄内容都有相应的政府主管部门进行统筹。同时对于内部制片机构的管理也是类似于纯粹工厂类的管理模式，此时的制片厂厂长类似于现在的制片公司的高管，负责统筹拍摄，导演、执行制片人、演员等主要工种也类似于普通工人，按月实发固定工资。所以在这个阶段，市场化的改革方向主要是向外部拓展资源,向内部大胆放权,调动从业人员的自主性,成为一段时期内的重要任务。而此时也有着时代命运的倾斜,20世纪90年代末期,中国加入WTO(世贸组织)前达成了几项关于国外电影引进以及电影外资引入的条款。其中卢卡斯导演执导的《星球大战前传:幽灵的威胁》,也是因为这一系列政策成为影响国外电影进入中国的明信片。对外开放的举措的确是吸引了很多外资进行投资合作,用国际市场的手段更快地促进了中国电影制片、发行、放映三部曲的整体发展。同时在跟国际制片公司合作和学习的过程中,国有的电影制片厂也将自己的资本架构进行了调整,由单一转变为多元。与此同时,随着外资的引入,对于国有电影制片机构的冲击也实属不小。资金大量引入,对于电影制片的硬件投资的确结了燃眉之急,但是很多观众将视角转向国外,同时盗版电影的发展也令人始料未及。这些因素使本就生机苦难的制片机构更是面临重重挑战。

(二)制片机构的市场化快速发展阶段

进入2000年,随着电影拍摄技术和国内电影市场的急速发展,制片机构也呈现出较快的发展势头。自2002年"院线制度"试水开始后,国内院线与电影院组合大体分为两种模式,分别是资金联结和供片联结。资金联结是指院线将自己的资金或者自己筹集到的公司股金直接对外进行投资和开发影片并建设播出平台(影院),在这种模式下,院线方对电影播出平台有着极强的控制力,包括对影院宣传的指导、品牌营销的指导,以及对于排片时间、策略都进行统一管理。而供片联结是指院线公司不参与影院投资,对于影院和播出平台来说仅仅是指对片源的提供,在这种模式下影院的自主管理权较强,院线方对于影院的指导和建议不具有强制力,所以控制力也会相对较弱。

同时在2001年11月中国正式加入世贸组织后,面对强劲的进口电影冲击,中国的众多电影制片机构以及电影从业人员感受到前所未有的危机,尤其是以美国好莱坞电影为代表的"大片"对国内电影市场的侵占尤为明显。与此同时,2002年2月1号开始实施的《电影管理条例》成为促进电影制片机构发展的重要文件,从颁布主体上看,第一次将电影产业发展上升至国家战略层面;从条例内容来看,进一步降低了行业准入门槛,明确原有的国有电影制片机构以外的其他人员和机构在电影摄影、电影制作、电影发行中具有同等地位。同时进一步加强电影摄制许可证的改革,大大地降低了国有电影公司和较大规模制片公司对新兴电影制片机构的市场侵占,极大地调动了电影从业人员的创作热情,促进了电影行业的发展。

2002年6月1日,国家广电总局电影局对外公布了电影院线制度的推进时间表,于当月要求各直辖市、省要进行省一级的电影院线推进,建立各自省份自己的电影院线,要求于当年10月之前,北京、江苏、浙江、上海、湖南、湖北等地,进行全省两条以上院线发行放映机制的探索。中国电影院线制度改革客观上也使中国的城市院线得以迅速发展,也在一定程度上影响了大中城市商业中心多功能电影院的快速发展。截至2008年,在国家电影主管部门备案注册的电影院线已经发展至34条,分别是中影星美、四川太平洋、中影南方新干线、上海联合、北京新影联、上海大光明、北京万达、四川峨眉、广州金逸珠江、世纪环球、温州雁荡、

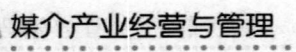

武汉天河、浙江星光、湖北银兴、大连电影、深圳深影、吉林长影、江苏东方、浙江时代、福建中兴、山东新世纪、河南奥斯卡、北京华夏新华大地、黑龙江银都、辽宁北方、黑龙江天鹅、江苏盛世亚细亚、天津银光、河北中联、湖南潇湘、重庆保利万和、西安长安、广东大地、中影数字。2009年又新增3条院线，分别为浙江横店、华夏大地、北京九州中原数字。

  不过在电影院线快速发展的背后其实也有着较多的市场经济要素的弊端，例如当时的国内电影产业是明显的寡头垄断市场。寡头垄断市场是一种市场竞争结构形式，文化产业市场中较为典型的寡头垄断市场就是集中在传媒行业、电影制片行业。寡头垄断市场主要特征为市场上的竞争主体较多，少数占有支配地位的企业对市场中的主要交易价格有重要影响，另外市场的价格浮动较小，存在比较高的技术门槛和依赖特定的进出壁垒。在当时，排名前十的电影制片机构获得了70%的消费群体，有很多地方的制作机构由于过多的政府干预和政策的延迟性等问题，生存情况堪忧，在市场竞争中几乎没有话语权。

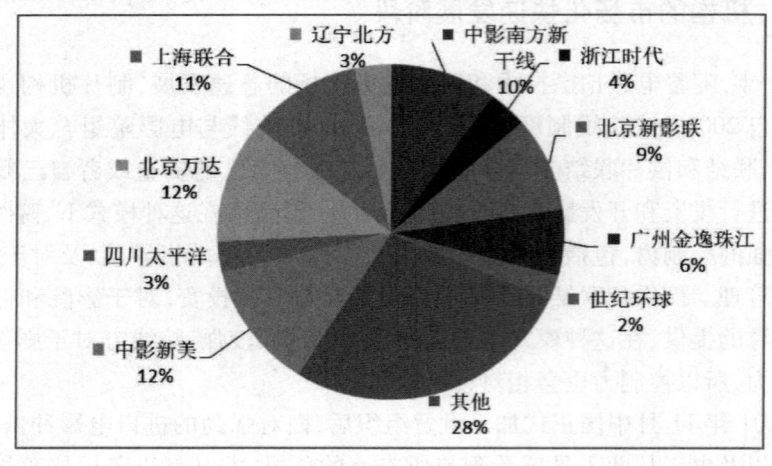

图8-1　2008年中国十大院线市场份额图

  由此可以发现，在进入快速发展阶段的制片机构虽然挣脱了院线中影集团一家独大的垄断地位，但是实际上还是陷入了被大型制作机构进行市场侵占的环境中，在短时间内中小制片机构还是无法进行超越，在这种垄断集中化的竞争中还是会导致市场竞争的不完全。其中张伟平担任制片的《满城尽带黄金甲》是于2007年发行上映的电影，其就是与中影数字签订了垄断独家放映协议，于2007年12月14日至2008年1月14日在全国的数字院线旗下的电影院进行独家播放，这样的案例在电影制片市场快速发展的进程中还是有很多的。另外，推行民营资本院线化尝试后，实际还存在着较高的进退壁垒。由于电影市场具有较强的政策指导性，电影制片机构具有天然的行政干预成分，这就使很多在改革初期的尝试也会受到政策的影响而导致资金无法顺利地进入生产。制作一部大片动辄上亿元，而电影院的投资也都在1000万元以上，而由于政策的不稳定性及外资无法顺畅地进入刚刚兴起的院线公司，导致短期内收益无法实现，这些都是当时制片机构面临的诸多问题。

  除了院线制的发展，很多制片机构都在市场化快速发展阶段得以成立和发展，1999年2月，由院线的8家事业单位组建了中国电影集团公司，这也标志着我国在电影制片行业有了第一家专业的从事制片的旗舰企业。中影集团成立后并没有延续原有的依赖政府扶持的老路,毅然地选择通过吸纳业内和社会资金进行股份制改革,为加强资金筹措能力和制片专业实力奠定了基础。中影集团在股份制改革的同时,紧跟影视潮流,着眼于影视企业在资本融合进程中的特点,大胆地使用工业企业的融资路径和渠道,着重进行电影市场的综合分析,将不一样的融资渠道得来的资金采用私募资金、信托、资产管理等方式进行配置,这也为同行业的其他制片企业提供了思路并为解决专业管理提供了方法。中影集团在这一时期,更是确立了以制片管理为企业发展的龙头方向,将发行作为企业发展核心,强调将发行作为制片管理的抓手,根据制作规模阶梯化的特点,将电影投资策略大致分为四类,一是需要进行大规模投入的"大制作电影",此类电影着重追求高附加值回报,同时提升中影的品牌形象。另外是中等制作规模、中小制作规模和小成本的制作。在这四类电影投资分类中,更是强调了制片机构在电影制作中的重要管理职能。

在中影集团的前路探索下,2004年12月,国内首家中外合资的电影制片公司中国华纳横店影视有限公司成立。这标志着将有境外资本公司首次进行中国内地电影制作和发行。这也是中国在国家影视市场上开放文化领域投资的重要信号,此举被中国影视制片机构认为是具有里程碑意义的大事,它表明了中国电影行业对外开放的一个渠道。从此华纳横店公司推出了众多优秀的电影作品,包括《疯狂的石头》《西干道》《面纱》《投名状》等。

在快速发展的时代里,规模大的民营集团越来越将发展作为自己的"立市之基",以立足于自身优势做起,由于发展的客观阶段限制,民营电影制片机构没有国有制片机构的背景和综合性基础设施以及优质人才等优势,但是在市场开放的背景下,很多中小型的制片机构也成长起来。通过并购、上市、集团化等方式,成为横跨电视剧制片、发行、媒体经纪、出版于一体的综合性文化集团公司,部分民营影视公司也拥有了自己的院线,在电影市场的发展中也逐渐找到了属于自己发展的道路。华谊兄弟属于在此阶段快速得以发展的影视制片公司,在2007年,华谊兄弟将公司的制片重点放于预计耗资1亿元的战争题材电影《集结号》,同时在该年的暑期档推出了电影《天堂口》。从这些电影的资金来源和构成来看,都是外国的影视制片公司和香港影视制作公司参与合拍的。另外对于促进电影播出荧幕的增加,也是众多制片公司亟须解决的问题,表现较为突出的是万达电影院线。万达电影院线股份有限公司基于房地产为主业的大连万达集团公司,最初仅仅是以商业业态的形式去把电影院作为促进商业中心形成的工具,而随着国内电影市场的不断崛起,万达把制片院线的发展订立为集团的重点发展项目,确定了每年不少于2亿元的投资,努力增加院线整体银幕数量,并且在2007年,票房的总收入就突破了3亿元。

纵观这一时期的中国电影在制片产业链的客观情况,我们发现,国内电影发展的重要基础已经形成,从原有的国有制片公司纷纷进行转制,到民营企业的异军突起,随着一系列开放政策的落实,民营的影视制作公司选择了适合自身发展的道路,同样也成为电影制片市场上的一股强劲势力。在这个老投资人积极转型和转换视角,新投资人摩拳擦掌蜂拥而上的时代背景下,中国电影制片行业开始展露出厚实的经济和群众基础,焕发出了属于电影行业独特的民族活力和民族自信。

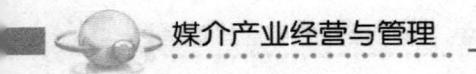

(三)制片机构市场化成熟发展阶段

进入2010年以后,国内电影市场已经成为仅次于美国的全球第二大电影票房市场。尤其是在2013年2月,由周星驰执导的《西游·降魔篇》成为贺岁档的最大赢家,最终票房突破12亿元。这是由华谊兄弟等六家制片公司联合制作的魔幻题材电影,一经上映后就不断地刷新各大票房纪录。随着制片机构专业程度的不断提高,更多的制片机构和公司逐渐发展成为市场当中的中坚力量,这也使制片机构在市场化的竞争中逐步走入市场较为成熟的发展阶段。在"互联网+"的时代背景下,在2013—2015年这个阶段,互联网企业涉足制片行业的现象十分明显,由于电影是文化产业中相对发展较快、较为完善的行业,很多互联网巨头也希望能进行深入融合,进一步推动电影和电商产业的协调发展,以三大互联网巨头BAT(百度、阿里巴巴、腾讯)为首的资本力量也蓄势待发地进入了影视制片产业,其中阿里成立阿里影业,百度通过建立电影业务部并巨资入股爱奇艺,腾讯和传统制片机构华谊兄弟成立腾讯影业,小米公司也通过华策影视进入电影产业等。

在制片企业纷纷注入资本的力量后,如何使用并结合自身优势进一步推动行业发展,成了众多公司优先考虑的问题。首先就是各家互联网制片公司针对票房这一重头戏进行领地争夺,在2014年,就有一批制片机构的电商平台开始进行混战,通过糯米网、格瓦拉、淘宝电影频道、猫眼电影等诸多平台,并选择了互联网选座、快捷购票、线上购票等形式,大大地增加了用户对线上平台的依赖程度。同时在影视制作的前期阶段,制片公司也积极地寻求创新模式,阿里巴巴依靠自身高度成熟的支付体系完全颠覆电影的传统制作需要引入外部资金的形式,而通过自身平台的快速融资渠道,在电影的制作、发行和融资的各环节都能掌握市场的动向。同时还于2014年创新推出了"娱乐宝"等新形式来巩固影视制作的资金大佬的地位。这些互联网企业不仅仅充当了电影的播出平台和销售平台,更是与传统制片机构进行强强联合,进行收购或者组建专门的影视制作部门。在当前环境下,结合产业融合的趋势也使它们在合作中的主导权更加明显,随着这些追求高效率的互联网企业的加入,也使中国的电影制作产业由快速发展向高效发展进行转变。

在这波互联网新兴制片机构的博弈中,一些中等规模的电影制片公司,根据自身特点,及时调整运营策略,在激烈的市场竞争中取得一席之地。此时期,发展规模相对较小的制片企业,在数量上占据了中国电影制片机构的较大比例。各家公司的侧重点也有所不同,例如在金融行业有所见长,着力发展线下观影银幕的和和影业,深耕于发行模式创新的联瑞影业,专注于影视技术的大地时代和黑蚂蚁等。这些公司在整体制片管理能力还处于发展的初期阶段,都无法参与完整电影制片全过程,但是他们都选择结合自身优势在某一类制片能力的范围内实现突破,以专见长。这样的层级结构相对合理的市场竞争模式,也可以进一步创新市场活力,在一定程度上可以保证电影市场活力,而这样的发展环境可以直接促进国内电影制片行业的良性发展。随着电影制片产业逐渐多元化,国内电影的融资渠道也得以改善,不仅有更多的自身资本、行业外热钱等,银行等金融机构对相关产业的兴趣也日益加深。长期以来,影视行业被金融界冠为"轻资产、无担保、高风险"等特点,由于影视制片的特殊性，无固定资产可以进行抵押，被传统的金融机构婉拒投资成为家常便饭，但是由于消费者对电影市场的持续关注，对电影市场的消费持续走高，这一局面也在近些年开始得以改善。

进入2010年之后，影视制片技术也成为"各路兵家"必争之地，尤其是在2009年《阿凡达》的成功引入之后，我国的3D电影技术也成为电影制片机构眼中的"香饽饽"，截至2020年，3D电影已经占据了我国电影市场的一半份额。面对急剧增加的市场份额，电影制片机构也纷纷需求电影技术的发展和创新，同时在电影院的设置上也纷纷增加了3D影厅。同时，由于3D电影的票价较高，票房收入也比较可观，客观上也会使电影的投资收入回笼资金的速度变快。近几年电影的制片机构更是寻求加码IMAX屏幕，使其成为电影制片市场的新的趋势。由于影视的投资热度只增不减，越来越多的制片工作室和制片人涌入，影院和制片公司的竞争也更加激烈，运用高科技已经成为影院和制片公司进行发展的必经之路。

随着电影制片市场逐步走向成熟，观众对于影片的要求也更加多样，艺术电影在国内的发展过程中关注度也有所增加。但是在国内建立艺术院线也存在较多的问题，所以2016年在国家广电总局的支持下，由中国电影资料馆联合国内主要电影院线共同发起的放映艺术电影的社团组织——中国艺术电影放映联盟（简称艺联）成立。由于我国的院线制度规定不可以存在"线中线"，即要求艺术院线的电影播放厅不可以侵占挤压常规的播放厅，要求艺术院线需要自行建设若干的艺术影院，另外在现有的审查制度下，有很多的艺术作品无法拿到放映版权，在这样的市场环境下，"虚拟艺术院线"势必成为艺术院线的主流发展模式。所谓"虚拟艺术院线"，是指在商业影院开辟一到两个影厅专门放映艺术电影，然后将这些分散的力量以联盟的形式联合起来。由此可以看出，艺联在艺术电影的内容制作、影片发行和联系播放影院等方面都起着重要作用。在内容的选择上，艺联依托中国电影资料馆这一官方平台，拥有了较多旧片复映的机会和资源，而同时对于一些新人新作或者小成本的优秀艺术电影作品，艺联也可以先行购买下版权，采用这样的方式可以进一步地刺激艺术电影的生产。同时在影片发行方面，由于国内商业院线对于艺术电影的发行在此之前没有相关的经验，使其不能把握电影观众的观影需求和电影特点，而艺联也可以利用自身对于艺术电影的把握，采用类似于香港百老汇电影中心的长线放映模式，将电影的公映周期拉长，通过长期的播放选择来为艺术电影积累观看量和艺术评论，另外，艺联还可以利用自身行政指导的优势地位将片源采用不同的地区试点的发行方式，在试点区域根据电影制作单位的要求进行试点放映和部分发行，如果点映的效果不错可以迅速扩大电影的放映范围进行全面推广。在艺联成立初期发行的影片《海边的曼彻斯特》就采用了试点发行的方式，在节约发行资源的同时也客观上保证了一定的上座率。

截至2021年，艺联旗下加盟的银幕数量突破4000块，艺联也逐步在探索将电影院的经营权进行下放，开始试行不再干涉电影院的排片管理和日常经营，合作影院可以根据自身地区的需要和基础条件来挑选影片进行放映，但是需要提供给艺联一个符合标准的播出时间和场次，每周不得少于10个黄金场次。在制片机构快速发展进入黄金期的重要阶段，更加应该关注个性化的观影需求，对于热爱电影艺术的观众，艺术电影提供了一个更加融合、包容、开放的文化空间。也是在2019年，全国艺联开始尝试以主题系列的形式发布影片上映计划,通过"雕刻时光""新锐巨浪""艺术人生"三个系列,将相关影片进行有机组合,以不同的主题进行系列上映。《波西米亚狂想曲》就是"艺术人生"系列中的第一部影片,之后《卡拉斯:为爱而声》《大河唱》《坂本龙一:终曲》《初恋这首情歌》等多部不同类型和风格的中外优秀艺术影片陆续通过该系列和影迷见面。2020年11月9日通过全国艺联专线上映的《达琳达》也是"艺术人生"系列的作品。同样是在2020年,新冠肺炎疫情暴发,对于电影市场的冲击巨大,尤其是很多国外优质电影进口减少,艺联对此也积极地进行协调并帮助国内电影市场进行创作支持,在7月24日,全国影院复工的当日艺联就将《乔乔的异想世界》《初恋这首情歌》等挑选的进口艺术影片进行全国放映,同时也尝试将不强制合作院线排片,希望能在疫情之下,让更多的艺术电影观众和影迷感受艺术电影的魅力和温暖,为电影市场增温。目前,艺联作为制片机构中比较新颖的自发组织,如何能在公益文化事业推广和电影商业化盈利中找到平衡点,成为艺联下一步思考的主要方向。当可以依靠自身的管理能力或者制片水平将艺术电影转型为文化传播和商业成功的有机体时,就说明艺联找到了一条中国艺术电影制片发展的可持续发展道路。

梳理国内制片机构的发展进程可以看出,制片机构的发展走过了一个前紧后松的过程,从解放思想的潮流到统一发展思路的建立,从拥抱市场变化到制定制片市场新规则,这都展现出了一条十分清晰的历史轨迹。总体来说,将电影制片的营利性和艺术性相结合,实现影视产业和艺术创新的双赢,是中国制片机构一直努力的方向。最近两年,中国电影市场也进入了改革的深水区,制作机构改革,对影视行业诟病多年的"阴阳合同""天价片酬"等问题都进行了严厉打击,可以进一步地看出国家对促进电影产业健康发展的决心,希望竭力遏制影视行业制片过程中违反法律制度、违反公序良俗的浮躁之风。从整体上看,中国制片企业面临着以下三大问题。

首先是优秀人才的缺乏,人才问题一直是电影产业发展的核心痛点,尤其是优秀的制片人和职业经理人。在过去,电影制片行业还可以短暂依靠资本积累和技术创新来实现快速发展,但是进入行业发展的关键阶段和反超他国的重要时间节点,我们还是需要高质量的人才进行经验积累和寻求发展机会。相比于美国的好莱坞式的职业制片人中心制,我国的电影制片更多的是以导演为中心的制作模式,所以导致职业制片人缺乏对于电影制作和商业经营各个环节的基层经验。制片企业的人才缺乏问题会在一定时间内成为发展的瓶颈,人才的培养一定是需要长时间在实践中进行摸爬滚打,从市场竞争的优胜劣汰中进行磨炼和培养。其次是对于制片行业来说,目前的整体投资回报率较低。由于电影属于风险较高的投资项目,从目前中国电影的客观情况来看,成本的回报主要依靠电影院的票房,回收渠道相对单一。同时对比世界其他国家的电影制作成本、演员成本等,特别是演员薪酬的畸形发展,使得我国部分影视作品无法实现盈利。因此使得很多优秀的制片公司和电影投资人望而却步。虽然目前电影市场中的资金筹集速度较快,但是由于资金投放专业度较低,导致电影制片产业的投资回报率持续走低是目前中国电影亟待解决的问题。最后,制片公司的整体抗风险打击能力较弱,由于目前的制片企业较多采用合作经营和贷款经营的轻资产模式,在此基础上抗风险的能力就会成为最值得关注的指标。当中小型制片企业对市场预估出现失误,由于其自身的经济储备少,没有上下游产业链进行辅助经营,单靠制片行业的收入很难在市场竞争中进行发展。同时,在当下的票价分账体系中,票房收入返回到制片方的比例(好莱坞制片企业可分得票房的50%,而中国的制片企业仅分得其中35%左右)仍然较低,这些因素都使制片机构的资金流动性变差。

机遇和挑战并存,这是国内制片市场将要长期面临的市场环境,在这样的时代背景下,制片机构的竞争将会随之更加激烈,同时随着对外开放的日渐扩大,还将会面对更加残酷的国际市场竞争,为此必须不断提升企业的制片管理能力和发行实力,针对相对薄弱的人才培养和项目开发能力进行重点发展。只有利用好国家对文化产业的扶持,立足于本国的电影制片实际情况,积极地适应时代发展,寻求发展的新赛道,在接纳、拥抱资本的同时,不被资本俘获,利用好制片机构自身的发展优势,借此将挑战和机遇都化作对电影产业的强大推动力,在世界电影制片市场中迸发更加炫目的中国光彩。

第二节 农村电影放映工程

选取长株潭作为农村电影放映工程的一点样本,主要是因为作为国内城市群建设的先驱,相较于单个城市,长株潭(长沙、株洲、湘潭)城市群在政策措施、经济发展、文化建设等各个方面的举措,都会与其共生不同的发展经验,呈现出各具特色的发展态势。随着文化体制改革的推进,农村电影放映工程在长株潭城市群这一特殊区域的发展,将会给全国农村电影放映工程提供富有创新性的发展思路和独特的前瞻性视角。通过对近年来长株潭地区农村电影的存留问题、改善探索、积极变革等方面的调研,尝试为农村电影寻求不同于城市的、在当下适合其自身发展的路径,特别是在市场开发和经营策略方面提供有效的参考依据,进而更好地发挥农村电影在公共文化服务体系建设乃至新农村建设中的重要作用。

就长株潭区域来说,长沙市的农村电影放映工作由2008年7月17日成立的长沙湖湘新农村数字电影有限公司负责完成,株洲和湘潭也各有负责本市农村电影工作的新农村数字电影公司,分别是2009年7月成立的株洲市湘东新农村数字电影有限责任公司和2010年5月成立的湘潭市新农村数字电影有限公司。按照国家农村电影放映工程的任务要求,由于具体的行政区划的变动,长沙市一年的农村电影放映任务场次为16 000场左右,株洲市的年任务量为20 000场左右,湘潭为19 000场左右。通过对长株潭城市群的农村电影放映工程的综述与探析,以管窥豹,从而为全国农村电影放映工程的可持续发展提出富有价值的建设性意见和富有前瞻性的规划展望。

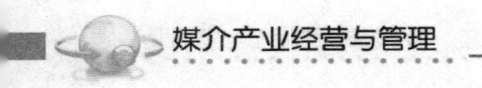

(一)带着枷锁跳舞:僵化的发展局面

1. 观众的身份局限

在湖南省,农村公益数字电影的放映被分划成两部分,并且在《湖南省农村公益数字电影放映管理实施细则》中明确提出。其中的一部分是按照国家规定的每村每月放映一场数字电影的要求,在各行政村放映点开展的流动放映;另一部分则是在县城及县以下的广场上开展的露天放映。具体到长沙市,在《2011年长沙市农村(公益)电影放映工作实施方案》中,长沙市规定在"城市社区两个月放映一场公益电影,有条件的中小学适当放映"。这样一来,不仅顾及进城务工人员的文化权益,而且把电影放映工程原本未曾覆盖到的部分城镇居民也纳入了受益群体当中,使得部分城镇居民在家门口便能享受到免费的电影资源。这一举措的实施,将农村居民、进城务工人员、部分城镇居民共同并入了湖南省农村电影放映工程的观众系统,成为观影受众的重要群体。

然而,随着城市化进程的发展,长株潭地区农村区域的观众组成与其他城市地区观众存留的状况相似,呈现出了所谓的"386199",即妇女、儿童和老人成为农村区域的观影主力军。观影群体的层次和身份被局限到了人数稀少、年幼体弱、观影消极的上述三方力量,造成了观影系统构成的不健全,致使农村电影放映活动处于不良的发展困境之中。

2. 影片的供需失调

国家广电总局数字节目管理中心作为全国农村数字电影院线唯一的内容提供方,为全国农村院线提供公益影片和商业影片的内容服务。由于公益影片相较于商业影片的订购费用低,且可供选择的影片数量多,湖南省的三家农村电影公司大多订购"物丰价廉"的公益影片。然而,公益影片大多是已经上映很久或没有机会在商业院线放映的作品,其新鲜度和内容质量与市场观众的口味相悖而不易被欣然接受,成为被大众"冷落"的对象。

图8-2中显示,公益电影(169 133场)占到总影片放映数量(182 408场)的92%还多,而商业电影(13 275场)所占比例甚至不到总影片数量的8%。

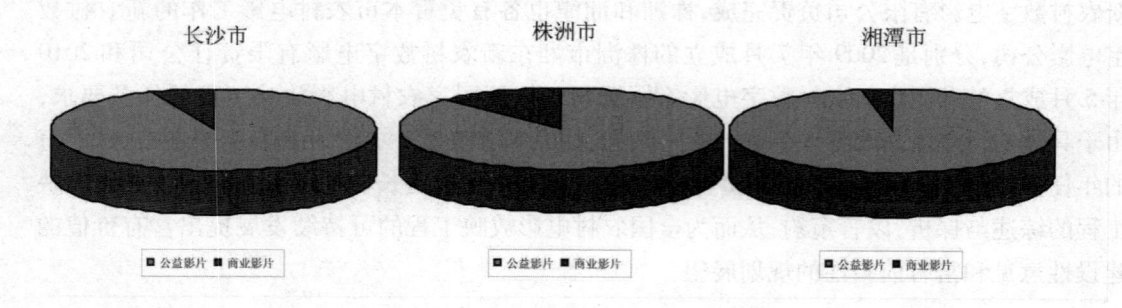

图 8-2 公益电影与商业电影供应比例

除却公益电影和商业电影的供应数量不成比例之外,影片的上映时间也值得关注。无论是公益影片还是商业影片,进入国家数字节目管理中心的时间均离上映时间有一定的差距。公益影片中以《举起手来 2：追击阿多丸》为例，这部影片全国首映是在 2010 年 9 月 9 日，交易平台上架的时间则是 2011 年 2 月 22 日，相差近 6 个月；商业影片更是相差更多。时间的差距，既是电影作为文化产品的版权保护的需要，也是给每部影片足够的市场盈利时间。但是当这些电影进入数字节目管理中心的交易平台时，即便是在农村地区，很多影片也可以在正规的网站上免费看到或者在各级别专门的电影频道上看到，新鲜度的缺失，一定程度上影响了观众的观影热情与积极性。

此外，影片的内容题材也是值得重视的问题。在上文中提到，农村区域的观众是由"386199"构成，然而，针对这部分观众的影片却少之又少，极为短缺。在国家数字节目交易平台上，无论是公益影片还是商业影片，排名前二十名的影片没有动画片；另外，少儿题材的影片在商业电影前二十名中仅有一部，且戏曲片和科教片数量更是极为少见。

3. 员工的待遇有待改善

湖南省农村数字电影放映队中正式员工为 1700 人左右。全省男性放映人员占到九成，女性不到一成，其平均年龄约为 45 岁。从事农村公益电影放映工作的放映员中，大部分是长期从事电影放映工作的原电影公司的职员。由于大部分员工的居住地和放映地有相当长的一段距离，加之湖南村级行政单位的分布离散，一支放映队要在一段固定的时间内完成对一片既定区域的放映任务，需要耗费住宿、饮食、行车等各方面的诸多费用。然而，随着电影企业不断地发展探索，人员调配与任用问题正渐趋解决。就长沙而言，当前开始试行"就近原则"，在放映点附近寻找合适的放映人员来组建放映队。据统计，目前这样的放映员数量占到长沙总放映员人数的 1/5 左右。

人员结构方面不断得到妥善调整，然而，员工的待遇问题却初露端倪。据农村公益电影放映工程的要求和湖南省的行政区划情况，一个放映员一年的任务量约为 300 场。2011 年，国家提高补助标准之后，200 元的补贴中放映员每放映一场电影可得到 120 元。一般情况下，仅就放映补贴一项，一个放映员一年的收入在 3.5 万元左右。但与长株潭地区的年人均 GDP 相比，除低于长沙一地的水平线较多之外，与株洲和湘潭当地的年人均 GDP 也相差 5000 元左右。

（二）摸着石头过河：发展的有益探索

1. 有效资源的产业化整合

为了整合农村公益电影放映资源，组织湖南全省的公益放映经营力量，2011 年，湖南广电联合全省市州农村数字电影院线公司组建了湖南大映公益电影传媒有限公司，在全国范围内率先尝试将公益电影放映媒体化、流动放映终端网络化、对农服务立体化，倾力打造新型的电影媒体。大映传媒成立后，将打造政府服务、主题活动、对农服务、业务推广和广告发布五大平台，为各行各业提供对农政策宣传、信息发布服务和渠道服务。

大映传媒总经理龙献策曾说，公益性事业和政府平台最终要走向产业化的发展道路，而大映传媒则为农村电影公益工程长期存在和可持续发展提供了一种可行的模式。"大映"的成立,可以看作一种打破行政区域分割、脱离阶梯运作模式的初步尝试。与全国大多数数字院线的单打独斗不同,"大映"整合了湖南全省农村电影放映工程的力量,充分利用放映工程的涉及广度与影响深度,走集体化、企业化的道路。此外,大映传媒为湖南省农村电影放映工程的可持续化和企业化的发展积极探索,也为全国的数字院线公司提供了一种可供参考的发展思路和经营方式。与此同时,农村电影的未来也可以作此考量,在国家和各级地方政府投入不变的前提下,尝试不按照省、地、市、县级的阶梯式的管理模式,而是组建跨区域、综合性的农村电影公司。

2. 按需供给的"自制剧"生产

"自制剧"的生产模式以成都金沙院线拍摄的《别人的城市》和河南周口院线拍摄的《农家媳妇》为代表。就《农家媳妇》而言,周口新农村院线公司仅就这一部自制戏曲片便能收益近百万元。

"自制剧"经营模式对整个中国电影市场将起到一个重要的补充功效,特别是在二级市场。这里所说的"二级市场"是指除去城市市场的城镇和农村的电影市场。在目前的整个电影市场中,二级市场被电影行业普遍认为是颇具开发价值的"蓝海"区域。国家电影局原局长童刚曾说过,中国最大的电影市场在二级市场,特别是农村市场。农村数字电影院线的"自制剧"就是从自身所处的环境和现状出发,为自身所处的市场积极地提供内容服务,由市场"放映者"的角色转变为二级市场内容的"供给者"。

农村电影的自制剧相对于国家数字交易平台上的影片来说,不会存在上映时间时差的问题。而由国家数字交易平台供应的影片,因放映时间上的严重滞后,致使影片在农村市场放映时,大多数观众可能通过网络和电视早已欣赏,从而对放映片目流失兴趣。然而,自制剧则不存在这样的问题,其在上架到数字交易平台之前,从未进行过全国性的公开放映,电视台和网络也很难获取到影片的相关资源与信息,所以其基本上不会出现观众"看过了"的问题。此外,自制剧在题材和内容上也更加符合观影受众的心理需求。自制剧在创造时,更多考量的是农村电影院线所处地域受众的兴趣偏好,其内容语言也大多择取当地的方言,拍摄场景也更多地取材于人们熟悉的景地,且大多使用本土的草根明星等,这种种具体而微的举措使得影片内容更接地气,更易被农民观众接受。

3. 投合市场的多元化经营

农村电影院线公司最终是要脱离政府的扶持,面向市场、独立发展的,在市场激烈的竞争中,企业自身多元化的经营是其持续发展、壮大成熟的有力保障。在投合市场的经营活动中,首要的是电影院线公司要转变仅为完成既定任务而运营的观念,应当利用其自身资源,努力拓展经营范围,探索新的经营模式。以河南周口市电影院线公司为例,该公司除富有创造性的自制作品之外,还承接了兄弟院线的拍摄工作,如濮阳农村院线的《布衣宰相》;还包括企业广告业务;又进行相关机器设备(除放映机外)的租赁——周口农村数字电影院线组建伊始就重金购入了REDONE,部分有制作能力的企事业单位或个人,租用其公司设备进行拍摄,由此还带动了其公司专业人员的对外借用业务;在产业链上横向拓展,对电影相关产业进行有效开发——建立农资服务公司,进行农业作物方面的种子、化肥、农药等的销售活动;并由农村"进军"城市——该院线公司于2012年10月在周口市区内建成一家城市商业院线;其他影视制作,如婚礼、会议活动以及其他的拍摄需求等业务。

此外,在多元化经营中,积极拓取电影放映活动的商业价值,实行有偿放映和广告投放,实现企业间的互利双赢。城市院线中,一些影片往往还没有正式上映便凭借贴片广告收回部分成本。同样,在农村电影放映过程中,也积极探索有偿放映。有偿放映的形式多种多样,如红白喜事、升迁、生子、祝寿等包场活动,在这种特殊的商业放映活动(非公益场次)中向农民收取一定的观影费用。除此之外,广告投放则是从根本上盘活农村电影市场的一剂良药。政府为宣传"家电下乡"政策,在数字交易平台上发布《咱家该买了》,由国家来买单,通过农村电影放映工程对国家的政策进行宣传和推广;"影企联姻",与企事业单位开展互利合作,成为目前最重要和今后持续运用的广告经营方式,如在流动放映中,与农资等公司合作,将农民日常生活中常见且有需求的一些产品,通过广告效应使产品信息被观众所认知,从而实现企业间的利益均享。此外,流动放映车也是农村电影放映中常见的经营形式,可采取与客运公司、移动通信商等企业的合作来达到广告投放的目的。值得一提的是,广告放映场次统计和广告监播功能更加及时客观,增强了农村流动数字电影的媒体公信力。

4. 独立规范的企业化管理

农村电影放映工程作为中国电影产业化的重要部分——农村电影产业复兴的基础和载体,其最终的目标是要把农村电影引向一个独立生存、可持续发展的、在市场盈利的道路上去。面对这一宏大的前景目标,对农村电影放映工程进行企业化的管理将是农村电影发展的必然选择和重要手段。

企业化管理的前提是对农村电影的运作进行市场化的转企改制。其不仅是农村电影放映工程的发展朝向,更是文化体制改革发展的大趋势,涉及诸多方面的内容,如改制前的人事制度、工资制度、院线公司的运行模式等。农村电影放映工程不能一直靠国家的"输血"扶持"苟喘残延",而要在市场的竞争机制中独撑一片天地,转企改制的目的便是践行政府的十六字方针"企业经营、市场运作、政府购买、农民受惠"中"企业经营"的要求,使得农村电影放映工程具有强大的"造血"功能,具备独立自主、生存且盈利的能力。

而后,企业化的管理要以企业化的经营运作为基础和根本。企业化的运作,要求农村电影放映工程的各方特别是作为农村电影放映工程载体和承担方的各地院线公司,要以市场盈利为目的,在计划、生产、拍摄、投入市场等各个方面,要具备如同一个电影制作企业生产、上映、盈利等运作模式的能力。从这种意义上也可以说,"自制剧"模式便是一种企业化管理的成功运作。

再者,政府面向社会统一招标。面向社会统一招标,适当下放政府的权力,给予各地院线公司更大的经营自主权。这种方式并不仅仅局限在对片源、院线公司的资格和组建、放映队(员)的选拔上,而是遍及整个放映活动的每个环节中。就放映员的择取来说,在与农村院线公司签订用工合同之后,放映员将不会从院线公司获得任何性质的编制,其所属的农村院线公司只对其负有组织和管理的工作。这与市场上一般企业的用人方式较类似,一定程度

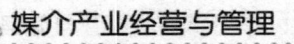

上减弱了政府行政管理的干预性与束缚性,这也正是对放映人员企业化管理方式的制度体现。

"大映传媒"模式和"自制剧"模式,二者在不同层面上对农村电影放映工程作出了积极的创新探索和成功的尝试。大映传媒在组织管理方面,整合了湖南全省新农村院线的有效资源,在市场运营中将其合理地开发与利用;"自制剧"模式则对放映的影片内容"因地制宜"地求新变革,迎合了市场中趣味独特的观影受众。这两种经营模式对于当地乃至全国的新农村数字电影院线,在自谋出路、市场运营方面都作出了积极有益的探索,而投合市场的产业多元化经营与独立自主的企业规范化管理,对农村电影未来持续化发展中长效机制的建立,则将具有重大的突出作用。

第三节　影视广告运作

广告之于媒介的重要性在之前其他的媒介形式中已有论述,电影也不例外。电影作为第七艺术,无论从艺术还是商品的角度来看,都需要一个成熟的产业链来支撑。广告对于电影产业的重要性不言而喻。电影中的广告又多少不同于其他媒介中的广告形式,电影作为广告的载体,给了广告一个独特的存在形式和表现方法。更多的时候,以一种更具隐藏性的、更具符号化的形式出现在受众眼前,从而影响着电影/商品的消费者。

聚焦院线电影,由于院线电影集中观影、黑场中观影的独特性,使得院线电影的受众自有其特点。著名的传播学学者施拉姆在《男人、女人、信息和媒介》一书中写道:"既然大众媒介是在市场经济中发挥作用的,接受对象的'自我选择'就具有不可等闲视之的重要性。"

首先电影观众以年轻受众为主,据央视CMMS(中国市场与媒体研究)机构调查数据显示,25~45岁是主力观影群体。年轻群体就意味着消费领域的主力军,就意味着文化市场的活跃群。其次,电影受众多是"结伴"型,男女比例基本相当,且根据院线统计,电影消费较少的是单一消费,即一个人观影的极少,更多的是两人及以上结伴而来,集体消费也符合电影集中观影的仪式感,即便有单体消费的,也以女性较多,一般来说,女性的文化消费意识较高于男性。此外,观影人群的收入普遍较高,主要是公司白领、企事业单位的中高级管理人员等,总体上看人均收入在5000元以上。观影人群的文化程度也普遍呈现较高的情形,大学以上的占总数的七成,高中、中专的占两成,初中及以下的仅不到一成,较高的知识层群体对文化休闲等娱乐性消费接受程度较高,也愿意为之买单。可以说,观看电影的受众基本是一群文化水平较高、收入水平较好、消费能力较强、年轻的专业人员群体。这个群体具有较高的广告价值,自然也会受到广告商的关注。

从院线中电影的广告形式来看,可以分为两大类:一类是出现在影院物理空间中的阵地广告;另外一类是依附于电影本体的广告。阵地广告是以影院的物理空间作为承载的平台,经常在影院中见到的阵地广告形式是展架、立牌、灯箱、LED屏、地贴、海报栏、内墙外墙喷绘。本节重点分析依附于电影本体的影视广告,这类影视广告主要有两种形式:映前广告和植入广告。

(一)映前广告

映前广告是以电影银幕作为载体,是在电影正片开始之前播放的视频广告。映前广告的时长通常为10分钟,在电影正式放映之前播放,不足的位置用预告片填充。中国成立最早、规模最大的电影传媒公司是1998年央视成立的北京央视三维广告有限公司,是中国第一家专业运作映前广告的传播公司。有学者曾提出映前广告有以下三种分类:即影院映前广告、电影预告以及贴片广告。观众入场时间都会选择放映前5分钟左右到达影厅,这个时间段进入的基本每个观众都会看到映前广告。影院映前广告基本在电影开始的票面时间之前就已经开始在影厅内播放,观众基本入场完毕时,影院内灯光熄灭之后,正片的拷贝开始播放,出现的广告多是电影预告片,这是发行方为推广宣传自己代理的其他影片而添加的,其数量根据放映影片是否强势而有所变化。预告片之后,电影的放映许可证出来之前这段时间播放的广告,是贴片广告,根据之前广电的相关规定,每部电影的贴片广告被限定在5分钟。这5分钟的广告招商权,归电影版权方所有,版权方则多为影片的制片方。因为国内制片方一般只能拿到净票房的三到四成,因此,这个宝贵的5分钟成了电影版权方/制片方的一个重要的收益补充。贴片广告也叫作"随片广告",是随着指定的影片,在指定时间内,在所播放的影片前播放视频广告;包厅包月广告是在指定的电影院,在指定时间内,在所播放的每部影片前播放视频广告。映前广告的制作主体来自院线、影院、广告经营公司、制片商或者发行方。

映前广告投放是按电影院的投放城市和广告时长来收费的,一般来说电影院所在城市越繁华、影院影厅数量越多,收费就越贵。映前广告时长一般分为15秒和30秒两个标准。企业主可根据自己的产品定位和消费预算来选择适合的电影院来投放自己的广告。

1. 映前广告的优势

映前广告具有时段强势曝光、封闭环境、高到达率、记忆深刻、强势曝光的特点。映前广告的画面优势是显而易见的,环境优良,大银幕尺寸是电视的几十倍,清晰逼真的环绕音响的震撼视听更能凸显品牌的品质。影院独有的黑暗环境把观影时的交流与周围日常空间隔离的同时,超大屏幕配合广告画面、震撼的视听效果与周围的黑暗、寂静形成鲜明的对比,能使观众全身心投入电影的世界,在电影受众暂时处于"催眠"的状态下进行宣传,短时接受信息度较高,比之电梯、电视等视频广告而言,人们面对电视广告时,习惯性调换到其他台,意味着电视广告的投放率要远远小于电影广告的到达率,影院的观众直接地暴露于广告的轰炸,让消费者对广告商品的短时记忆深刻,高到达率也是影院广告的一大优势。

观众对映前广告的认知性较高,多数电影观众接受度较高。影院受众的画像关键词是"年轻""中高收入",具有较强的文化消费主动性。影院作为一个特殊的媒体样态,有着人员流动性大的特点,可以影响电视等其他媒介广告很难到达的人群。影视文化的独特性也

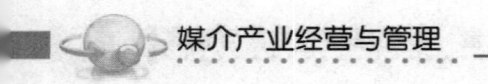

迎合了青年一代的潜在心理，会更好地掌握和拥有青年群体这一巨大的市场。

广告成本较低。由于广告的投放形式和载体，限制了影院广告的投放频次和投放时长，影视广告的投放往往是电影的上映周期甚至是一周的时间，于是投放电影院所需广告费的总额一般不及常规宣传费用的一半。而影院观影人员特殊的流动性带给广告效果的提升和品牌的巩固却比较明显。

2. 映前广告的问题

广告投放呈现不均等态势。映前广告主要出现在高票房大城市的影院中，且越是黄金地段的影院，广告时间越长，在一些中小城市的影院中，却少见投放。一线城市的高票价，观影集中，加之映前广告是映前广告投放客户或者代理商按照场次和影院结算广告费用，所以使得映前广告的投放更加集中在大城市。

映前广告市场管理混乱，自 2003 年，一位杭州的观众在既定的票面时间没有看到影片，反而是映前广告，而引起观众的法律维权。之后，类似的事件持续出现。2010 年，深圳某家影院《唐山大地震》的映前广告长达 20 分钟，现场观影的一对夫妇无法忍受，转头把该影院告到法院。10 分钟左右的映前广告，要塞下院线、影院、版权方和广告商之间的利益博弈，往往使得映前广告的"躯体"显得拥挤笨重。2017 年，万达传媒联合时代广告、分众晶视、畅游晶茂四家在影院广告有着垄断地位的机构，共同发声指责《战狼 2》版权方在母盘中强行搭载了时长为 2 分 39 秒的 5 条预告片，这 5 条预告片扰乱了市场，践踏了影院广告代理方的合法权益，要求赔偿 6 亿元。对映前广告的法律法规还需要进一步完善，同时，行业自身也要加强自我约束，遵守行业规则。

映前广告创新创意欠缺。无论是广告商还是广告代理商，对于影院这一广告的载体尚未进行充分的使用，影院的空间和设备呈现和电视、电梯等其他媒介所不同的广告效果，广告主原本可以借助影院在听视觉上天然的沉浸式体验，对于商品进行好感度和接受度的提升，可是，目前来看，更多的映前广告，多是电视等其他视频广告的直接转码，这个现象出现的原因也在于业界缺乏专门制作影院广告的专业公司，同时，传统的广告公司较少涉及针对影院广告的业务内容。

映前广告存在投放周期短，重复效果差的情况。映前广告基本七天为一个投放周期，电影消费一次性的较多，对于一部电影进行"二刷""三刷"的较少，这也就意味着，短时间内观众在院线观看的广告，随着电影版权方和广告代理商的不同，广告也大不相同，这也决定了广告的重复效果较差。同时，广告作为一种"说服"行为，低重复率就意味着低"说服"性。

（二）植入广告

植入式广告，英文叫作"Product Placement"，学者 S. 巴拉苏布拉马尼安给它下的定义是：以影响电影或电视受众为目的，讲究策略地、不引人注意地把品牌产品植入电影或电视节目中的广告信息。"肥皂剧"一词的由来，就是由于在早期的广播剧中有肥皂的赞助商将自己的商品植入，所以剧本台词里经常提到肥皂产品。这些家庭洗涤用品制造商为什么会投放到这些广播剧中,是因为当时广播剧的受众主要是家庭主妇。

植入广告相对映前广告来讲,具有隐蔽性的特点,往往能达到"润物细无声"的商品宣传效果,进而提升对商品的认同感。1982 年,斯皮尔伯格执导了其著名的一部科幻电影《E.T. 外星人》,其中有一个段落是用糖果打破了小主人公与外星人初次见面的僵局,糖果也在此时成为人类与外星人构建信任的破局之物。这个原本名不见经传的品牌里斯糖果随着电影的上映,一炮而红,大家都想尝尝能让外星人都觉得好吃的糖果到底什么味道,其销量在影片上映后的三个月中猛涨了近七成。《007》系列电影中,詹姆斯·邦德身边的女性一直在变,但是豪华手表和跑车,无论是阿斯顿马丁还是宝马抑或是奔驰,都是顶级的配置。

植入广告可以形成一种宣传矩阵。美特斯·邦威在好莱坞巨制《变形金刚 2》中做了植入。由于《变形金刚 2》的一部分故事发生地在中国上海,所以客观上有助于中国品牌的植入。本次植入,也是很多观众第一次在好莱坞大片中看到了中国的本土品牌,这也是中国本土品牌成功打入好莱坞大片的成功案例。这次植入不仅使美特斯·邦威的服装出现在人类主人公的身上,美特斯·邦威也拿到了电影形象的授权,在电影上映之前,美特斯·邦威就在自己的门店进行带有电影元素的海报或者立板等形式的宣传,一定程度上也是对即将上映电影的一种预热,同时结合电影的上映,将影片原有的片段和素材整合成了一个美特斯·邦威的电视广告,不仅在电视平台,甚至在视频网站上都比较受欢迎。同时,进行产品形象的销售,于是,我们看到了美特斯·邦威推出了带有变形金刚形象的服装进行销售。之后,更多的中国品牌进入《变形金刚 3》,联想电脑变成了小机器人,人类角色紧张到碎碎念的时候,手里拿的是伊利舒化奶等。中国本土品牌出现在好莱坞大片中,对品牌的熟悉加之外域电影的陌生,形成一种有趣的互文,对于本土的受众会有较好的传播效果。

电影广告植入与剧情。《天下无贼》中,中国银行的植入是通过一场交通事故,特写一辆涂有中国银行标识的大型车辆的侧面,从而把植入广告商出现在银幕前,和剧情情节衔接得较好。有研究指出,植入广告与剧情越契合,即便时间较少也会造成比较好的影响,比如《战狼 2》中的茅台、《机械公敌》中的匡威和奥迪、《变形金刚》系列中的雪佛兰等。反之,如果契合度不够高,时间越长,可能收到的是更多的厌倦,比如《侏罗纪公园》中的奔驰 SUV……同时,如果一部电影中的植入广告数量过多,也容易让观众厌倦。《杜拉拉升职记》中大量的广告植入,使得观众"目不暇接",一部电影成了众多广告商的载体,过量的信息会造成信息会的反向到达。

植入广告的植入品类非常多样。《非诚勿扰》里面的游轮、西湖旁的绝版别墅、银行卡、白酒、婚恋网站等等,甚至还可以是一个城市或是一个国家。《唐山大地震》中的杭州,美得让人流连忘返。《非诚勿扰 1》上映后,北海道政府发现,当年来北海道旅游的中国游客比之前有了大幅增加,于是邀请冯小刚再次到北海道取景拍摄,结果被国内的海南"截胡";《非诚勿扰 2》中,绝美的海南树屋,热带风情的洋溢,让观影者对于海南的好印象再一次加深,而海南省政府,为了植入,也拿出了十足的诚意,之后就有了海南观澜湖冯小刚电影公社,而很快,《私人定制》也在海南观澜湖冯小刚电影公社取景制作。《泰囧》更是以一己之力推动了中国游客的泰国行,以至于当时的泰国女总理英拉亲自接见徐峥导演并当面表达了感谢。

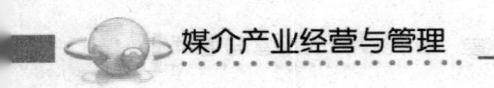

电影,作为一种面向大众文化的艺术形态,生命力持续漫长。不仅在影院的银幕上播放,下了银幕,还可以在网络和其他平台上无数次播放,好的经典影片甚至可以造成几十年的影响。而植入广告的影响力随着电影的生命周期,一次次地潜移默化地输出着信息。

第四节 互联网对于影视媒介的影响

信息时代的当下,互联网走过2.0时代,即将进入3.0时代。在互联网2.0时代,互联网发展实现了产业结构的去中心化、经济活动的泛数据化、社会生活的物联网化,互联网不仅是企业可利用的资源,而且成为企业能力的衍生。因而,"互联网+"并非将互联网视为企业信息系统的扩展,实质是实体经济与互联网虚拟经济相融合的"跨界经营"现象,并对传统产业和市场基础造成"创造性破坏"。

"互联网+"并不是简单的互联网和传统行业的单向相加,而是通过信息通信技术以及互联网这个平台,使得互联网和传统行业进行紧密融合,创造出新的发展生态。在"互联网+"的影响下,电影产业的各个方面都在发生着显著的变化。

2015年,以阿里巴巴、腾讯、百度等为代表的互联网企业以及众多资本介入电影产业,迅速促成中国电影产业的新一轮整合与升级。互联网思维的渗透下,中国电影的制作、营销、发行等固有环节正在发生系统性变革。电影的制作模式在变化,从大数据的出现到应用,众筹模式轮番出现在中国电影市场运作中。电影营销在变化,电影宣传中全国巡回路演的形式越来越普遍,过去电影往往仅在一、二线城市宣传,现如今深入三、四线城市,成为影响三、四线城市票房最直接的方式;新媒体的影响力达到前所未有的程度,一部电影公映之前,豆瓣或是相关公众号的一篇文章对于电影最终的票房产生至关重要的影响。电影销售也在变化,有的提前预售占据排场,有的和片方强强联合,电影越来越把营销手段和电商结合起来。

此外,国内还曾出现了短暂的"IP"热潮,互联网时代应运而起的BAT(中国互联网公司三巨头)也纷纷启动IP生态运营策略。国外市场"IP"开发运营相对成熟,以电影为核心的多层次营销,建构相关产业的消费市场,打造全产业链,实现经济、社会、文化价值的最大化。这些成熟的模式对国内"IP"的开发与运作都有一定的借鉴意义,值得我们分析思考。

(一)大数据

影视大数据,就是在影视作品的创作、传播、接受等环节产生的海量数据信息以及对于这些信息进行存储、处理及展现等系统的总称。对于"大数据"在电影产业的应用,探索"大数据"之于电影产业已经遇到的问题和解决方案,以期更加合理和有效地运用"互联网+"下的"大数据"。

大数据带来的利好方面。

首先对于剧本、演职人员的优化。剧本的创作是个创意性极强的工作,众多介绍剧作创作方法的理论却言明剧本的写作要遵循既有的框架:如何开头,控制节奏,引起高潮,指向结尾。甚至每场戏有几分钟都是有严格的规定——一张 A4 纸就是一分钟。运用大数据进行剧本创作,则可以让创作看起来更行之有效,从"用户体验"的角度出发,让观众来选择题材,选择剧情的走向,选择最终的结局——在 NETFLIX 的数据库中,哪部剧集的哪一部分情节是被反复回放的、哪些是不感兴趣快进的,这些都会体现在后台报告中,为之后的剧本创作提供参考,避免误区,直抵受众的兴趣点。虽然鄙夷"小鲜肉""流量明星"对于影视作品的戕害,不过,在制作"青春"或是针对 12~20 岁女性受众的影视作品时,大数据就会告诉你,使用这些"小鲜肉",将得到很多的市场和回报。2021 年,Netflix 投资 2 亿美元,根据自身大数据库,选择了观众们最想看到的"巨石"道恩·强森、"小贱贱"瑞安·雷诺兹、"神奇女侠"盖尔·加朵,选用数据库中观众最喜欢看到的情节,拍摄了《红色通缉令》,业内口碑一塌糊涂,内容毫无新意,就是经典情节堆积,三大主演在剧中的表现也是一如既往的人设,甚至没有一点点更新,道恩·强森负责打斗,瑞安·雷诺兹负责"嘴炮",盖尔·加朵负责美,就这样建立在大数据上的电影,Netflix 依旧赚得盆满钵满。

其次,丰富了营销策略。使用各种媒体数量庞大的用户所回馈的数据信息进行分析,就能知悉特定地域、性别、年龄等多方面的信息,基于这些数据,则可以特制不同的营销宣传方式,将影视作品相关的信息用这个区域最容易接受的方式传达到受众心里。对于一、二线城市的观众来说,在地铁、公众号和公交牌上的营销广告投放比电视和网络更有效,对于三、四线来说,PC 端和网络会更有效果。

不过,在大数据的使用上也要有所选择。

大数据运用并不是想象中的那么简单,在充分掌握数据(偏好)的情况下,让可能的受众(付费用户)挑选导演、主演等。其拍摄有大卫·芬奇、詹姆斯·弗雷等多位导演跟进。如何保持整体质量的水准和风格稳定,除了迈克尔·多布斯小说这个基础之外,还是得有专业的制片团队的跟进。而"制作人"机制,在我国目前的影视产业语境下,依然比较薄弱,这也显示出国内对大数据的运用环节的力量薄弱。数据始终是个方法和手段,终究还是在"人"上,这个"人"既要懂影视规律,也要有产业格局,还要有整合大数据的能力。

数据的真实性和可靠性也值得思考。建立在虚假数据基础上做出来的片子又怎么能成功?此外,数据也存在不可靠性。观众是喜新厌旧的,"昨天早饭吃的肉夹馍,今天早饭吃的也是肉夹馍,明天说什么也不想吃了",类型片的特征之一就是循环往复地出现,没有一种片子能长时间赢得市场的。观众们选择电影,很大程度上在于导演、演员,或许是看上了电影的海报,也或者看着哪条评论比较戳心,也许今天就是想看电影。对于这种行为习惯的成功预测着实有难度。观众的选择有着极大的随机性,这段时间我喜欢这种片子,《釜山行》火了,大家都去找丧尸类的片子,数据监测后台一看,丧尸类的片子有市场,于是开始制作,等你三个月半年做出来了,对不起,观众现在看到丧尸片都绕着走。数据更多的是基于昨天,而拍摄更多的是面向明天,所以,数据有一定的不可靠性。

数据的内闭性。影视大数据库的建立,在此基础上构建影视大数据的评估系统,对之后影视创作的资源配置和市场供求确实会起到积极的作用。不过,数据库的构建将是一个步

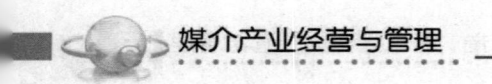

履维艰的问题。各个影视机构视数据为核心竞争力，可是这么大的市场，要想让数据真正地运作流动起来，则需要各个环节多家厂商的数据融合起来。目前要是做到让数据真正流通和"大"起来，要不合并，要不就是像万达、阿里一样"买买买"。当下，已有业内人士提出由政府出面牵头，组建国家级的数据库。

大数据在运营上确实会对产业有益处，特别是商业制作。不过大数据依然解决不了一些重要问题，如创作团队、影片的艺术特色等，在业界人士看来，目前的大数据提供的只是一个参考方向，他们认为不可能，也不愿意把动辄上千万的制作交给冰冷的数字，终究还得有"懂"数据的人。

（二）关于"IP"

"IP"全称 Intellectual Property，也就是知识产权的缩写。不过目前火热的 IP，更多的并不是知识产权的含义，而是指有着核心创意且受到观众喜欢的概念或者作品。周铁东曾说：IP 是对文学作品等所有可供改编成电影的"文学潜在财产"的一种新称呼。"IP"经过几年的发展，形成了较为稳定的模式，其对于电影产业发展模式产生了一定的冲击，"IP"模式是否成为电影产业可以倚重的发展方式？

IP 热，使得 IP 成为近几年影视业的一个"蓝海"，IP 的出现，意味着影视产业从单一化影视作品向多样化影视产业链延伸——游戏，往往电影还没下线，同名游戏已经上市；书籍和电影的转化常常你中有我、我中有你；主题乐园，远有迪士尼，现在有冯小刚的海南电影社等；衍生品，除了蓝光等高清制品，还有数不清楚的增值物……IP 的价值还体现在打破原有的产业壁垒，让产业的跨界合作和文化产品的跨界衍生成为可能，联通了文学、动漫、游戏等类型不同的文化产业。一个文化创意产品出来，相关的产业可以根据这个创意产品产生出不同形式的文化产品。目前来看，出版是 IP 开发的重要源泉，特别是网络出版内容。从《寻龙诀》到《盗墓笔记》，都是由网络小说改编而成。图书的上线（或出版）不仅可以前期挖掘、培育和孵化优质 IP 资源，还可以为影视市场预热，更重要的是，文学作品改编的影视作品自带受众和热度。

从一首歌、一个人物、一个漫画，哪怕只是一个名字、一个短语等都能成为 IP。IP 的热潮突显了国内影视产业对剧本从未有过的渴望。国内市场的飞速发展，院线公司纷纷抢占地盘，四、五线城市一二十年没见过电影院了，这几年突然出现了好多家电影院。市场需要片子，什么影片最容易被制片方信服立项、被投资方马上认可投资？耳熟能详的东西当然最好。而剧本的创作不是一蹴而就的，需要一个漫长的过程，热钱等不及，风口上的"中国电影市场"等不及，于是，IP 吧。

IP 大热导致影视产业盲目追捧的乱象中，固有的原创作品却越来越销声匿迹。传统影视行业中原创能力的要求不高，能力不足，人才匮乏，不能满足观众日益增长的对于影视作品的期望。IP 的出现，一定程度上弥补了这种沟壑，不过 IP 的浪潮对于目前的影视市场来说，可能弊大于利。它的出现更多的是迎合热钱和"风口"，更多的是对利益的追求，而忽略了影视作品本身的质量。

为什么被制片方、投资方等信服认可？IP本身还是"粉丝"经济的一种变种。有受众，就会有市场——当然是部分市场的认同，但是这就足够了，有这些固有"粉丝"捧场就有了改编成影视作品的底气。归根结底，IP的热炒，是市场意识对创作意识的胜利，是优秀影视剧本的缺失、优秀影视编剧的缺失造成的，因为不管怎么样的IP，改编成银幕作品的时候都要有故事，没有故事就没有市场。而这种缺失的焦虑被希望在市场热潮中捞一把就走的"热钱"推波助澜。

互联网对于电影的影响，渗透在制作、发行、播映过程的各个环节。2016年上映的《摆渡人》，就被2014年刚刚成立、定位为"互联网影视娱乐公司"的阿里影业收为囊中，"依附互联网生态做电影"。除了对影视产品开发和运营方面注入互联网基因外，阿里在做《摆渡人》这个项目的时候，全方位地动用互联网的资源以及思维模式：在大数据的支持下，深度挖掘主流观影人群的消费需求和习惯；在宣发方面，找寻《摆渡人》的最佳卖点和渠道，尽可能地提升营销的到达率和转化率；衍生品方面，掌握文字和电影受众对衍生品的需求，以此为基础，借用自身阿里巴巴的平台出售给潜在受众以衍生产品，等等。《摆渡人》在立项伊始，就通过"娱乐宝"募集资本，拿出部分额度，让大众参与募集，这些"投注"的大众，在成为"制片人"的同时，也变成了"理所当然"的观众——自己投资的作品，你能不去看一下？发行有淘票票，放映有自己合作的院线以及自己的网站……未来，也许这就是"互联网+"时代下的电影常态。

案例链接

华谊兄弟传媒股份有限公司

华谊兄弟传媒股份有限公司（深交所：300027），中国大陆知名的综合性娱乐集团，由王中军、王中磊兄弟创立于1994年，并于2009年率先登陆创业板，被称为"中国影视娱乐第一股"。华谊能在创业板上市，对国内的娱乐业来说，是一次重大的信心提振，当然也铺就和指明了国内各大娱乐公司的发展方向，包括像中国电影集团这样的官方巨无霸旗舰影视业，它们都有一个上市"圈"资本的心，华谊做到了，给他们后来的上市或多说少提供了一个经验可以参考。

（一）关于创始人

据华谊官网资料显示：王中军，1960年出生于北京，1994年获得美国纽约州立大学大众传媒专业硕士学位；同年，回国后与弟弟王中磊一起成立华谊兄弟广告公司。1998年，王中军带领华谊兄弟进军影视行业；随后带领团队开拓中国贺岁片市场并屡创票房神话，将华谊兄弟打造成为中国影视公司第一品牌。

2009年，王中军带领华谊兄弟在创业板成功上市，成为中国首家上市娱乐公司，并开始布局从"内容生产"到"渠道建设"到"影视衍生"的影视娱乐全产业链。其曾获得2009中华文化人物、2009年度华人经济领袖、2010年度时尚企业家、2010《综艺》年度人物、2010和2013年度最具影响力的25位企业领袖、《好莱坞报道》2016年十大最有影响力的中国人物、胡润百富2017最受尊敬企业家、第十四届MAHB年度文化先生、《财富》2018年度最具影响力的 50 位商界领袖、《综艺》2018 年度全球娱乐行业最具影响力 500 位领袖等诸多奖项，并获邀加入第 91 届奥斯卡评委阵容。王中军酷爱艺术及收藏，作为独立艺术家，他如今已成功举办多次画展，并于 2017 年创办松美术馆，致力于高品质的艺术展览、深度学术研究和公共审美教育的传播普及。王中军先生还热衷于公益和慈善事业，迄今为止画作义卖所得全部捐赠给华谊兄弟公益基金。

外界对于王中军的评价："经营家""中国娱乐界最善于和自己圈子之外，尤其是资本打交道的人""善于圈钱、圈人、圈地"。

王中磊，华谊兄弟联合创始人、副董事长兼 CEO。1970 年出生于北京，毕业于北京青年政治学院；1994 年与兄长王中军一同创立华谊兄弟；1998 年开始执掌华谊兄弟影视业务，带领华谊兄弟先后推出了百余部深受观众喜爱的优秀电影作品，主出品影片总票房超过 200 亿元，多次包揽华语电影票房冠军，成为华语电影第一品牌，也成为业界公认的华语电影"金牌制片人"；2016 年，将主要精力移至集团整体运营，开始全面掌管集团主要业务板块的发展和联动。

王中磊曾获得 2008 年度娱乐产业卓越贡献人物、2008 年度中国创意产业年度大奖领军人物、2010 年度安永企业家、2013 年度中国十大营销人物、2015 年度影响力人物、2016 年度百家传媒年度致敬电影人、2018 一带一路年度广播影视影响力人物、《综艺》2018 年度全球娱乐行业最具影响力 500 位领袖等诸多奖项，入选《好莱坞报道》2017 中国权力榜，获邀加入第 91 届奥斯卡评委阵容。王中磊同时担任中国电视剧制作产业协会副会长、中国电影发行放映协会副会长、中国电影家协会青年电影工作者委员会副会长、横店影视产业协会会长。

（二）关于华谊的经营

王中军在早期曾表示：华谊的业务实际是两大板块，电影电视及其衍生产品放在一起是一个板块，娱乐营销、音乐公司和经纪人公司划分到第二大板块。相互补充的强势产业链，形成了华谊兄弟的核心竞争力。

关于音乐业务，互联网对于音乐绝对是一次革命，盗版和分享使得音乐被迫进入"互联网"时代。连音乐巨头滚石唱片，都开始自保。互联网的"分享"精神使得音乐行业遭到巨大的冲击，甚至可以说相当长的时间里"一蹶不振"。从 20 世纪 90 年代末到 21 世纪的第二个十年，音乐行业经历着一次又一次阵痛。当然我们也看到了互联网时代对于头部音乐人的"偏爱"或者说互联网音乐的新业态：周杰伦一首歌的下载量——2019 年 9 月 16 日 23 时，周杰伦新单曲《说好不哭》正式在大陆地区发布，上线 25 分钟就以 3 元/张的价格售出 200 万张，后来销售额超过 2500 万元。盗版一直都是一个让传媒业头疼的事情，音乐版权的问题在互联网影响下也是一地鸡毛，周杰伦的这种方式，在当下来看，应该是一种办法了。当然，周杰伦毕竟是少有的头部创作者，更多的创作者的作品正在被"大厂"收割，腾讯音乐、网易云音乐等挥舞着资本，"吞下"一个又一个音乐人和作品，即便有阿里撑腰的虾米音乐，也倒在黎明前的混沌中。在这种情况下，华谊的音乐事业更像是一种附属性的存在，为自身的拳头产品——影视，解决影视方面对于音乐的需求。

经纪板块。华谊的经纪业务最早也是最重要的和"内地第一经纪人"王京花有莫大的关系。王京花,中国内地金牌经纪人,内地最早的专业经纪人,著名男星董子健的妈妈。2005年,与华谊五年合作约满,率领旗下陈道明、刘嘉玲、梁家辉、夏雨等几十名艺人集体跳槽到橙天,外界发出"华谊被掏空了"的论断。王京花离职事件,对当时的华谊来说,不异于一场地震,不过当时"双冰"纷纷留在华谊,而后华谊通过补充一线明星加盟,逐渐稳住了经纪业务的阵脚。此次事件也强化了华谊的工作室制度,特别是与明星以及导演合作的工作室,华谊从上市以来,就在使用资本对明星的黏合力方面做得比较到位,很多明星都间接或直接持有华谊大额股份。这次"王京花出走"事件,也让华谊对于经纪业务的转变起到一种"敦促"的作用。而后,虽然在经纪业务方面,华谊也经历了很多风雨,不过再大的风浪都不及王京花出走的影响了。

随着华谊业务的逐渐发展,自2014年,华谊兄弟首次将主营业务划分为影视娱乐、品牌授权与实景娱乐和互联网娱乐三大业务板块,以及产业投资板块,各业务板块协同发展,是业内产业链完整、娱乐资源丰富的公司。

影视娱乐板块主要包括电影的制作、发行及衍生业务;电视剧网剧的制作、发行及衍生业务;艺人经纪及相关服务业务;影院投资、管理、运营等业务;电影票在线业务及数字放映设备销售业务等。品牌授权与实景娱乐板块依托"华谊兄弟"品牌价值及丰富的影视作品版权储备,优选核心区位,结合地方特色文化打造覆盖全国主要城市的影视文旅实景项目。互联网娱乐板块主要包含新媒体、互联网游戏、粉丝经济、VR技术及其娱乐应用等互联网相关产品。

产业投资板块:以主营业务相关、具备联动空间为核心原则,投资培育优秀企业,完善华谊兄弟主营业务矩阵,不断寻找新的业绩增长点,平滑主营业务业绩波动风险。

华谊是王中军从美国硕士学成归来,和妻子以及自己的弟弟王中磊凑齐100万元在北京接盘了一家名为华谊的广告公司,最初靠给中国银行等大型国企做形象广告起家,有资金之后,开始投身影视业。从紫禁城影业挖来了同为大院子弟的冯小刚,拍摄了《没完没了》,以及姜文的《鬼子来了》等,从此迈进影视制作领域。影视板块一直处于一个快速发展的状态,以至于原本属于华谊主业的广告之后也退至尾端。

经过近30年的发展,华谊打造了一条属于自己的影视全产业链条。影视产业的上游主要指影片的拍摄和制作,华谊自不必说;影视产业的中游主要是指影视作品的发行,简单理解就是电影的宣传和发行,如何更好地把电影卖出去,并且卖个好价钱;影视产业的下游,主要指放映业及其衍生业务,比如影视原声大碟、周边以及围绕影视作品这个IP衍生出来的更多的产品。在冯小刚的《我不是潘金莲》上映期间,冯小刚还曾因为万达院线对此片的排片不满,在社交媒体上和王思聪进行了"争执",冯小刚认为万达小肚鸡肠,因为华谊的挖墙脚而不愿意多安排此片的放映场次,而王思聪解读场次少的原因在于影片的质量不佳。由此可见,即便华谊打造了属于自身的全产业链条,但是在某些环节,还不是最好,起码放映环节,万达院线在内地的第一位置,短时间内还无人可及。

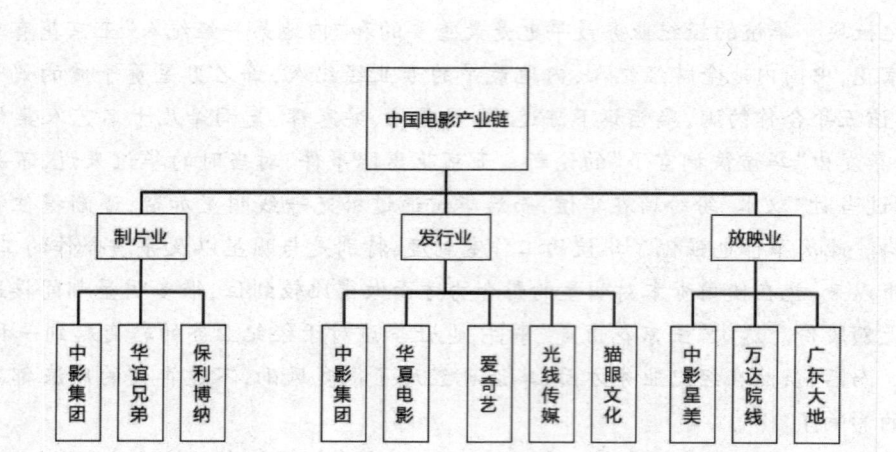

```
                        中国电影产业链
                              │
        ┌─────────────────────┼─────────────────────┐
       制片业                 发行业                 放映业
   ┌────┼────┐      ┌────┬────┬────┬────┐      ┌────┼────┐
  中影  华谊  保利   中影  华夏  爱奇  光线  猫眼   中影  万达  广东
  集团  兄弟  博纳   集团  电影  艺    传媒  文化   星美  院线  大地
```

图 8-3 中国电影产业链

在影视产业链条中,还需要提及的是,从成熟的电影市场的通行规则来看,发行费用和制作费用基本是 1∶1 的,也就是说,制作费用 1 亿元,发行也需要投入 1 亿元。但是在我国,发行环节比较弱,发行的费用有制作费用的 50% 就不错了。此外,在放映环节,一部电影的总票房,首先要缴纳 5% 的电影事业专项资金,此资金主要用作扶持电影发展,特别是新导演。其次,要缴纳 3% 左右的特别营业税,以上两种加起来不到 9%,是"不分账票房"。剩下的 91% 又称为净票房。之后,隶属于国家广播电视总局的中国电影股份有限公司旗下的中影数字电影发展有限公司,会对净票房较大的制作(一般为 6 亿元以上),征收 1%~3% 中数代理费,作为发行代理费。在剩下的票房中,电影院能分到 50%,院线分享 7%,如果院线和电影院属于一家公司,则这个公司独享 50%+7%。制片方和发行方合计分享 43%。一般情况下,发行方会在电影发行之前和制片方约定,收取"不分账票房"和中数代理费之外票房的 5%~15% 作为其发行代理费用,于是,剩下的 28% 最终归属制片方。当然,在实际的票房分成时,会是一种动态的比例,比如,当影片处于劣势竞争地位的时候,为了让院线多排场次,制片方或者发行方会给院线返送票房分成的百分点,一般为 3~5 个百分点。制片方很多时候不止一家,那么制片方内部分成往往需要根据各投资方在总投资额中的地位、主次、份额,当然,主要的依据还是以货币形式出资的份额。除此之外,电影的收益还来自电视的放映权和网络放映版权的出售、海外市场、政府补贴、行业补贴(比如 3D 和中国巨幕)和其他收入。

如果冯小刚感冒了,华谊就要打喷嚏。用这句话形容两者的关系,颇有一番滋味。作为票房王者的冯小刚,《1942》之前,在国内的票房上被称为"常胜将军",特别是作为"国内贺岁档"的开创者,其影片在贺岁档基本都是大杀四方。《1942》却成了冯导在"贺岁档"的滑铁卢。该片虽然有一些节奏上的缓慢和叙事上的松散,但是仍然不失为一部极具诚意的佳片,上映档期放在春节之前,有点奔着"贺岁档"的意图,但是《1942》这样的历史催泪灾难片注定不会受到更多观众的欢迎和接受,贺岁档的观众,更多的是想在电影院中短暂地消弭一年以来的疲惫和不快，《1942》满足不了多数观众此类的需求。最终，该片票房比较难看，而该片是冯小刚导演、筹片时间达14年之久、投资2亿元的巨制。当时有机构预测，如果《1942》票房超过8亿元，华谊兄弟作为100%投资方和版权拥有方，分成比例预计将超过44.25%，公司收入将超过3.5亿元，这还不算将获得的1000万元资金补贴支持。结果票房仅仅收到3.7亿元，远远不如预期，直接影响当年华谊第四季度的股票市场收益。华谊也痛定思痛，积极拓展和其他导演的合作，制订新的导演计划——如徐克，后来就有了《狄仁杰》系列；和成龙的合作；以及《前任》系列导演田羽生为代表的年轻导演们……当然，和冯小刚的合作一直没有中断，毕竟冯曾是除了王氏兄弟之外，拥有华谊股票最多的个人。当然和冯小刚等人的合作不仅仅是作品上的，捆绑更深的还是资本上的联合。

2013年，正在走向鼎盛时期的华谊，备受资本追捧，在资本市场风生水起，风头无两。手握巨资的华谊开始在资本市场上左右出击，大手大脚买买买。当年9月，宣布以2.52亿元收购张国立创立的浙江常升公司70%的股份，资本和舆论顿时愕然。常升公司于2013年5月才成立，注册资金仅为1000万元，净资产也只是比注册资金多出3000余元，成立不到半年，盈利能力尚且不明，但这次收购的溢价率却高达36倍。在常人眼中看来，简直是天下掉下大馅饼，砸到张国立嘴里，不吃都不行。即便外界议论纷纷，惊讶愕然，王中军却说："这就好比我娶个媳妇，别人觉得不好看，我就觉得很好看。"

当然，这不仅仅是两个公司之间简单的收购和卖出，既然华谊已经上市，收购必然是动用到股市中全体股东的资金，不可能由王中军随心所欲。王中军此时的想法，是既能深度绑定张国立成为华谊的人力资产，又能把资本市场的钱换个兜，从股民的口袋辗转再到自己的口袋，左手给张国立2.52亿元，右手就让张国立用1.52亿元接盘王中军和王中磊持有的股票并锁定三年，资本市场的人士有理由质疑这种行为就是在曲线减持。虽然之后，在重重压力下，这个激进的方案最终改成：张国立名下的弘立星恒公司在二级市场上买入了近533万股华谊兄弟的股票。这些股票账面上在2015年上半年的牛市中浮盈翻倍，但由于购买的股票要锁定三年，三年之后解禁时的股价已经比张买入的价钱腰斩还不止。

两年后的2015年，华谊兄弟以10.5亿元收购了冯小刚的浙江东阳美拉传媒有限公司70%的股权，东阳美拉是一家空壳公司，只是由于是冯小刚的公司，通过这种资本行为，华谊兄弟深度"捆绑"了冯小刚。2015年的业绩对赌虽然失败，冯小刚虽然补偿了华谊2.35亿元，但是冯小刚仍然在华谊资本市场中的大局里，得到了8亿多元的收入。

同样的操作，华谊以7.56亿元收购成立仅一天的、有李晨、冯绍峰、Angelababy、郑恺、杜淳、陈赫等明星作为股东的浙江东阳浩瀚影视娱乐有限公司70%的股权，华谊在对外的回应中称：不管收购的公司成立十年也好，成立一天也好，最看重的是明星股东的影响力。用资本绑定明星资源的招数，在华谊的资本运作中屡屡出现。

除此之外，腾讯和阿里早已经入局华谊。与马云的合作更像是一个段子，王中军多次和马云接触，希望阿里投资华谊，马云一直不为所动，直到有一次，两人在一个会议上同时出现，私下闲聊的时候，王中军再次提出希冀马云入局的时候，马云问王老板是想挣钱还是想成为中国的华纳，王老板说要成为中国的"华纳兄弟"，于是马云当即"吃下来"华谊5%的

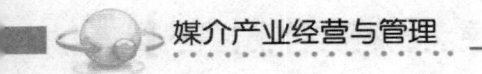

股份。

　　当然华谊的早期成长中,通过"分散风险",向银行贷款,华谊开启了用文化作品"电影"版权贷款的一种新模式,这种模式在电影产权发达的市场中比较常见,囿于当时国内的文化产权保护还不健全,国内的银行罕见认同电影版权可以作为抵押物的行为,华谊凭借和中国银行早期合作积累下的良好关系,"吃了第一个螃蟹"。"坐吃政策",得益于国家对于文化产业的扶持,对于国家文化"软实力"的重视,文化产品出口不仅给予一定的奖励,还可以退税。发行模式,买断和分成——新画面出品的《英雄》当时被美国哥伦比亚公司以比较低的价格买断,得到了该片在海外市场的发行权,买断即意味着海外市场的收益全部归哥伦比亚所有,与其母制作公司新画面再无任何关系,后来《英雄》仅在北美的票房成绩就突破了5000万美元,打破了当时中国国产电影在北美的票房纪录,买断行为一定程度上显现了当时内地电影公司、电影人的不自信。之后,华谊也好,包括其他内地公司在向海外发行影视作品的时候,开始认真考量和使用分成方式。

　　华谊有个公益项目,公益项目的资金多数来自王中军出售自己的绘画作品。王中军对绘画的喜爱不仅体现在大手笔拍下毕加索和凡·高等名家的作品,还经常自己作画,后被明星或者其他人收藏,十几年来,通过别人对王中军画作的收藏,王中军给华谊的公益项目带来了数千万元的义款。

　　据华谊官方的说法,华谊兄弟三大发展战略分别是强内核战略、国际化战略、大娱乐生态圈战略。"强内核"即"强化内容核心",华谊的立足之根,也是华谊的传统优势。华谊在精品影视作品的打造上,确实在国内的民营影视制作公司中数一数二。华语作为一家以内容优势见长的影视娱乐企业,"强内核"一直作为其首要战略。

　　国际化内容布局方面,曾参投美国游戏电影《魔兽》,是华谊兄弟国际化布局的一次成功尝试;2015年年初,华谊兄弟和美国STX签订三年18部影片的合作计划。此次是中国电影公司第一次参与到从投资、拍摄到发行的好莱坞完整工业流程体系中,第一次参与合作影片的全球收益分成(包括票房、电视转播及IP衍生收益等),同时也是第一次按份额享有合作影片的著作权;2016年,华谊兄弟携手美国导演罗素兄弟致力于全球性系列IP的投资和制作;华谊与韩国Sim Entertainment整合旗下业务,按照电影、电视剧、艺人经纪的业务架构稳步推进……

　　"大娱乐生态圈"战略是基于华谊兄弟"影视娱乐""品牌授权与实景娱乐""互联网娱乐"三大业务板块梳理的平台化运营逻辑,通过搭建一个联动平台,让华谊兄弟的优质内容得以顺畅流转,并通过对娱乐资源的充分调用,为自身体系外的其他主体提供更多的附加价值和增值能力,共享生态红利。大娱乐生态圈就像是一个促进内容增值和流转的生态系统。在这个系统中,影视娱乐内容可向互联网线上流转,衍生为游戏、网剧、网络大电影、粉丝经济等产品;向线下流转,成为电影小镇、主题公园等实景娱乐衍生品,延长影视IP的生命周期,并实现价值最大化。同时,互联网娱乐能通过影游联动等方式,反哺影视娱乐内容的产生;并为线下的实景带去粉丝经济,以及例如VR等新的技术体验。另一端,同时也可作为影视作品拍摄地或线上业务导流的入口,为华谊兄弟各业务板块间提供更多联动,形成协同效应,带来更大的生态红利。

目前华谊已经覆盖了电影、电视剧、网络大电影、网剧、漫画、动画、游戏、综艺、直播等多种娱乐内容形式,在提升全产业链 IP 流转和增值能力上还有较大空间。

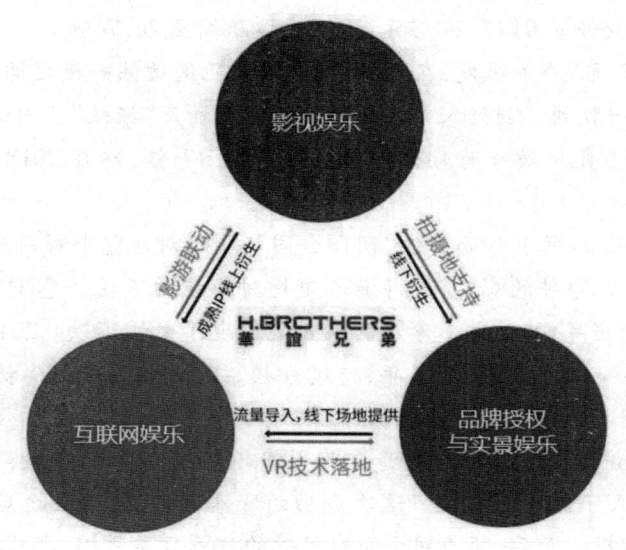

图 8-4　华谊兄弟三大业务板块

2021 年 8 月,华谊宣布,拟将持有的控股子公司华谊兄弟(天津)实景娱乐有限公司(以下简称"实景娱乐公司")15%的股权,以 2.25 亿元的价格转让。本次交易后,华谊兄弟持有实景娱乐公司 39%的股权,不再纳入公司合并报表范围。此次转让实景娱乐的股权,是华谊在实景娱乐上十年耕耘的又一次坎坷。每个娱乐公司发展到一定阶段,都梦想拥有迪士尼那样的模式,把自有 IP 建成乐园,实景娱乐作为华谊的重要业务板块,也是三大战略的重要组成部分,曾经作为华谊"去电影单一化"的重要着力点和"破局"关键,自从成立实景娱乐公司以来,陆续参与或者收购了观澜湖华谊冯小刚电影公社,在此还完成了《私人定制》等的拍摄;华谊兄弟电影小镇(长沙、济南);华谊电影世界(苏州)等。

虽然在 2021 年的上半年,实景娱乐还为母公司带来 2000 余万元的盈利,但是为了优化华谊的商业模式、提升经营效率,华谊还是决定以轻资产的形式对实景娱乐进行转变。

无论是房地产商还是娱乐公司,在近几年都对实景娱乐颇感兴趣,不过由于 2020 年的疫情,使得诸如此类的实景娱乐处于一个比较尴尬的地步。疫情防控常态化的情形之下,实景娱乐的维护成本增加,收益却更不稳定,转型轻资产的目的就在于降低风险。华谊兄弟首个自主的重资产项目苏州电影世界运营压力较大。电影世界总投资达 35 亿元,是华谊重点打造、以自由电影 IP 为主题的电影文化实景项目,引入的 IP 包括"狄仁杰""非诚勿扰"等。不过,和迪士尼、环球影城相比,华谊兄弟旗下受少年儿童喜爱的 IP 仍有所欠缺,对全家欢的家庭型游客缺乏吸引力。且其电影 IP 在开发方面也存在较大的难度。比如迪士尼有漫威电影宇宙、公主系列,方特也在持续开发《熊出没》系列,而华谊的大量电影都非系列化电影,缺乏长久持续的影响力,IP 属性也比较弱。不过文旅项目的投资回报周期较长是业内公认的难题，电影世界项目自建成以来，多是亏损运营的状态。有数据显示，2020年，华谊兄弟品牌授权及实景娱乐板块实现营收1.25亿元，虽然同比增幅达到260.16%，但依然不及营收滑坡前的水平，约为2016年营收的一半。此外，实景娱乐在2020年营收大幅增长的同时，成本也增长269.36%至9147.29万元，毛利率被压缩至26.76%。

2018年，"阴阳合同"事件爆发，在此影响下，华谊兄弟仿佛一夜之间跌落神坛。短短的三年时间，从影视第一股到了创始人需要卖画卖豪宅卖资产"拯救"公司的境遇，上市初凭借明星股东被资本追逐，直至巅峰时期总股本扩张了近17倍，却在2018年盛极而衰，令人唏嘘。

由于冯小刚《手机2》的制作而引发"阴阳合同"事件，对于整个影视业来说是一次震荡，华谊首当其冲。由于此事件的影响，使得资本市场对华谊的不信任急剧增加，资本纷纷"出逃"，仅在事件发生的当年，华谊第三季度的收益就出现了大幅下跌。2018年全年华谊出现上市十余年以来的第一次亏损，此后三年，持续亏损。加之相关的电影被雪藏不得上映，进一步加大了华谊长期及短期的债务偿还压力。

2010年6月，华谊1.485亿元自有资金获得掌趣科技22%的股权，当掌趣科技也登陆创业板后，给华谊带来了惊人的回报。这次成功的资本运作，使得在之后投资银汉科技，也收到了一倍的投资回报。而后，随着对于游戏监管的政策日益紧缩，游戏行业的黄金时期过去，华谊对于英雄互娱的投资则拖累了华谊的整体收益。

而高价收购影视明星创立的空壳公司，则在社会和资本方面都引发大量的负面争议，使得相关部门加大了对于影视类公司的监管政策，一定程度上加速了影视公司的萎缩。华谊自然不会独善其身。虽然对于其他行业的投入，一定程度上缓解了华谊主业的衰落。

第九章
网络新媒体的经营与管理

第一节 视频网站

移动网络发展到 5G 的今天,在线视频已经成为一种重要的媒介,它的发展和完善标志着现代媒介的转型程度。目前,国内占据主要市场的视频网站呈现出头部发展不断壮大,中间力量发展艰难,尾部发展无力而被吞并的局面。而各个头部视频网站进行经营管理的过程中,各自的侧重为其在用户心中树立了不同的形象。

(一)腾讯:聚合渠道,链接内容和用户

马化腾在 2015 年作为全国人大代表参加两会的时候就表示,腾讯在未来专注于两件事,连接与内容。而由他创办的腾讯公司是目前最大的互联网综合服务提供商,同时也是中国服务用户最多的互联网企业之一。腾讯视频在发展过程中,以背后母体作为依托,凭借其自身丰富的内容资源优势和渠道优势,在视频网站的竞争市场上一骑绝尘,令其他同类型产品望尘莫及。

腾讯在营销管理上自成一派,秉承着"内容为王,用户为本"的价值观,其核心就是紧抓年轻力量,slogan 是"不负好时光",基于年轻用户的场景体验,引发用户情感共鸣,从而推动营销,在为自身带来流量和口碑的同时,也为品牌方获得最大利润。在将内容和用户之间连接的过程中,主要从以下几个方面进行突破:

1. 招商:突破剧集壁垒,精准定位,链接用户和品牌方

腾讯的剧集一直被商家看好,但是很多剧集由于受到内容的限制,品牌无法找到植入的契合口,致使商家望而却步。而腾讯的商业团队不断探索新的玩法和模式,力图打破品牌和剧集内容之间的壁垒,从而吸引更多的品牌商。在《云南虫谷》中运用了"剧集 IP + 密室 + 直播"的线上线下联合思路,选取 5 位嘉宾分别组成相应的探险队,进入密室进行解密,而在此之前,《云南虫谷》的团队就联合了 5 个投资商,使品牌以拟人化的身份出现在探险解密的全过程。"密室"娱乐的受众对象集中在年轻用户,腾讯提供的这一平台,使品牌方借助密室直播形式,和年轻群体进行直接沟通,传播品牌理念,得到了品牌方的一直认可。不得不说,腾讯为了能够实现品牌方的利益最大化,也是"煞费苦心",而 2 个小时的密室直播的在线观看人数达到 14 亿,微博话题的阅读量超过 1.3 亿,成绩斐然,取得了品牌方喜闻乐见的传播效果。

2. 横纵联合满足用户体验:纵向整合,带动自身子媒介;横向联合,不同媒介之间链接互动

"流量"靠的是用户,而用户关注的社会热点才有可能变成"流量"。腾讯视频利用用户对于社会热点的关注,同时注重不同媒介之间的合作,除了自身的子媒介之外,和其他媒体

之间的链接互动也是其增加流量的重要方式。

在诸多体育赛事报道中,腾讯的流量稳居前列。根据清华大学媒介实验室在线调研结果显示,超过四分之一的用户将腾讯视频作为主要观看平台,认为腾讯视频是内容最丰富的视频网站,其原创节目也深受好评,并且认为腾讯视频是冠军访谈最多的视频网站。之所以能够给用户这样的良好体验,主要原因在于依托于旗下的"兄弟媒介":腾讯网、腾讯微博等自身子媒介平台的垂直互动,利用自身优势精准定位,为用户提供全方位的体验。

而腾讯视频的"网台联动""反向输出"一直都在不断进行尝试,力图"强强联合",实现媒介之间的链接互动。各大网络视频平台都在为此努力,以期实现作品效益的最大化,这时候已经不再纠结于播放权的争夺,传统电视台的联播被各大网络视频平台喜闻乐见。腾讯视频最早将《我们15个》反向输出给东方卫视,侧面证明了网络视频平台的自制能力和质量都在不断提升,获得市场认可的同时,也受到主流媒体的争相追捧。

3. 基于用户体验,垂直布局,搭建全业务矩阵,实现市场覆盖

用户对于公司是免费的宣传员,口碑会像"滚雪球"一样在用户群体之间蔓延传播,腾讯深谙此道,在运营过程中以用户为中心进行网络服务的开发和管理工作。

腾讯的触角已经涉及互联网的众多领域,为自身创造了强大的公共网络平台,实现了全方位的渗透。多元化的发展为其规避了市场风险,能够使腾讯在激烈的市场竞争中占据重要席位。目前,腾讯的业务已经囊括了电子邮箱、即时通信、网络游戏等核心领域,垂直整合业务布局,实现全范围覆盖。

腾讯后台设计过程中,将主要任务描述为:为助力团队达成"业务目标",设计师通过对"用户的洞察"找出具备业务价值的"用户体验目标"。并通过设计,用有限的资源"解决用户的问题",进而协助产品提升"相应的指标",并持续"提升设计团队"的效率和能力。可以看到,腾讯的设计团队将用户的各个指数作为工作依据。

在腾讯涉足动漫之前,首先了解到87%的用户都有正在看或者是看动漫的需求,这样的高数据也促使腾讯将动漫进行内容引进。在2012年,腾讯就取得了日本集英社《火影忍者》《海贼王》等作品的中国独家网络版权。

2015年7月,基于庞大的网络文学阅读用户,腾讯收购盛大文学,组建了阅文集团,一举成为网文阅读平台幕后最大的BOSS。2015年,阅文和微信联合推出的"微信阅读",也推动了阅读社交化的进程。

动漫和文学一直是成本最低的IP起源阵地,用户通过阅读提供数据流量,基于用户需求,除了游戏这一最基本的IP变现渠道,腾讯深知IP的影响力和爆发力必然离不开电影和电视剧,也就理所当然地进入影视行业。

在这样的发展轨迹下,腾讯实现了业务矩阵的垂直布局,在市场覆盖率和市场占有率上均成绩傲然。

4. 用户估计不足,营销失败案例

在成功营销的同时,也有一些失败案例。例如,作为英雄联盟的首部动画大作《双城之

战》,整体制作水平可圈可点,在海外受到了非常广泛的关注,远超同期的《鱿鱼游戏》,但是这部作品在国内的关注度和热度都非常一般,问题不是出在腾讯的营销手段上,而是在做预案时,对用户作出了错误的估计和预判,前期将所有的宣传重心都放在了游戏竞技上,不断登上热搜的也是"××队夺冠"的相关新闻,一时之间热度居高不下。但是,这样的宣传造势也只能受到原有用户的青睐,相关"热搜"和新闻的持续时间相对较短,待热度冷却后反而像销声匿迹一样,无声无息,可以算是"关起门"自娱自乐的一种方式。归根结底就是在营销策划上没有考虑过吸引新的用户和流量,作为能够让"圈儿外"观众了解英雄联盟游戏背景的动画片,腾讯如果在宣传上为其匹配相应的宣传,对于新用户、新流量的吸引将会造成很大影响,对相关衍生产品的推广也会更加水到渠成。

(二)爱奇艺:夯实头部,借力科技力量

2010年,爱奇艺正式上线,比腾讯视频的上线时间还早一年,而爱奇艺上线之后,因其清晰、流畅的界面体验在网络视频平台的竞争中获得一席之地。2013年,百度收购PPS之后将两者进行合并,为爱奇艺提供了更丰富的内容资本。现如今,隶属于百度旗下的爱奇艺,也为其提供了配套的宣传营销。

爱奇艺从创办之初,通过持续不断的技术投入,迅速获得市场认可,在对比腾讯、爱奇艺和优酷三大平台1080P的清晰度时,清晰度和亮度都不相上下,但是在对比度上,爱奇艺明显更胜一筹,用户的视觉体验更佳。

1. EcoMedia技术平台的率先使用:满足用户、内容方和品牌方的核心需求

爱奇艺是第一个以提升视频观看质量为理念的网络视频平台,"悦享品质"也一直是爱奇艺主打的品牌口号。中国网络视频在早期发展过程中,网络版权收入低、用户体验感差、投放环境品质不佳、视频网站盈利难等成为主要难题,而爱奇艺率先使用EcoMedia技术平台,积极技术创新,从四个方面作出突破:首先,完成内容质量的提升。降低人力成本,完成后台内容处理,提高内容质量。其次,实现广告的精准投放。研发符合国际标准广告规范的精准投放引擎,提供丰富的视频广告展现及互动形式,从而提升广告投放的有效性和精准度,确保高效配置全网广告资源。再次,实现用户行为精准分析。通过可靠的用户数据,并进行统计分析,确保用户能够购买到最具有价值的影视内容。最后,实现带宽资源的优化。通过优化网络架构,改进视频核心编码算法,在确保奇艺提供高品质播放的同时,最大限度优化利用带宽资源。

2. AI智能系统的应用:建立全球首个理解人类行为的"爱奇艺大脑"

从2014年开始,爱奇艺就开始尝试利用人工智能技术进行视频数据分析,以技术为趋同,提升内容生产质量和效率的同时,进一步提升用户的视听体验。经过不断的自制研发,爱奇艺利用自己研发的计算机图像识别技术,率先开发出"只看TA"的视频功能,将人脸识别功能应用于视频播放,实现用户需求的精准匹配。

爱奇艺在电影修复领域也作出了极大的突破,利用自身在视频理解、图像识别与视频增

强领域的技术专长,将爱奇艺团队研发的 ZoomAI 视频增强技术应用在老电影的数字文件上,在保有原片艺术风格的基础上,恢复了老电影的影像原貌。同时,利用自己研发的声音增强技术,保证原片声音质量的基础上,将老电影中的雪花声、底噪等去除,并使用独有技术,将原本的单声道音频提升为双声道立体声和 5.1 声道环绕立体声,为老电影的声画质量作出巨大改善。爱奇艺也凭借此特有技术,在第 28 届中国金鸡百花电影节荣获"老电影修复荣誉表彰"的证书。

爱奇艺通过技术创新,联合高校教研机构持续发力。2020 年,在第 33 届金鸡百花奖的"影视教育与产业发展高端论坛"上,宣布和厦门大学共同成立"电影修复联合实验室",通过利用 AI 进行电影修复,力图建立电影修复效率和品质平衡的新标准。

3. VR 头显硬件的开发:将移动智能设备作为载体,构建 iQUT 内容生态,打造移动院线

VR 技术的热度近几年居高不下,各个科技厂商致力于对其进行更广泛领域的应用和开发。爱奇艺致力于头显硬件的开发,奇遇 VR 系列从一代到如今的三代,硬件开发不断创新。针对这一头显硬件,爱奇艺在 2018 年基于虚拟现实和人工智能技术专门开发了 iQUT (iQIYI Ultimate Theatre) 未来影院,为其定制了 iQUT 标准视频,而这些片源都配备了超清、高码率、高帧率,并且兼容杜比全景声及 DTS X 音效。爱奇艺构建的 iQUT 内容生态,已经涵盖了超过万部视频,使用户能够不受场地限制获得影院级的视听效果。

2015 年可以视为爱奇艺的分水岭,这一年爱奇艺借鉴网飞的经营模式,开始转型为流媒体平台。互联网借助于流媒体的技术优势,虽然改变了电视行业的传统,打造出了潜力巨大的在线视频市场,但是对电影院线市场的撼动却微乎其微,究其原因还是在于电影院线所带有的视听享受是在线视频平台所缺乏的。而爱奇艺通过软硬件和内容的联合开发,打造出来的 iQUT 未来影院,对于在线视频市场来说,是一场重大的变革和突破。

(三)优酷:跨界融合,多面发力

优酷上市之前,也是客户端游戏业务最挣钱的时期,此时市场存在感最强的两大代表是盛大和搜狐,而优酷也一直将其作为竞争对手。而在优酷上市之后,此时的竞争对手已变成了爱奇艺和腾讯视频。

现如今,优酷是隶属于阿里文娱旗下的网络视频平台,阿里也为其提供了一部分用户积累,淘宝用户量累计达到 8 亿次,众多淘宝用户在开通"88VIP"年卡时,会赠送优酷的会员服务,无疑是"背靠大树好乘凉"的典范。优酷最大的优势除了"背靠"阿里之外,在网络视频行业中,也是为数不多获得 1 亿元以上投资的网站,其风险投资支持也属于世界级别的。

1. 优酷体育将 CBA 作为蓄力筹码,融合淘宝天猫、盒马鲜生、大麦实现联动营销

优酷体育现在隶属于阿里体育,在拿到 CBA 的转播权之后,联合同属于阿里旗下的各大平台,强强联合、跨界融合,除了对体育事业的多方面探索和挖掘之外,对于其他平台来说,也将成为新的增值点。

优酷体育和淘宝联合,创建"双十一体育分会场"的一系列直播,同时在优酷和淘宝平台

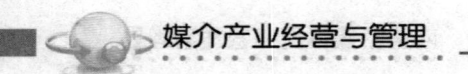

进行播放,观看人数轻松破亿。联合盒马生鲜推出贴心的外送服务,将盒马的一站式消费特色进行植入,在第二现场享受体育竞技的激情时刻。与此同时,联合大麦购票平台,喊出了"直播上优酷,买票上大麦"的 Slogan,实现线上线下的联合营销,线上直播的同时促进线下的体育消费。

2. 优酷影视整合阿里内部渠道,多方平台推广营销

优酷影视在整合营销过程中,充分利用自身内部的平台优势,实现 IP 价值的最大程度开发和获利。在播出《白夜追凶》之后,通过微博平台的讨论热度、阿里文娱的后期营销,实现了同名小说的推广上市,并获得市场的一直认可。而《三生三世十里桃花》的营销,几乎出动了阿里旗下的所有平台,各平台的开屏动画、首页焦点均有"来优酷看桃花"的相关推广内容。支付宝的新年福卡、微博热搜榜、虾米音乐的歌单、淘宝的明星同款、咸鱼拍卖演员戏服等形成的营销矩阵,使这部作品在 6 家网络视频平台播放中,顺利瓜分了超过三分之一的流量。与此同时,优酷联合北京地铁进行的线下创意场景营销,一时之间成为全国各地竞相模仿的对象。

优酷各种类型的影视资源均在利用阿里提供的平台渠道进行营销推广,前期联合自家渠道打造声势,后期联合自家渠道大玩创意,在整合营销上优酷可谓是具有得天独厚的优势,也非常善于利用自身的优势,实现双赢,利用同一个 IP 不断挖掘其价值,以获取最大利益。

(四)网络电影:潜力巨大

"网络电影"是指以互联网作为发行渠道的电影,这一名词从 2019 年才真正被行业认可,它是新媒体时代的艺术产物,从最初的网络短视频、微电影发展到如今的网络"大"电影。网络电影的质量也从最初的良莠不齐到现在已经足以媲美院线电影,从内容品质、营销秩序和行业状态都得到了规范化管理。爱奇艺对网络大电影作出过这样的定义:投资 50 万元到三四百万元之间,时长超过 60 分钟,没有特别大的造景、制作,拍摄周期相对较短,核心是故事。

最初网络电影涉及的故事大都是在院线看不到的类型:犯罪、鬼神、恐怖,或是打着擦边球的情色、畸形爱恋,等等,这些领域是被动或者主动被市场"空"出来的,哪里有需求哪里就有利益,于是网络大电影就钻了进来。网络电影确实为电影产业培养了人才,不过也制造了很多垃圾。

网络电影消费者是对于新媒体接受程度高的一群人,他们更愿意在视频平台上买单观看影视作品,年龄约在 15~40 岁,月收入不到 5000 元,较少参与各类较高消费水平的娱乐活动中去,日常生活比较闲散平淡,需要一些猎奇的东西来满足没有变化的生活,或者在工作之余有可够消磨的东西以及抹平破碎的时间。这个群体大概就是当前网络大电影消费者的样子,虽然网络电影的费用较低,考虑到我国庞大的网络用户数量,这将是一笔不错的收益。

2016年对于网络电影的限制,对于网络电影的发展是利大于弊的,未来,网络电影的数量和质量将得到提升,而网络电影的发展将更加专业化和精准化。可见会有更多的网络电影被投放到网络中去,而在这种情形下,入门的门槛也将逐渐提升,只有提升作品质量才是立足未来网络电影的根本。而网络电影要获得更长足的发展,也必须组建自己的专业化创作团队,采用规范化的操作模式,打造精品化的影视产品,才能在未来的市场竞争中拥有核心竞争力。以牺牲作品质量为代价的粗制滥造,贪多求快的创作注定会被淘汰。随着市场体制的健全和规则的确立,网络电影野蛮生长的时代已经结束,网络电影的制作方和平台在网络大电影全面管控的情况下,情愿不情愿都要加强文化自觉和行业自律。

网络电影还提供了一种可能:建成多个类型片的圈子。如警匪片,可能会有一系列这种题材的片子出现,更重要的比如艺术片,走在网络电影前沿阵地的爱奇艺,开辟了国内即便在线下院线也少见的艺术片院线,本身就是一个很好的尝试。艺术片有没有观众?答案是肯定的,不过艺术片的观众是相对小众和分散的,而艺术片借助网络的平台,或许会打开不一样的局面,带来不一样的收获。网络提供了一个平台,越来越多的资本和人才投身到网络电影的领域中去,众多青年导演和团队通过制作网络电影,熟悉电影的基本流程,借此进军更大的平台。

网络电影在未来也有和院线电影打破壁垒、相互交融的时刻。网络电影作为媒介融合的一种产物,打破了产业固有的边界,改变投资、制作方式,对于电影的发行也是一种有益的丰富。在渠道上,"二战"后谈电视色变的好莱坞,却发现电视是电影的另一个重要渠道。网络是在互联网时代、新媒体发展过程中,电影的新载体,网络大电影适合在互联网时代下的"碎片化"。网络大电影正是这个载体的重要表现形式。网络大电影也是"院线电影"在新媒体上的试水。在盈利上,网络大电影较之"院线电影",和互联网下出现的新技术、新事物关系更加紧密。

1. 数据透明化,促进市场的规范化管理

2020年,由于受到新冠肺炎疫情的影响,网络电影的用户和产量呈井喷式暴增,近百部电影票房破千万,网络电影《奇门遁甲》的票房甚至超过了5000万元,之后的《倩女幽魂》的票房也达到了4000万元,市场潜力巨大,也为数据透明化提供了条件。前期网络电影票房主要依靠播放量和有效点击量来评判其票房影响力,但是其中数据注水的情况会比较严重。前期,腾讯和爱奇艺均通过公众号更新各自网络电影的数据榜单,但是对于观众来说非常不方便,需要打开不同的公众号。而在猫眼专业版介入网络电影的分账数据,并搭建了网络电影信息数据库之后,集结了腾讯、爱奇艺和优酷三家的网络电影数据,整合好的数据信息均会周期性更新。自此数据逐渐透明化,点击量注水的情况得到较好的解决,方便观众的同时,片方和投资方均可以根据用户数据获得真实需求,参考性更强,行业规则也逐渐成熟。

三大平台前几年的网络电影票房均是逐年上涨,爱奇艺的票房从2019年的1.09亿元到2020年2.15亿元,都取得了不错的成绩。但是截止到2021年年底,三大平台的网络电影分账票房突破千万的仅仅只有61部,比2020年少了18部,其中爱奇艺29部,腾讯21部,优酷11部。通过透明数据映射出来的市场发展规律,让更多电影人能够从容而不盲目地继

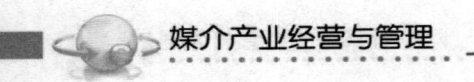

续探索,不断挖掘网络电影市场的巨大潜力。

2. 质量精品化,专业电影人不断涌入

网络电影一经入市,便迅速占领市场,备受瞩目,但是随着市场的发展和网络电影数量的增加,其质量却难以保障,很难满足观众的审美需求。虽然《奇门遁甲》的票房超过5000万元,但是评分仅有5.4分,《倩女幽魂》的评分也只有5.1,较低的分数确实令人为网络电影的质量感到担忧,长此以往,网络电影的发展将进入恶性循环,这样的创作环境亟待改善。

2020年春节期间,新冠肺炎疫情的影响导致院线无法营业,此时徐峥率领其创办的欢喜传媒剑走偏锋,放弃院线,宣布电影《囧妈》改为网络播出,成为中国电影史上春节档电影在线首播。而字节跳动此时独家获得《囧妈》的播放权之后,在旗下的抖音、今日头条、西瓜视频、抖音火山版等诸平台进行视频投放,精彩片段、混剪视频等作为主要创作形式,上线仅仅3天就获得了超过6亿的播放量,口碑和流量获得双丰收的同时,也使字节跳动的业务顺利跨足影视业,为网络电影提供了新的发展方向。

近年来专业化的制作团队逐渐看到了网络电影的市场,传统影视制作公司以及专业人才不断进入电影市场,企图在这块"大蛋糕"上获取盈利,资金的涌入也为网络电影的产业化发展提供了保障,不断推进我国网络电影优质作品的产出,网络电影的票房和口碑甚至一度超过了院线电影。

3. 优化分账制度,平台和发行方实现共赢

随着猫眼专业版的介入,数据逐渐透明化,各大网络电影平台纷纷调整分账方式,以期实现市场长久的良性发展。

4. 网络电影分账方式

腾讯的网络电影以前的分账方式是按比例的模式,而现在的分账方式主要集中在内容定级单价和有效的观看人次上。腾讯的内容定级分为五个级别:S+、S、A、B、C,其定价分别是4元、3.5元、2.5元、1.5元、1元,而分账周期均是自上线之日的6个月。其中,每位付费用户连续观看单一付费作品超过5分钟的时候,即为一次有效观看人次,采取量化的计算方式,让片方清楚地知道自己作品的收益标准,这也成为他们对平台的参考标准。

爱奇艺的网络电影分账模式现如今一直沿用的是"会员观看分账"+"广告分账"的模式,其内容定级主要分为四个:S、A+、A、B,S级的定价稍微复杂一些,非会员不低于12元,会员会有5~8折的折扣,点播期的票房收入在扣除渠道费用之后,按比例进行分成。A+级的内容每次有效点播分账为3元,A级为2.5元,B级为1元,并且这三个内容级别都会有广告分账。

爱奇艺是国内首家推出PVOD模式的网络视频平台,这种Premium Video on Demand(优质/高端点播)模式,将院线电影几乎同时期在流媒体平台进行付费点播,一时间将网络电影的质量和数量直线提升,对于用户来说选择空间更大。爱奇艺将S级的网络电影应用于PVOD模式,为片方获取更高收益提供了可能性。

优酷的分账模式和腾讯的模式基本相同,分账收益均是取决于内容定级单价和会员有

效的观影时长。其内容定级分为五个级别:S+、S、A、B、C,定价分别为6元、5元、4元、2元、1元,并且对网络电影的推广资源包不断升级,前四个等级可以获得诸如App、PAD、PC等基础推广资源,C等级虽然没有相配套的推广资源,但是却可以直接进入优酷网站内的算法体系中,核算奖励。并且,优酷在网络电影的扶持上推出了一些其他的激励规则,对于优质内容的佼佼者会直接给予现金奖励。

不论是网络视频平台还是网络电影的发展,都应当将用户作为核心,以技术作为依托,重视媒介之间的联合发展,不论是今后的"跨界融合",还是"强强联合",都需要不断地探索和开发,确保用户的需求得到最大满足,才能在激烈的市场竞争下保持长久的生命力。

第二节 社交媒介的经营和管理

(一)社交媒介的概念

社交媒介是现今最受关注的一个词汇。在2012年问世的影视作品《社交网络》中,把"Facebook"创始团队的成功故事转移到了大屏幕中,影片主要讲述的是两个电脑专业者在互联网时代创造财富的一段感人经历。这一影视作品拿到了第83届奥斯卡最佳改编剧本奖。Facebook、微博等不但是一个用户自我表达、创建社交关系的软件介质,也属于一类新媒体。不过,对社交媒体这一定义的概述相对模糊。大部分针对"社交媒体"的定义一般是根据现今比较广泛且流行的网络应用程序来对其概念进行阐述的。

通过对社交媒介中用户和媒体之间的内在关系进行分析,弗里曼、查普曼等学者指出:社交媒介代表着一个革命性的发展态势,其定义来自"Web 2.0技术"及用户自主设计的发展趋势。Web 1.0技术的应用功能是:在线生产与信息发布,它一般代表着对特定个体的创建、信息发布等控制。Web 2.0技术则逐步增加了万维网的对全部网络用户的操控水平。社交媒体与传统媒介进行对比,其传播模式、内容发布等都有一定的差异性,它是按照网络中社会大众对交往等带来的需求,对六度分隔理论于互联网背景下所带来的聚合效应的一种反馈结果。所以,一些学者明确指出:社交媒介存在一定的互动性,它能够完全突破"传者"与"受者"的限制,让媒介和受体之间的概念变得愈加模糊化。在对传统媒介背景的研究中,陈力丹、史一棋等学者指出:传统媒介在用户和媒体之间的内在关系中发挥着一定的主导效应,用户一般被认定是受众,往往是被动地接受媒体所发布的信息,媒体利用新闻或栏目等内容发布,尽可能地提高受众的关注度。但是在新媒体背景下,由于自媒体等传播模式的逐渐创建,媒体和用户的地位出现了扭转,受众已经变成信息接收者、传播者等,已经不再是被动性地接受媒体产生的信息,他们能够通过积极的评论去传递自己备受关注的一些资讯。在此,新闻并非是"大家新闻",却变成了"个人新闻",使资讯变得愈发私人化。

通过社交媒体的信息传播,万维网能够营造一个全新的网络社会环境,使媒介和受众能够无偿且平等地聚集到相同的舆论环境下,一起分享、反馈与评论,这和传统媒介存在的现象是完全不同的。社交媒介使用者完全脱离了订阅传统媒介的经济限制,通过互联网平台能够自由地筛选出所需要的内容,对媒介经营者来说,也需要尽快地适应这一新变化。

基于社交媒体的传播介质,维基百科把社交媒介定义为"一种通过计算机所创建的多媒体工具",它能够支持人们在虚拟社区与互联网背景下实施创造、分享与转换信息、思想、图片与视频等。凯普兰、海因莱等学者全面探讨了社交媒体在 Web 2.0 技术的主导下,以用户生产与创造内容,构建一个满足信息交互需求的网络应用平台或程序。莱扎、布莱克肖等学者站在营销层面进行分析,把社交媒介认定是"一个多元化的,经消费者创造、培育、应用的网络信息源,其中蕴藏的信息主要是为了对产品、品牌、服务、个性等进行营销"。保罗·莱文森开创性地把媒介划分成两种,即新旧媒介与新新媒介。他指出,新新媒介一般是在个人独立完成的基础上创建而成,能够让消费者转化为生产者,这也是和旧媒介存在差异的关键性特征。凯斯曼、海姆金斯等学者利用自我、交流、共享、表达、关系、命运、群体七大功能模块创建的蜂巢模型去界定社交媒体的概念,对各类社交媒介品牌诸如 Linkedin、YouTube 等在以上七个维度方面的表现实施比较,比如:YouTube 更注重分享,Facebook 注重于社交关系的维护,Linkedin 关注的是用户自我表达。

通过对社交媒介的特征描述进行分析,社交媒介一般必须符合以下三大要求:(1)使个体能够在一个相对封闭的环境中(诸如局域网)创建一个公开或者半公开的个人形象;(2)使个体创建一个能够和其他用户创建关系的列表,要具有交互性;(3)个体能够浏览其信息链接,并与系统中与其他用户进行分享。在移动网络技术的影响下,用户之间的分享、合作、讨论等制造与生产了互联网主要的信息内容,也使社交媒介转变成一个高度完全交融的平台。根据对以上概念与特征的描述,本书把社交媒体的概念认定为:基于 Web 2.0 技术的背景下,能够自行生产内容,且于终端设备中完成信息互动、分享的网络平台。它能够使用户动态地接受、传播、分享等资讯,真正地满足社会大众对交往的一个内在需求,使参与者能够获得较强的满足感。

(二)社交媒介的属性

社交媒介的属性一般是指两点:(1)交往属性,其意义是社交媒介代表着网络社交行业的始点;(2)媒体属性,主要是指社交媒介具有极强的互相传播特性,使其转变成为媒体中的媒体。在各个历史发展环境中,社交媒介的存在模式有一定的差异性。但在万维网创建之后,人类社交的形态上升到了一个新的高点,在网络环境下进行社会交际的模式逐渐被大众接收并内化为当下大众固有的交际模式,交往也就变成了社交媒介的一个固有属性。并且,在当下现代社会的发展背景下,各国的社交媒介一般都发挥着舆论监督、教育等媒体职责,属于一类比较独特的媒介形态,对社交媒介的媒体属性而言,其不但通过创建公共舆论体现自身固有的媒体属性,而且也把传统媒介在传者、受者的双向传播中存在的不足予以修复和完善,使大部分传统媒体在网络平台中进行发声,并逐渐和受众进行全面互动与交流,创建一个比较成熟的媒介生态系统,社交媒介则变成了媒体领域中的媒体。

1. 交往属性

随着对人类传播发展史的不断研究,我们能够发现,交往在人类发展进程中发挥着非常重要的作用。在传统媒介的演化过程中,人类对信息传播、存储等一般都与交往存在的空间有着很大的相关性。随着媒介技术的改革与创新,人类传播的空间不断扩大,社交的时空也随着媒介技术的升级而出现巨大的变革。在万维网的时代背景下,社交媒介已经演变成一个全新的网络应用载体,并逐渐成为人们网络社交的一个重要平台,人们交往的时空也变得更加统一,人类信息传播的方式出现了明显的转变。人类能够动态性地完成在线交流与信息分享,且能够在随后的信息动态发展中随时整合交流与互动信息。传统的通信、邮递与书籍等已经变成莱文森所阐释的旧媒介。

最关键的是,这一变化引起的是社交互动产业的变革。在社交媒体创建之前,社交互动一般是通过口头或书面的方式进行的。语音的形成与文字存储对应的成本比较高,因为战争、火灾等因素的影响,造成书籍流失率不断提升。比如我国历史上的焚书坑儒、靖康之难,古希腊的亚历山大图书馆摧毁等造成了大规模的古籍严重受损,甚至让人类的某一段文明发展史被摧毁。

站在产业发展角度进行分析,社交互动所形成的社交媒介具备以下特征。一方面,网络发展能够使信息存储与传播的边际成本变成"0",在历史上,人类语言与文字的存储耗用了更多的纸张,在我国古时候,唯有皇帝有起居郎,他是在皇帝身边对其言、行进行记录,这属于一类成本普遍偏高的社交沟通的信息存储模式。不过,目前因为互联网技术的持续发展,人们能够通过网络存储语言、文字、视频、图片等,并能够动态性地翻阅之前的记录,然后存储至硬盘等存储系统中。该社交媒介属于一类在线工具,能够使人际沟通转化成一类产业。对此,如果认为是交往推化了社交媒体,还不如说社交媒体能够让交往变成社交产业化的一个重要始点。

人们一开始时产生了交往欲望,然后才能进行互动的实践活动。交往是属于人类社会的一种本能变化,社交媒介经营将其实现产业化,是属于互联网背景下的一个重要发展起点。在互联网时代之前,人类交往并非属于一类商业行为,也无法将其认定是一类可经营的资产。

2. 媒体属性

社交媒介是属于一种可以绝对电子化的媒介,它属于人类交往活动和网络技术的一个统一体。其媒体属性包括两点:(1)双向互动性。社交媒介具备自我内容创造的基本性功能,能够形成与传递信息价值,这与现今工业背景下电子化媒介与印刷媒介有一定的差异性。一方面,工业背景下的媒介具备充足的新闻生产资源,例如:新闻采编工作者、通信技术、印刷技术、维持新闻部门运行的丰富资金等,但是社交媒介一般是通过自媒体的方式进行呈现,其在资金、人力等方面投入成本并不高。不过,它们之间的最大差异是其传播模式,前者属于"单向度"的传递,后者属于媒介和受众的双向互动。(2)社交媒介一般会演变成为媒体中的媒体。在我国,随着微信公众号、微博、抖音等个体性平台的开放,越来越多工业

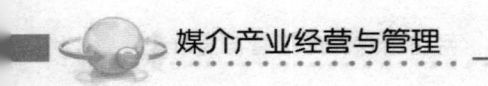

时代的传统媒介逐渐在微信、微博等平台中相继增设账户与公众号。基于当下这一发展趋势可知,传统媒介已经逐渐意识到社交媒介对广大用户所具备的感染力与号召力,由于传统媒介市场的竞争环境愈发激烈,拓展全新的内容传播途径成为媒介组织的主要战略布局。同时这一发展趋势也能够间接性地说明社交媒介已经转移到整个媒介市场工业的尾端,已经在真正意义上扭转了传统媒介领域中新闻制作与传播的途径。

(三)基于社交媒介运营模式的精准化经营

目前,虽然多元化的"互联网+"App应用已经为大众带来了多元化的生活与工作体验,不过社交媒介的应用频率远远超过普通的App应用。按照社交媒介的经营模式来看,它能够对不同的受众实施分类,并且能够迅速且精准地实现受众识别,并对其进行精准化运营。社交媒体能够使之前不存在相关性的手机号码、昵称、邮箱地址、性别、姓名等信息实现全面融合,把不同信息"孤立"地整合在一起,为创建受众信息分析库提供了一个重要的基础。社交媒体所储存的受众沟通记录,是对受众进行分析研究与预测的一个重要构成元素。在消费模式上,实际生活中的人们等同于虚拟网络世界中的人,社交媒介能够结合受众的各类相关信息对其进行鉴别,企业能够利用这一类数据及时对受众进行针对性的业务引导,为受众带来精准、专业的服务,确保营销方向更加精准与具体,此种模式也就是所谓的"大数据杀熟"。

1. 基于社交媒介运营的受众定位

社交媒介经营必须要把受众定位在三个方面,即强关系、个性化、小范围。(1)强关系需要和受众的交流,确保在互相信任的前提下,逐步延长和受众的交流时间,大大增强和受众的情感关系,促使其亲密度得到极大的提升,从而和受众创建一种比较稳定且深厚的内在关系。为社交媒介运营提供持续性、专业化的服务,并非仅仅是简单地推送内容,还需要做好打持久战的心理准备。(2)个性化要求明确强调,并确保遵循受众的个性化发展原则,在整合人力、物力、财力等资源的基础上,创建一些存在个性化的产品与服务。(3)小范围强调需要逐步实现产品的大范围经营,在受众数量较少的时候,确保服务与产品的口碑,并在发展的过程中得以逐渐完善产品,进而实现良性循环,促使其精准化经营范围持续扩大。

2. 基于社交媒介运营的受众粉丝

假若传统营销是指简单吃饭的话,那么社交媒介营销则能够看作是小吃或者正餐,但是精准化经营一般代表着正餐,社交媒介信息被受众接收的抵达率是100%。信息被受众点击的开启率一般是依靠社交媒介内容少且精的推送,使受众每日能够品尝到正餐,必须要提供有分量且有质量的精湛内容,把受众经营变成粉丝,由此能够为其制造互动内容,利用形象、个性、丰富且粉丝最喜爱的内容,逐步缩短企业和粉丝的内在距离。并且,需要参考传统的CRM受众关系管理模式,以社交媒介为平台,实施人性化的CRM受众关系管理。经营者要每日动态地整理粉丝中与产品或服务相关的反馈信息,然后定期登记粉丝的基本资料,从而能够创建具体的经营管理策略。

3. 基于社交媒介运营的受众互动

对于传统的经营策略来说,它比较注重与受众的互动,需要动态地分析受众的实际需求,不过是单纯地按照线下问卷调查或现场访谈等方式进行,此类模式比较耗费时间,而网络调查或电话访问过于烦琐,没有明显的有效性,这对于大范围的受众而言,公司投入的成本非常高,投入和产出不成正比。但是在社交媒介运营模式的推动下,能够使经营管理者创建一个能够和受众直接对话的途径,在添加了好友之后,每日能够互动,一个聊天窗口即可完成和受众的交流,筛选出不同性别、年龄等受众的相同兴趣点,不断地输出满足受众粉丝需求的互动信息,使受众能够潜移默化地认同企业文化,也能够使经营者变成受众粉丝的"好友"。不过,社交媒介经营必须要实现理性化管理,在官方运行的前提下,力争实现多方共赢,并且,也需要创建一个具体的经营管理模式,促使其产品营销方向更加精准与有效。

4. 基于社交媒介运营的技术可能性

当下社会,以计算机与通信等技术为载体创建的现代网络技术,促使媒介技术得以持续并全面革新与升级。首先,后端技术的革新。社交媒体后台存在受众分类管理的特征,它能够支持把留存的和受众交流的过程进行记录,确保企业能够从整体上分析受众的关注点。其次,前端技术的不断发展。移动网络技术能够确保社交媒介实现移动设备捆绑,人无论在哪里,都能够实现动态交流与互动,从而最大化地满足受众的多元化需求。前端产品营销工具能够利用导入小插件、小组件等方式进行高质量的互动,把大问卷、长问卷等拆分成小问题、短答题等,使接收信息的受众慢慢地忽视营销人员正在实施的受众需求调研等,避免出现厌倦心理,从而实现有效互动,甚至提供潜移默化的服务。不过,假若受众认为推送的某一前端营销工具和兴趣点没有明显的关联性,那么受众是能够将其删除的,往后不会接收与其相关的信息,但经营管理者又可以向受众引荐其他的前端营销工具。

第三节 短视频

媒介的变化经历漫长的过程,诸如符号、文字、语言、图像、视音频等,在不同的时代也都具备不同的特点,也在不断改变着人们的生活方式、接受信息的方式和思维方式。

从视频的出现到电影、电视的发展,互联网的普及、手机移动设备的技术更新,激发了全民创作短视频的热情。2013 年,小影客户端的上线,使后期剪辑不需要在电脑上完成,手机上就可以随时随地进行视频编辑,不需要过于专业化的学习就可以在短时间内快速掌握剪辑技巧。因此小影客户端迅速吸粉无数,被称为手机视频的"美图秀秀"。之后小咖秀的场景化的表演提升了用户体验度,使小咖秀一度成为"最火"的 App。

快节奏的生活方式、碎片化的时间都为短视频的发展提供了有利条件,互联网用户的需求通过短视频可以获得即时性的满足,互联网用户借助短视频获取新闻资讯,观看影视片段和音乐专辑,进行社交展示以及购物消费等。2017年,成为短视频发展的"分水岭",号称"南抖音""北快手"的两大App在一、二线城市迅速占领市场,并且邀请多位艺人宣传引流。从国内实测的数据可以看到,目前短视频用户占网络视频用户的近九成,甚至抖音在全球范围内的下载总量超过20亿次,巨额的用户市场提供了可观的消费市场,也带动了"直播"和"网红"等新兴行业的发展。

目前,短视频市场按照占有率主要可分为六大系别,分别是腾讯系、阿里系、百度系、今日头条系、新浪系、360系,其中每个派系都有侧重点不同的短视频平台,比如侧重于短视频创作的技术性平台,有剪映、逗拍等;注重内容分享的短视频平台,有抖音、快手、微视等。

这些短视频平台在经营管理过程中,主要将以下几方面作为市场拓展的突破口:

(一)精准定位市场:应用机器算法,进行用户画像,实现终端推送

用户画像是基于手机内置的惯性传感器,识别出用户的行为习惯(比如关注信息、搜索信息、阅读习惯等),基于此,对用户的特性(性别、性格、地域、年龄等)进行挖掘,从而构建用户画像。用户画像构建最初是为了保护用户隐私,但是从目前的用户体验来看,多数用户反而觉得自己在上网时是个"透明体",言行举止处于随时被监控并记录的状态。

但是对于内容生产者来说,了解用户需求和喜好,进行用户画像是产品成功的关键。

1. 构建用户画像,进行内容推送

短视频的运营大多数使用的都是机器算法,在进行用户推送的前期会读取用户信息,进行用户画像,并进行用户的行为分析,平台根据用户特性进行内容推送,实现精准投放。这和之前使用的"优酷模式"具有明显的差异,从用户的主动搜索,变成平台方的主动投放,平台方化被动为主动,为自己获取最大的利益提供可能性。当用户的需求即时性地被满足时,用户每天在这个平台上停留的时间就会比较长,也就表明该平台的商业价值越大,变现能力也越强。

以抖音平台作为案例进行分析,其采用的是机器算法,运营模式集中在内容推广和扩大影响上。根据大数据推算,短视频先进入初始流量池,将视频内容推送给用户,这种算法的特点是其流量分配的去中心化。用户可以没有任何粉丝,但是发布的作品也会被推送而获取一定的播放量,机器算法为作品自动分配流量池,并且根据播放的效果(评论量、点赞量、转发量等)决定作品是否会继续被推送给更多的用户。达到一定标准后,将会进入下一流量池,未达到标准的短视频,平台将停止推荐。

2. 创作者迎合算法进行创作,保持内容领域的垂直性,以获取最大收益

如今的网络环境下,用户画像的构建轻松即可实现,再加上基于机器算法的运营模式,用户的偏好和需求都会变得透明化,这对短视频创作者来说非常有利。短视频创作者"以用户为中心",根据自己的目标群体进行内容创作,用户目标越明确、标签越明显的创作内容,机器算法就会将其推送给更多的用户,也就更容易获得较高的流量。短视频的用户流量,相当于实体店铺的顾客,特指短视频的用户读取量。而流量的价值最直接的就是"变现",将流

量引致商业行为中,实现其商业价值,获取盈利。

早期,短视频市场的创作内容多数为投机搞笑类和明星周边类等泛娱乐性的内容,传播效果非常好,粉丝数量也非常多,这为前期的发展积攒了流量。而后期,短视频行业的发展进入了白热化的阶段,同质化的短视频内容过多,很容易导致用户审美疲劳而流失。这时候,视频创作者将目光放在垂直领域,将相似和相关的内容进行整合并持续输出时,很容易取得较好的市场效果。现如今,短视频的内容生产者对自己创作的领域不断垂直深耕,标签已经明显地细化到具体领域,比如在小红书的创作者,标签已经形成为健身、美妆、美食、穿搭、科技等不同领域。这也标志着短视频的发展已经成熟化,内容创作和早期相比,质量和深度都已经取得明显改善。

(二)提升流量数据:优化内容创意 + MCN 机构助推 + 用户维护

目前,短视频领域流量资源的分布上,抖音相较于其他平台,明显处于绝对优势。对其头部账号和内容进行分析时,可以发现,要想获得较高的流量,短视频创作者往往会根据近期热度比较高的"话题"和"特效"等进行视频内容的创作,比如光剑变装挑战、性别反转大挑战等,抖音提供好多模板,众多明星的参与也将热度炒了起来,但是,即便这样,普通用户拍摄之后会发现,依然很难取得较高流量。一是因为用户本身被系统判定为"内容消费者",推送时会被限流;二是因为千篇一律的视频内容,即便刚开始推送,但是因为缺乏互动性的流量,第一批流量池未对此视频进行任何"标记",也就很难继续被推送。而相同的内容,优质达人和明星在进行拍摄时,都会根据个人特色进行创意输出,即便只是简单的拍摄,也因为本身的"头部"身份,用户在看到之后,会对其进行点赞、评论、转发等操作,互动性提升之后,就会源源不断地被推送至下一个流量池。

1. 短视频想要提升流量数据,可以从以下三方面进行突破

优化内容创意:注重视频的故事性、原创性和创新性。

短视频市场的全面爆发,已经将用户的审美逐渐养得"刁钻"起来,要获取用户流量最关键在于优质内容的持续输出,这对于短视频创作者来说至关重要,需要不断地进行创意表达,才能稳固已有的"粉丝",并获取新的"粉丝"。

制约短视频内容的因素最主要的是时长的限制,制作内容的选取应该言简意赅,在短时间内抓住观众的注意力,将创作意图和目的准确地传达给用户,才有可能引起用户的关注,从而进入下一个流量池。

优质内容的创作,可着重从以下两个方面进行突破。首先,优质短视频最重要的特质是定位精准,有自己明确的风格和擅长的领域。比如,看到挑战类内容的视频用户瞬间就会想到"玲爷",看到情景性搞笑类内容的视频用户瞬间就会想到"papi 酱",看到减肥健身类内容的视频用户瞬间就会想到"周六野",之所以会有这样的效应,关键还是在于这些"网红"能够根据自己的特质进行视频内容的创作,并且在擅长的领域中形成鲜明的个人风格,也为自己贴上了"标签"。在对自身进行定位时,要明确自己的短视频题材,确定视频的风格基调，并对用户传递出具有明确价值的视频内容，这样才能够保障自己的短视频得到有效推广。其次，要进行横向分析，对"可能的"竞争对手进行同比分析。这个过程非常主观，并且前期对自己的视频内容已经有了清晰的认识，此时需要多维度地对同样的内容进行横向对比，深入了解同类型内容的创作动态和运营效果，并及时调整自己的内容。在避开同质化短视频内容创作的同时，更准确地对自己进行定位。

短视频也要"讲故事"。

前面讲到短视频制作者在各自领域进行创作内容的垂直整合，除此之外，短视频在专业领域之内，也应该披上"故事"的外衣进行包装。确切地讲，短视频应该剧情化，视频创作者根据要植入的内容进行剧情化的包装，这样的视频创作才能"固粉"和"吸粉"。据统计显示，超六成的消费者比较喜欢的短视频类型是剧情化的作品，占比相对来说较高，可以看出，剧情化+垂直领域的创作模式，已经成为优质达人的"吸粉"利器。

注重短视频内容的独创性和创新性。

短视频无论是创作的内容和形式都需要不断拓新，能够持续长久地经营发展，这取决于用户的满意度。短视频市场的竞争一直都处于白热化的状态，从最开始抖音、快手等平台之间的竞争，到现在各大资本纷纷下场抢夺市场，大大改变了行业格局。近几年可以看到各个短视频平台的流量和增速都不尽如人意，粗制滥造、套路化、模式化的短视频，对于用户来说已经失去了吸引力，产生了严重的审美疲劳，长此以往终究会被市场淘汰。因此，想要在短视频市场内被用户标记，不断提高短视频内容的独创性和新颖性是提升内容生产者竞争力的核心所在。

2. MCN机构助推：从UGC、PGC、PUGC三大模式的共存到MCN机构异军突起

早期中国互联网的内容生产格局为UGC（用户生产内容）、PGC（专业生产内容）、PUGC（UGC和PGC结合的内容生产模式）三种内容生产模式。而西瓜视频率先尝试将短视频IP化，并结合MCN（多频道网络）机构模式进行内容生产，成为短视频生产领域中新的内容生产模式。这种生产模式下，可以为内容生产者提供创意输出和项目运营的各项服务，保证了高质量内容的持续输出。在短视频平台上，可以看到相类似的账号会呈现聚集性的特征，比如李子柒和祝晓晗，在抖音上都是个人账号，用户根据个人偏好进行关注，而在MCN看来，就可以将其进行聚合，实现流量的导流。我们经常可以看到很多"网红"会相互"串门"，合体进行营销，其背后就是MCN将其作为了一个联合体，实现资源整合，并通过内部联动进行扶持，以此来扩大机构内账号的影响力，实现利益的最大化。

短视频平台从最初的"不入眼"，到如今已经成为资本的"香饽饽"，对于优质头部来说，得到机构的支持会更多，长久下去就导致了市场的两级分化非常严重。目前，资本雄厚的头部MCN机构通过和优质达人之间彼此容易获得"青睐"，通过"强强联合"轻松做强做大；而一般的MCN机构由于资金的支持本身就不具备优势，优质达人很难和其形成合作，导致这些MCN机构的经营十分困难，即便他们合作的达人拥有了较高的流量，这些达人也很快会被"挖走"，使这些小型的MCN机构陷入窘境。长此以往，恶性循环、两极分化的情况也越演越烈，但是对于流量的提升来说，MCN机构无疑是目前市场上的优选合作对象。

3. 用户维护：提升短视频的满意度、社会影响性、感知娱乐性和感知有用性

短视频想要实现持久盈利，必须考虑到用户如何长期地维护，使其保持足够的黏性，而短视频用户黏性普遍不强。对于大多数用户来说，用户会对自己感兴趣的内容进行观看，而对其他主题的视频很难产生关注的想法和兴趣。根据数据统计显示，短视频最受用户欢迎的主题为游戏、段子、创意和搞笑这四大类。

根据调查显示，短视频的用户黏性受到对短视频的满意度、社会影响性、用户感知性的影响，其中满意度对用户黏性的影响最大。因此，短视频平台在进行设计和运营时，要着重考虑如何提升用户的满意度，可以从功能性、实用性、美观性、趣味性等方面着手。同时，优质的系列内容将成为短视频的发展趋势，在进行用户维护时，对于优质内容进行系列化的开发和创作，在一定程度上，也能够提升粉丝黏性，增加用户的满意度。

（三）融合社交特性：利用社交推广短视频

短视频的功能性对于提升用户黏性具有一定的影响力。当个人通过短视频平台编辑视频并进行发布的时候，可以根据自己的偏好进行话题设置和发布地点的设置，视频发布时通过这样的附加设定，可以将其推送给目标用户，而看到的用户对此视频内容可以进行相应的评论、点赞、转发以及对发布者的关注，这样的功能在很大程度上吸引了年轻的受众群体。除此之外，明星通过短视频进行行程发布、知识性（穿搭、美妆、健身等）内容分享以及营业性的宣传等，也会吸引年轻受众群体的广泛关注，相互之间的分享交流、讨论效仿等行为，很大程度上利用短视频的社交特性，提升其在年轻群体间的影响。而在电影的宣发过程中，团队通过短视频平台发布相应的预告片，用户接收到推送视频之后，对其进行点赞、评论、转发等，在此过程中，宣发团队引导用户在评论区进行观点的表达，而宣发团队根据获得的即时用户反馈对营销策略进行适当的调整，以保证宣发效果。

2019年，字节跳动专门推出了一个社交化的短视频App"多闪"，还为了这个产品专门开了一场发布会，可见对其的重视程度。"多闪"强调其功能为"短视频+社交"，并且为了鼓励社交，分享真实状态，将旗下抖音平台内的"私信"功能，专门单拉出来做了一个App。"多闪"的核心功能就是"随拍"，和微信的视频动态异曲同工，但是诸如视频特效和AR道具之类的"抖音"功能基本照搬过来。而不同的是"多闪"的随拍会在72小时之后自动消失，这也是鼓励社交的一种手段。但是，这款产品在微信推出视频号之后，基本被用户遗弃。

微信本身作为一个社交软件，其社交功能毋庸置疑。在短视频开始病毒性传播的过程中，2020年，微信开发了视频号的功能，这个功能很好地集结了"社交+短视频"的功能，就像是微信和抖音的合体一样，而好友点赞、评论的内容都可以即时地被微信好友看到。微信对视频号从推出之后不断更新其功能，从最开始只具备短视频的基础功能，到后来的走向直播，微信的视频号逐渐完善并成熟起来。

（四）场景化营销：基于短视频实现营销目的

互联网的发展从最初的流量时代、数据时代，到现如今的场景化时代，在不同的发展时

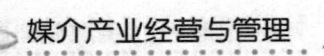

期,互联网对商业模式的影响也完全不同。流量时代是互联网企业发展的高峰期,网络入口占领决定了流量的占领,竞争非常激烈,最终占据互联网半壁江山的还是新浪和腾讯两大巨头。数据时代的到来主要是因为大数据技术和云计算的发展和应用,用户需求成为主要分析对象,以此来挖掘更大的商业潜能,也可以认为是流量时代的延伸,在流量饱和的基础上,全方位、多途径地实现流量变现。而场景时代更强调的是互联网所导入的线下流量,快节奏的生活已经使用户的时间被切割,时间已经碎片化,此时场景化的营销至关重要,只有为用户创建具有真实感的生活场景,才能击中用户的软肋,产生即时性的情感共鸣。

场景化应用于购物服务时,需要和用户保持紧密的联系和良好的互动。而短视频已经成为互联网用户主要的选择,要和用户建立互动,短视频成为重要桥梁。短视频用户成为消费者,其消费行为也因短视频所构建的营销场景一触即发,而同样地,商家利用短视频进行场景化营销的手段也在不断地变化。之前的营销行为只是单一的推销产品,而在互联网环绕的今天,利用短视频构建生活化的场景,和用户之间进行场景化的互动,在互动中实现营销的目的,已经成为短视频变现的有效方式。把握短视频所提供的特定时空,搭建平台情境,实现价值共创,使用户获得情感体验,在跨界融合的过程中,短视频作为重要媒介手段,既能满足用户的需求,又能实现商家的诉求,最终实现短视频产业的可持续发展。

短视频产业的发展需要和用户的日常生活紧密衔接,丰富并创新短视频的场景化功能,增强用户的情感体验价值,已经成为短视频发展的重要部分。短视频在构建场景时,就是在构建消费场景,使用户获得控制感,当其投入进场景中时,就很容易深陷其中。消费场景可以具体细分为选择性场景、购买性场景、使用性场景以及分享性场景。

1. 选择性场景

选择性场景决定了用户受到了何种因素影响之后会有选择的欲望。短视频制作者在长期的积累过程中,逐渐会成为意见领袖,就会对用户造成影响,当他通过短视频营造出选择性场景时,就能极大地鼓励用户进行选择。

2. 购买性场景

购买性场景根据用户的个人偏好进行相应的场景打造。场景打造过程中目的性非常明确,效果根据产品本身和构建场景的方式,决定了其对用户的作用力大小。

3. 使用性场景

使用性场景即通过短视频将品牌或商品放在具体的场景中应用,或者打破传统的使用场景,给用户的视觉冲击更为直接,更能够吸引用户使用的欲望。

4. 分享性场景

分享性场景就是利用短视频进行产品或品牌功能性或审美性的分享。短视频中的达人分享屡见不鲜,完全充当着意见领袖的角色,用户会根据其分享效果决定是否要跟随,比如小红书和拼多多的联合,从短视频分享到购买链接的推送。

在建设场景的时候,根据推送内容的不同,要把握好尺度,无论哪一种场景的营造都要考虑到用户的接受度,防止让用户产生不适感。

（五）短视频变现：广告变现＋直播带货＋内容付费＋平台扶持＋签约 MCN 机构

1. 广告变现

利用短视频进行广告的植入，这是非常普遍的一种变现方式。当账号的流量达到一定程度，并且处于稳定状态时，高人气的优质账号自然成为品牌方的合作对象，通过短视频将品牌的概念和产品进行多样化的表现，比如利用情节中的对白植入和剧情植入、场景内道具植入等方式进行品牌产品的推广，甚至直接为品牌方定制短视频，都能够较好地满足品牌方的需求，并且不同程度地影响用户。

2. 直播带货

短视频平台的直播带货能力有目共睹，短视频和直播之间既有联系又有差异，很多人认为短视频是直播的过渡阶段，直播集合了社交、媒体和娱乐的属性。前期很多优质账号利用短视频引流之后，后期"顺理成章"地进行直播带货，实现流量变现。

3. 内容付费

比较多的是一些知识性的账户，对于用户来说，能够快速获取有价值的信息，而对于内容生产者来说，付费是其创造价值的重要方式，也是用户对输出内容的肯定。

4. 平台扶持

短视频平台和内容生产者之间可以比喻为商场和商户，商场提供了平台，而优质商户将为其持续盈利，商场为了保证商户能够持续输出，会给予相应的补贴和扶持。而短视频平台都为内容生产者提供了分成和补贴计划，比如抖音推出的"Vlog 10 亿流量扶持计划"，快手推出的"创作者激励计划""光合计划"等。

5. 签约 MCN 机构

签约 MCN 机构最大的好处就是避免了"单打独斗"，背靠大树的同时，优质资源也会比较多，比如网红之间的联动、商务对接和日常运营等，机构都会有完整的规划，内容生产者只要专注于内容生产即可。现如今比较热门的 MCN 机构有 papitube、新片场短视频、大禹科技等，这些机构已经形成了工业化的生产模式，善于进行 IP 孵化，实现商业化的运作，可以为旗下的账号提供多种途径的流量变现方式。

基于短视频的流量容易流失，想要稳固并长期实现变现，最好的办法就是将短视频平台上的用户进行引流，引流的方向可以是自己后期容易把控的场域，比如微信群、微信公众号。

短视频的用户规模造就了多个行业的迅速崛起，并且快速地成长。目前，短视频行业的头部力量主要集中在字节跳动和快手两大平台。随着短视频产业化发展趋于完善，已经成为新媒体从业人员、品牌商、各大企业非常看重的营销推广渠道。但是，如何利用好短视频，将其作为宣传的利器，短视频的内容创作和运营方向至关重要。

第十章
媒介产业与经营趋势展望

第一节 全球化

从20世纪末开始,"全球化"已变成世界各国学者研究的一个重要课题。特别是在20世纪80年代之后,全球化已成为国际化发展的一个重要趋势,其概念具有多维化特点,覆盖金融、文化、政策等领域。全球化的趋势是指我们需要凭借着一种统一观念来分析世界、国家、产业等内在关系,使其内部的互相依赖关系愈发突出。从本质上看,由于信息技术的持续性发展,行业融合变成一种相对广泛的产业发展趋势,其形成、发展并非限定在国家或地区的产业范围之内,媒介的形成与经营已经完全打破了本土市场的发展格局。由此来看,全球化、信息化、行业融合属于国家经济发展的一个核心推动力量,并且也属于促进国家经济发展格局转变的一个重要力量。融入国家市场、参与全球竞争、加强世界分工等属于媒介领域的一个重要发展方向。假若行业融合把媒介行业置于一个相对开放、烦琐的产业系统内,那么全球化通常能够让媒介产业融合置于一个统一、互相依赖及竞争的氛围中。

(一)媒介产业的全球化发展

全球化对媒介领域带来的影响,站在生产层面进行分析,需要确保媒介形成的生产要素在各个国家之间实现有效流通、配置;站在生产关系层面进行分析,引起媒介产业资本的变化,使其朝着全球化方向转变,能够让媒介产业分工、竞争等区域持续扩大。首先,媒介行业的资本在跨国流通、国际间媒介产品贸易等发展可能会引起金融、文化、政策等方面的矛盾,这是世界各国媒介行业及相关政策颁布过程中一个比较烦琐的问题;其次,国际媒介资本一直没有在全球化的发展过程中减缓其前进的速度。

全球化的发展目标,是欧美等国在媒介行业发展过程中的一个核心推动要素。长期以来,美国是媒介自由贸易的一个创建者,也属于媒介产业融合发展速度最迅速的一个国家。从20世纪80年代之后,美国实施放松管制政策,减弱剔除了媒介产业融合的政策阻力,大大提升了媒介产业的发展活力,创建了以时代华纳、威亚康姆等为核心的一批大规模、综合性的媒介企业。在欧洲一体化的发展阶段,相继创建了《无国界电视指导条例》《针对调整卫星广播与有限系统转播中著作权与邻接权诸问题的欧洲合同》等,并进一步颁布了促进欧洲媒介行业统一性发展的相关政策。并且,欧盟与相关国家政府大力促进贝塔斯曼、BBC等超大规模媒介企业的建立,将其当作欧洲媒介行业实现国际化,并参与世界竞争、对抗美日等国家媒介集团的一个重要切入点,引导它们利用泛欧媒介市场进行业务一体化拓展。并且,日本、韩国、印度等国家也在不断开拓境外媒介市场,在世界范围内积极参与行业分工。

站在全球层面来看,大型媒介企业属于媒介行业融合的一个重要主体,也属于媒介领域实现国际分工的一个重要推动力量。国际扩张属于大型媒介公司实现全面发展的一个重要战略。时代华纳及其下属企业相继在美国、德国、新加坡、韩国、中国香港等进行战略布局。

2006年,境外市场经济收益突破91.55亿美元,占企业总收益的22.15%;迪士尼集团不但在境外市场创建了主题乐园,并且在世界范围内创建了不低于1000家品牌专卖店,且在亚太、西欧、拉丁美洲等区域创建了超过4000家具备特许经营权的公司,由此能够在国际范围内创建迪士尼的商业覆盖格局。

媒介产业朝着国际化发展,不但说明其向国际媒介市场推售相应的产品或服务,而且还涉及兼并、收购等,由此能够在各个国家或地区获得报纸、广播、网络等媒体行业的发展业务或产品、网络等一些跨行业的服务,且在国际层面创建一套全新、成熟的产业链条。这属于国际层面媒介产业资源配置的一个重要变化阶段,也属于媒介公司实现国际市场最大化、盈利最大化的一个阶段。媒介行业的国际化一般涉及三个问题,即产品、资本与生产。

对于产品全球化来说,是指媒介产业全球化阶段一个比较常规且重要的方式,它是指媒介产品或服务的生产不但能够满足国内市场的发展要求,而且还需要迎合国际市场的发展要求,一般覆盖图书、电影、电视、音乐等相关产品,也覆盖版权贸易、传播权贸易、制成品贸易等。大部分的跨国媒介公司都相继创建了独立的节目分销部门,比如:维亚康姆集团创建的哥伦比亚企划,贝塔斯曼创建的BMG音乐出版行。1996年3月2日,世贸组织正式创建,这必然促进国际市场朝着规则化、法制化等方向转变,也进一步提升了媒介产品全球贸易的自由化发展。

世界投资属于媒介集团实现全球化发展的一个必要路径。目前,由于金融行业的跨国发展,国际资本运作在政策方面的阻力、货币层面的障碍、制度层面的限制等会慢慢降低,媒介行业的世界投资速度会大大提升,媒介集团所有权重组的范围从区域市场朝着国际市场发展,跨国兼并、并购等速度大大提升。例如:新闻集团在1969年之后,相继兼并了《全球新闻》、《太阳报》、《伦敦邮报》,德国国际通讯企业、星空卫视等覆盖报纸、电视等产品的若干家媒体单位,同时按照合作经营等手段创建了德国天空广播企业、韩国天空广播企业,参股中国网通、广东有限网络公司。利用以上的资本操作,该集团在欧洲、北美、亚洲等相继创建了属于自己的产业网络体系,其经营范围不但覆盖传统的大众媒体与内容制作,而且覆盖信息服务、有线网络、电子商务等新媒体与电子化等行业。

生产全球化属于世界各国媒介行业关系转化的一个独特体现。其形成代表着各个国家媒介之间的关系从市场规模与盈利竞争已经转化成互相依赖、互相合作等。充足且廉价的生产力资源一直是发展中国家生产制造业参与世界贸易分工的一个先天性优势。不过,和传统生产制造业相比,具有的差异性是,媒介行业,尤其是处于融合阶段的媒介行业,其存在知识密集、金融密集等特点。在制造水平、资源优势、市场环境等方面,该行业的全球分工从地理层面来看,具有聚集化特点。比如,以好莱坞为典型标志的影视产业集群、以英国伦敦为核心的动漫产业集群等。各个类型的媒介行业集群的创建属于资源效应实现最大化、产业分工进一步加剧的固有表现。

(二)全球化对中国媒介产业融合影响的SCP模型分析

在科技发展、政策变化的影响下,媒介行业融合得以发生,该行业中出现了由基础技术至产业链的大范围创新与升级，也造成媒介行业关联性的转变，和其他行业之间的市场、产品、技术等的边界逐渐模糊。行业融合属于行业框架的全面性变迁，世界范围内的行业融合让中国利用行业融合与创新等实现了行业结构升级等。

行业融合自身具备一些不确定性，但是全球化属于一个非常烦琐且复杂的问题。我们无法对其深入判断其未来会通过哪一种方式进行产业结构升级，全球化的形成能够让这一问题的答案变得愈发扑朔迷离。不过，由于国际发展趋势的愈发明显，全球化则是分析中国媒介行业融合路径的一个重要方向，也是政策设计过程中必须要关注的一个关键背景。所以，我们需要通过 SCP 框架思考全球化对我国媒介行业融合带来的影响。

SCP（Structure – Conduct – Performance，结构 – 行为 – 绩效）模型属于行业组织理论的一个最具有代表性的案例，属于哈佛派系的一个重要研究内容。当代主流行业组织理论体系中的 SCP 分析模型，是由贝恩、谢勒等通过开创性实验进行创建，历经若干位学者的持续优化与升级获得的，它代表着我们能够按照市场结构、公司行为、市场变化等分析产业的发展趋势及未来前景。

1. 对媒介产业市场结构的影响

首先，对媒介市场进入壁垒造成的干扰。媒介行业的进入壁垒一般包括两个方面，即政策壁垒与媒介行业的自然壁垒。现今，在技术和市场双重力量的主导下，媒介市场链的重建已经开始，这不但涉及媒介市场链的拓展和分解，也涉及媒介和其他市场链互相联合、行业环节的互相取代。这一改变能够减弱媒介市场的自然垄断特性，为市场发展带来大量的潜在竞争机遇。网络等新媒体的形成促使媒介行业的发展规模持续扩大，在传统媒介产业市场不断萎缩的情况下，也对外来媒介市场的内容创新引入多元化的播放传播渠道，由此能够降低本地媒介行业的政策壁垒。虽然本土政府对外资进入传统媒介存在一些政策制约，但是媒介市场的融合能够让外资利用相对开放的其他行业参与其中，例如电子信息业等。由于跨国媒介公司在本土市场中的经验范围、市场规模等在持续扩大，其具备更加强大的发展实力与资本竞争优势，则能够促进本土媒介行业的资金壁垒与规模壁垒等形成。

其次，全球化促使媒介生产者的发展规模、分布结构等得以调整，必然会对市场竞争结构造成影响。从某一角度来看，媒介行业的全球化的目的是跨国媒介单位在国际市场中筛选优势资源、整合市场盈利、创建业务机制，是实现全球资本力量扩张的一个重要手段。2009 年，时代华纳集团的市场收益是 480.23 亿美元，大概是 3400 亿元人民币；贝塔斯曼集团的境外市场收入突破 103.26 亿欧元，大概是 1035 亿元人民币。但是在这一年中，我国媒介产业规模是 4356.2 亿元人民币。由此来看，和跨国媒介公司进行对比，中国媒介发展整体相对分散，实力不足，资源配置效率不高，竞争优势不突出。站在产业发展层面进行分析，"模块化"属于中国媒介产业融合的一个重要趋势，内容整合、生产与传播的技能、方法等属于国内媒介行业模块创建的一个重要知识机制，且相继创建其他产业模块之间的竞争与合作的内在关系。不过，从国际产业分布层面进行分析，中国媒介行业在知识系统方面，并非是唯一的，这能够说明，它还兼有其他的类似功能模块。由于中国媒介行业的开放，再加上国际媒介市场的创建，中国媒介行业必将出现更多的同质模块，也就是说，国际媒介行业的竞争会愈发激烈。

再者,全球化属于媒介行业管制框架创建的一个关键影响要素。从20世纪70年代之后,在自由主义思想的作用下,以伦敦为核心的欧美国家全面实施以取缔管制为目的的政治制度改革浪潮。放松管制对欧美国家媒介产业融合具有一定的积极影响,并且也必然能够促进该行业的全球化发展。由关贸总协定至世界贸易组织,贸易自由化逐渐呈现出明显的非可逆特点,所以对媒介市场的管制政策也出现了新的规定与要求。媒介行业的管制框架必须要满足国际贸易要求。现今,全球化的规则包含的范围非常广泛,必然会对媒介行业的政策颁布、管制架构的创建等带来极大影响。2002年中国成为世贸组织一员,中国媒介市场开放的力度大大提升。比如,2006年,对广告集团中外资比例不足50%的限制已经完全取缔,外商能够创建全资广告集团或控股合资集团。中国广告业正式迈向市场主导权的发展期。这说明,基于全球化的发展趋势下,中国媒介市场无法利用传统政策维持固有的市场竞争优势,必须要加强创新与变革。所以,寻找既满足国际准则,且能够推动中国媒介行业独立发展的管制体系是地方政府必须要思考与解决的一个重要问题。

2. 对媒介企业行为的影响

首先,全球化让媒介公司的业务结构出现调整。以跨国媒介公司为核心的媒介产业在国际化竞争的过程中,其实是媒介公司之间的一种竞争实力的博弈。跨国媒介集团大部分是"全业务型"的媒介公司。时代华纳、迪士尼等集团创建的业务大部分与传统或新媒体相关,例如,图书、杂志、影视、网络、电视、广播等;且创建了多元化的信息产业服务体系,例如,互联网运营、信息服务、数字化影视等。全业务经营为促进企业资源高效利用带来一定的推动效应,让各个类型的业务之间形成协同性,能够让媒介企业真正地朝着行业融合方向转变。

从中国媒介企业的业务组成来说,该行业相关服务的类型比较单一。例如,在媒介上市公司中,电广传媒的核心业务是广告制作与代理、影视栏目制作与发行、旅游行业、房地产、酒店业等;粤传媒的核心业务是广告影视、书籍销售、旅店管理等。媒介公司的业务通常是聚集在某一核心业务的产业链条中。这一情况和中国媒介企业按照媒体类型实施创建的原始形态、分类管理的政策规划存在直接的关联性。不过,由于全球化的持续发展,整体性实力是中国媒介公司面对跨国企业竞争的一个必要条件,创建业务制度,促进跨行业经营属于媒介实现健康、全面发展的一个基本要素。

全球化促进媒介公司之间的合作、重组。由于媒介行业的开放度大大提升,相关企业已经完全摆脱了相对封闭的竞争环境,在市场占额、盈利等方面的博弈愈发激烈,同时还需要面对国际市场的竞争与威胁。通过分析国内媒介市场的发展情况,目前还没有一家媒介企业拥有参与国际竞争、和跨国媒介企业相抗争的能力。虽然大部分媒介公司也在积极拓展全新的经营业务或产品,但是根据实际情况来看,成效不佳。网络、手机等业务仅仅是传统广播或报纸等业务的拓展,并未创建新的盈利增长点。中国媒介市场必须要借助于媒介集团的跨区域、跨行业的合作或重组,通过整合资源、减少竞争耗损,方可尽量地扭转分散、弱小的发展现状,确保各个类型的媒介公司的同步整合,创建一个大规模的媒介业务经营战略联盟系统,成立一个具有全国范围的媒介及其关联产业的不同资源高效配置的价值链条,通过存量实现增量,通过协同效应来促进媒介产业的全面发展,促使其经营实力的持续提升。

3. 对媒介市场绩效的影响

首先,全球化会造成媒介市场资源配置模式与范围的调整。媒介市场的国际化是由生产至市场不同层面的全球化。国内媒介行业向境外资本、集团等开放的情况下,国际市场也会对国内媒介集团打开大门。所以,国内媒介市场资源配置模式与范围的调整通过两个方面给予表现:(1)国内的媒介资源完全整合到国际媒介市场范围内,并进行重新配置;(2)国内媒介公司能够在国际层面、通过不同手段对各类资源进行利用与配置。对此,国内媒介行业的资源配置的衡量模式也会得以调整。

资源配置效率是评估市场绩效的一个关键参数,有两个指标:内部效率与配置效率。基于全球化发展的趋势下,对媒介集团的内部效率的评估不但要分析集团内部组织管理手段是否科学,而且还需要分析其在国际范围内的资源购置、重组、产出等能力变化。对配置效率的评估必须要站在媒介市场层面进行分析,思考媒介资源是否实现高效整合与利用,例如,被本土集团与外资公司的利用效果。

其次,全球化让国际区域内的媒介行业的垄断力量得以提升。由于媒介市场的全球化发展,媒介产业的资源、规模等都朝着显著的一体化方向转变。跨国媒介集团通过产业融合、各国政府放松管制等力量,在国际层面进行大范围的兼并、重组等,其中不但向产业链中进行拓展性的垂直兼并,而且也包括同类公司之间的横向兼并,由此能够满足不同产业融合的发展趋势,从而实现跨行业兼并等目的。

跨国媒介公司相继创建了跨国界、跨媒介、跨市场的产品与服务,而且还打造了完整的产业链条,形成了以国际媒介行业超国界的垄断力量。媒介所有权逐渐掌控在若干个大规模媒介企业中,以上企业逐渐呈现出在国际媒介行业的主导效应,且控制力度大大提升。国际广告市场已经被五家广告企业所分割,例如:Omnicom Group、WPP Group、The Interpublic Group、Publicis Group 和 Dentsu 等。在世界范围内约有76%的音乐市场被三家企业抢占,即索尼音乐娱乐公司、百代集团、华纳音乐集团,苹果旗下 iTunes 则占据全球数字音乐市场份额的75%。

第二节 媒介产业的定位与目标的重新设定

(一)幼稚产业:媒介产业的现时状态

根据产业发展调查结果看出,所有产业都存在一定的发展与成长周期。产业的生命周期通常包括四个阶段,即幼稚期、成长期、成熟期、衰弱期,其对应的产业各是幼稚产业、成长产业、成熟产业、衰弱产业。因为幼稚产业的基础、竞争等比较薄弱,通常必须要给予适量保护,方可逐渐具备和成熟产业进行抗争的竞争优势。不过,如果我们将生命周期认定为其中一个判断依据,那么幼稚产业的覆盖面是非常广的。按照现代产业理论的具体要求,幼稚产业一般是指产业发展周期短、规模小、竞争力薄弱等产业,其存在较强的成长性。

各个国家按照自身产业的发展特点、规划等确定幼稚产业的保护策略。肯普标准、巴斯塔布尔标准等都属于应用非常广泛的标准体系,整体来看,其覆盖四个方面的要点:(1)该产业存在一定的竞争优势,可以在有限的保护期内具备一定的独立生存能力;(2)该产业存在规模经济递增性、外部经济性等特征;(3)该产业的发展能够让一些隐匿资源的利用率大大提升,并进一步促进国家产业结构优化;(4)该产业的产出与收益明显超过近期的保护投入,且能够填补其造成的经济亏损。

站在产业发展层面进行分析,中国媒介产业存在幼稚产业等相关特点。

首先,中国媒介行业的产业化时间较短,经营规模有限,竞争力不足。国内目前的媒介产业发展时间比较短,与美国、德国等一些高度发达国家相比,竞争力不足。1979年,广告市场逐步开放,国内媒介市场逐渐朝着市场化、产业化等方向转变;一直到2004年,文化制度正式实施改革,媒介行业属性逐渐在政策层面受到重视。目前,中国媒介市场的体制改革依旧处在重要的探索与研究期,市场经营、主体创建等并未形成,市场结构、经营制度亟待优化。产业化发展失衡。媒介市场的发展机制并未实现由"粗放型"至"集约型"的变化;媒介公司的重组并未在本质上改变中国媒介市场分散、薄弱等尴尬现状;竞争区域分散、重复发展、同质化竞争等问题愈发常见;受众、人才等资源缺乏高效整合与开发;媒介融合与产业融合依旧停滞在经营层面,由基础技术至产业形态的数字化发展刚刚起步,媒介集团的创新力薄弱,对外贸易逆差大;和其他行业或国际媒介等相比,中国媒介市场的竞争力都非常小,没有形成较强的竞争优势。

另外,由"事业型机构,企业化运营"至"采编和经营完全独立",再至文化制度创新,不断加强媒介政策改革,中国媒介行业的生产力实现了全面提升,媒介市场具备较强的竞争活力。在我国实施改革开放政策的数十年中,媒介市场长期维持着高速的发展速度,相关产业机构均实现全面发展;1978年,中国媒介广告经营服务正式创建,我国互联网广告营业额从2016年的2305.21亿元逐年增长至2018年的3694.23亿元,呈现高速增长的趋势;2019年,中国新版书籍出版数量为204 667种;电视栏目制作总时长从1987年的9.17万小时提升到2019年的345.6万小时。通过预测发现,由于中国宏观经济的持续发展,社会大众对信息娱乐产品的需求量在持续提升,这必然会对中国媒介市场的全面发展带来一定的推动力。

通过产业发展特征及前景等层面进行分析,媒介产业满足幼稚产业保护的筛选要求。

媒介产业一定要通过有形或隐性的网络系统,方可把产品或服务由生产行业转移至消费行业,所以,其存在较强的网络性、成本弱增性等特点。媒介行业在发展期间具有比较突出的规模经济效应。现代媒介市场具有知识密集、资本密集等特点,而且还存在低耗能、高效率等特点,它们属于新兴产业、朝阳产业。媒介产业在发展过程中能够满足信息经济与知识经济市场中媒介产业高级化的发展要求。

媒介产业在实现产业融合的过程中,需要借助信息技术力量的引导,促使与其关联产业之间的产品、市场等通过不同层面实现全面融合与渗透,媒介和其他产业之间能够创建相对宽泛且复杂的产业链条,这对于增强媒介产业的外溢效应等发挥一定的推动作用。所以,在产业融合的背景下,媒介产业的可持续发展必须要得到国家在政策、资金、技术等方面的支持。

(二)战略产业:涉及国家经济安全与文化安全

战略产业是指某国经济发展阶段存在一定战略优势的产业。其发展一般能够促进经济结构升级,使其朝着高级化等方向转变,有利于逐步增强国家经济的发展实力,促使国家综合实力大大提升。战略产业是促进经济可持续发展的一个主导力量,是对国家经济发展、产业结构升级进行推动的一个关键要素。

信息技术是目前世界经济发展的重要支撑点,电子信息产业是信息技术革命的产物,也是信息经济时代的核心。并且,技术的研发、创新与电子信息产业的发展息息相关。在国家产业结构调整的背景下,电子信息产业作为传统产业技术改革、新兴产业技术升级的核心力量,对相关产业的发展、对产业结构的优化具有重要的作用。所以,电子信息产业是促进我国经济发展、实现产业结构优化升级的战略性发展策略。

媒介产业是以信息整合、传递为核心的产业单位,由于信息技术对传统媒介技术的取代,再加上新媒体技术的持续性发展,媒介产业已经逐渐呈现出强烈的信息产业特点。根据世界产业结构的调整特征进行分析,信息产业融合是现今媒介产业发展的一个关键趋势。媒介和电信、软件、计算机等行业之间的分界线已经愈发模糊,且形成了一些新产品或新业务,例如手机电视、数字电视等。以4C融合实现数字家庭产品、电子产品的创新和升级,通过数字广告媒体、数字电视等进一步促进数字演播室设备、发射器械、卫星接受器械等不断升级。

另外,随着信息化、全球化等持续性发展,文化在国家竞争中发挥的作用愈发突出。在20世纪70年代之后,文化产业在国际层面得到发展,它是一种实实在在的生产力,也是一个国家综合国力的关键构成力量,在参与世界竞争的过程中发挥着重要作用。一些学者认为,新世纪的国际竞争,已经不属于经济层面的竞争,也不属于军事层面的竞争,而是属于文化层面的竞争。美、英、法、日、韩等国大力发展文化产业,逐步促进国家文化的全面渗透,由此来增强国家竞争力。在我党召开的十八大会议中,国家领导人多次强调:"文化产业是国民经济中的占比非常高,其对促进我国参与国际竞争带来极大影响,对此必须要将文化建设当作全面建设小康社会的一个重要内容。"

媒介行业是文化行业的一个重要组成部分,属于文化制度改革的核心要素,其具有一定的独特性。媒介行业的发展是国家经济发展模式升级、产业结构调整的基本需求,也是保障国家稳定、文化独立、延续传统文化、发扬民族精神、增强公民素质的必要手段。新媒体产品的类型比较多,例如网络广播影视、移动多媒体广播电视等,创设多元化的信息服务,能够全面实现三网融合,这属于产业融合背景下的必然选择,并且也是促进中国文化产业升级的关键过程。

在 2009 年,中央相继颁布了与汽车、钢铁、纺织、船舶、轻工业、有色金属、物流等行业密切相关的产业振兴方针。并且同年 10 月,我国首部文化产业专项方针《文化产业振兴规划》正式颁布。产业振兴战略的颁布意味着以上产业在中国产业结构调整中的地位逐步提升,其中,文化产业正式成为国家战略性产业的一个重要组成部分。

根据已经颁布的相关政策进行分析,电子信息与文化这两个产业的振兴方案都与媒体行业发展存在很大的关联性。《电子信息产业振兴规划》多次强调,新一代移动通信、下一代网络、数字广播电视等行业的全面创新,能够获得最新的经济增长点,产业发展机制的全面转型能够实现全面提升,同时把视听产品、信息服务等一并融入到电子信息产业范围内。按照《文化产业振兴规划》的相关要求,其中明确指出,通过文化创意、影视设计、出版发行、印刷复制、广告设计、娱乐文化、数字动漫等产业的全面发展,逐步提高政府扶持力度,优化相关产业补贴政策,促进突破性发展,同时明确指出"通过数字、网络等高新技术,全面促进文化产业的不断升级"。这说明中央对媒介行业在现今应对国际金融危机方面发挥结构升级、刺激内需、促进就业、实现发展等功能提出了更严格的要求,媒介行业发展具备一定的战略价值。媒介行业的重要地位得以形成,产业结构持续提升,创新水平逐步增强,系统逐渐优化,产品与服务出口扩大则是媒介行业发展的一个重要方向。

(三)信息生产:媒介产业的基本任务与核心能力

媒介行业在宏观市场竞争背景下,面临的不但有机遇,也有挑战。首先,信息技术的持续性发展、产业的深入融合等,让媒介行业的生产力大大提升,并且能够全面扩大媒介领域的发展空间;中国市场经济制度的优化、产业结构升级等,能够对促进媒介行业发展带来政策性的支持。其次,在全球化的发展背景下,国际媒介市场朝着集约化、规模化等方向转变,跨国媒介公司的国际性扩张之路愈发突出。大规模跨国企业进行深入合作,创建超国界性质的利益集团,由此能够对国际媒介市场的垄断资源进行全面掌控。并且,世界各国的媒介市场已经慢慢地改变了封闭的固有状态,朝着开放的方向转变。并且,行业外、国外的企业资本的流入则会导致其行业竞争愈发激烈,这必然会缩减本地媒介的市场空间。媒介市场则会在当前的竞争背景下重新洗牌,并实现结构性调整。并且,媒介行业是中国产业体系的一个幼稚产业,其具有战略性特点,是否能够抓住发展机遇,真正地解决自己发展道路上存在的问题,对于其未来发展来说是非常重要的。但是明确媒介行业的发展方向,确定其核心能力则是确保其目标得以实现的一个基本要素。

通常我们能够看出,随着时代的不断发展,信息生产依旧是媒介行业的一个基础性任务,也是一个重要任务。

首先,由于信息时代的持续性发展,信息资源已经变成社会生活与经济社会发展的关键性资源。信息生产能力属于某一国家生产力提升的关键要素,信息的生产者和传递者,属于组建劳动力的重要推动者。1987 年,德国数据分析和自由组委会提出"信息就是生产力。信息存在一定的金融价值。拥有存储与分析某一数据的技能,则能够对其他国家的政治发展带来影响。"信息生产水平和经济发展、社会竞争力提升等存在一定的关联性。在中国产业结构发展背景下,媒介产业是专门进行信息生产、传播的一个独立单位,随着长期的发展,其软硬件得到持续性的优化,创建了一套完善、有效、成熟的经营机制,且积累了更多的实践经验,在信息整合、利用、呈现等阶段逐渐彰显出较强的能动性,促使其社会影响力大大提升。

其次,站在受众层面进行分析,信息技术在创建信息高速公路的过程中,逐渐提高了受众对媒介的依赖度。在20世纪中期,贝雷尔森等针对受众的媒介接触目的与应用形态展开调查,最后发现,其创建了"使用与满足(Uses and Gratifications Approach)"理论。通过调查发现,受众对媒介的应用一般是为了促进心绪调整、社交关系管理、环境监测、自我肯定等。信息技术与互联网的发展,能够为其带来大量的信息,并且也会造成信息过载等压力。人们担心的并非"问题找不到答案",而是"答案非常多"。并且,以几何式增长的信息量不断提高着人们分辨、处理信息的时间与精力。虽然大众对媒介信息制造中的信息筛选、议程设置等带来的信息失衡存在怨言,但是值得肯定的是,媒介集团在信息整合、筛选与高质量内容的整合方面,依然存在一定的竞争优势。

值得肯定的是,和传统的大众媒介时代进行对比,中国现今的媒介市场具备一定的独特结构,并且其对应的市场环境、发展需求等相继出现新的改变。以上改变必然会对该产业的"信息制造"等提出新要求,其对应的内容包括三点:

一是促使信息生产效率大大提升。和跨国媒介公司展开对比,中国媒介公司生产效率下滑这一现象非常突出。从现实角度来看,中国媒介公司的短板并非基础硬件设施,而是配套软件的落后。公司组织架构、市场经营体系、宏观产业政策等方面发展速度相对缓慢,导致交叉建设、同质竞争、区域分割等问题一直存在,大量资源在不断损耗或闲置,增加了生产成本,引起生产效率的持续降低。由于国际产业竞争,中国媒介行业必须要逐步调整信息生产工艺,大大提升资源利用率,降低损耗,并且能够逐步提升产能、产量等,促使边际成本的持续减少,并最大化地增强规模效应。

二是增强信息生产的专业水平。由于媒介与信息资源从紧缺慢慢地变得充足,信息需求市场发生了结构性调整。首先,大众媒介时代具有的功能包括即时信息发布、整合大众娱乐等,从某种意义上来看,逐渐被博客、SNS等新媒体所取代;其次,由于社会大众对信息价值的认知水平大大提升,个人与组织对高度专业化、存在权威性、原创性的信息产品的需求在不断提升。但是这一类信息的制造需要借助于专业团队、先进技术、完善的运行制度、大规模的资本投入等才能得以实现,如果是个体信息者通常是无法达到这一目的的。所以,中国媒介集团需要认识到这一变化特点,促使信息生产的专业化水平逐步增强,由此能够获得高价值、高质量的信息产品。

三是增强信息生产的灵活性、实用性等。产业融合能够让媒介市场处在一个持续性变化的产业结构中,媒介市场从垂直一体化的产业结构朝着网络化、模块化等方向变化,在和各类产业协同、融合过程中通常能够获得协同效应,也能够对媒介信息生产带来不同的操作路径与方法。比如,信息生产和移动通信、移动网络技术等融合,能够让不同大众获得独特性、即时性的信息服务;和数据库技术的全面融合,能够对分散在不同时段、各个区域、各个传播路径的信息实施一体化整合,提供多元化的应用服务,由此能够达到信息增值等目的。此时,媒介行业不但只是关注某一类或若干类特殊媒体的内容生产,而且还需要完善信息生产流程,整合信息利用途径,且通过广泛的技术标准,为信息产品的多元化传输与利用作铺垫。

(四)"三分开":媒介产业目标与功能实现的保障

媒介存在一定的经济与产业特征,不过也拥有公共物品特性,同时和政治力量有着很大的关联性。媒介行业属于我国文化产业的一个特殊分类,同时兼有战略产业的特征,其肩负着保障社会稳定、分担改革风险等责任。社会效益和经济效益一体化是中国媒介领域发展及其体制改革的一个重要条件。不过,因为这两个效益无法同时兼顾,其属于混合型体制中媒介市场在发展中存在的一个重要问题。我们通常指出,社会效益和经济效益从"混合"到"分开"的转变,能够让保障媒介市场多重功能的彰显、双重效益的实现等带来一定的可能,也属于新产业得以发展的一个基础要素。

媒介产品与服务属于媒介行业开展生产活动的终端产出,也属于媒介资讯、智力价值的统一体。媒介产业的全面整合与高效供应属于媒介产业效益得以提升的基础保障条件。信息技术的持续升级能够调整媒介产品的相关特征与属性,产品类型逐渐分化,各个类型的产品所具备的功能与市场价值差异越发突出。所以,我们必须要按照各类媒介产品的特点,创建与其相匹配的供应机制,方可对其运行体系进行整改。

根据经济学研究理论发现,一般把排他性与消费中的竞争性等当作辨别产品与服务特性、属性的关键指标。排他性的概念是指:倘若某一物品的潜在应用者并未满足潜在供给者提出的相关要求,通常需要将其剔除在这一物品的使用者的范围之外;从消费层面来看,竞争性的形成是来自每增加一个消费者的边际成本 >0。结合以上两个指标的变化,能够把产品与服务划分成 4 种:公共物品、公共资源、私人物品、可收费物品等(如图 10 - 1 所示)。产品与服务所具备的特性决定了消费者的支付倾向与生产者的供应倾向,也决定了其相应的供应模式。

竞争性	公共资源	私人物品
	公共物品	可收费物品

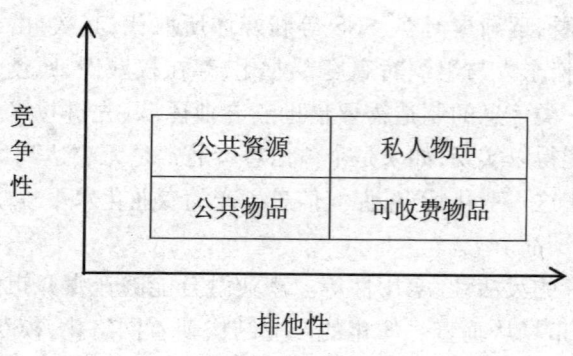

排他性

图 10 - 1

我们试图通过排他性与消费方面的竞争性角度分析中国媒介产品的性能及其变化特点。

产业化建设早期,媒介信息传播是面对大量匿名受众的广泛传播。媒介产品一般是按照低廉、实惠等价格或者无偿等手段提供给大众,竞争性与排他性都非常差,其具有公共物品的特点。不过,这一类媒介产品并非真正的公共物品,从本质上来看,媒介集团利用二重市场的经营,把产品的制造成本转移给广告商,媒介公司利用广告市场的经济效益能够对相关内容制造的资源进行补充。广告市场的繁荣发展,是增强媒介集团供给倾向的一个重要条件。此时,政府或政府主导背景下的国有媒介单位是产品和服务制造的仅有的合法部门,媒介产品制造必须要兼顾双重效益。政府直接参与必然能够确保其社会效益的实现,但是却会影响其经济效益,影响其产业化发展。

信息技术和产业融合促使媒介行业的生产步骤、经营模式、产业格局等出现调整,媒介产品的排他性、消费层面的竞争性等也会受到影响。比如,有线电视系统能够下调电视栏目收费成本,增强其内容的排他性;数字技术能够让个性化信息生产变成现实,这一类产品的市场排他性、竞争性等是非常突出的。媒介产品结构朝着多元化方向转变,其覆盖公共物品、可收费物品、私人物品等不同属性与类型的产品。通常来说,我们将这一改变认定是传统媒介背景下媒介产品双重属性的分化或拓展。各类产品能够最大化地增强其承担的功能,其属于媒介系统不断优化的一个固有表现。各类媒介产品,消费者的支付想法、生产者的供给倾向等都是有区别的,与其相应的是供给模式也会发生转变。

"三分开"是维护各类媒介产品全面供应,实现媒介企业社会效益和经济效益的一个必要手段。媒介行业的经营机制的"三分开"是创建在各类媒介产品特征与功能的深入性整合的前提上的。

以市场为核心的私人物品属性的媒介产品供应。私人物品属性的媒介产品,具有较强的排他性、消费层面的竞争性,产权清晰,买卖两方能够按照自己的价值变化,利用市场讨价还价等方式来实现交易。完全竞争市场能够确保产品创新、服务质量提升、生产效率提高。比如,娱乐性的图书影视作品、个性化的信息产品通过多元化手段,比如,编制与其相关的知识产权保护机制,提升法制与打击盗版力度等,确保产品的排他性、竞争性等不断增强,这是确保市场实现有效发展的一个重要因素。在这一类产品的供应方面,政府需要设置"游戏规则",保障市场秩序,维护产权职责等。

通过市场和政府的融合,将可收费物品的属性认定是媒介产品供应。可收费物品属性的媒介产品在消费层面的竞争性不足,不过,具备较强的排他性特点,如果对其消费远远高于其界限,则会造成其他消费性能的减弱。比如,网络服务。在主干网敷设结束后,每增加一个网络用户所形成的边际成本趋向是0;如果用户数量超过一定数量,则会引起网络拥挤、速度下降,必须要进行硬件升级。排他性一般决定了这一类产品能够利用市场机制给予供应。不过,这一类产品还存在成长性不足等特点,如果利用市场机制给予生产,则容易造成市场垄断或者供应缺乏,公司创新力不足,引起社会福利的持续缩减,所以,政府需要给予干涉,促使其供应量提升。比如,通过政府补助、许可证发放等,确保公司竞争水平提升,从而

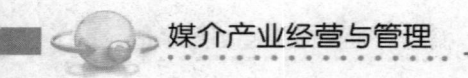

逐步增强生产者的供应倾向。

以政府为核心的公共物品属性的媒介产品供给。公共物品属性的媒介产品一般具备的功能是非常复杂的,例如,保护环境、解除社会危机、消除社会矛盾等,其生产能够保障大众利益,促使社会利益大大提升,存在较强的正外部性。不过,因为公共物品属性的媒介产品在市场消费方面存在一定的非排他性、非竞争性等特点,其边际成本为0。在竞争市场背景下,这一类产品的生产成本一般完全由生产企业承受,则会导致其生产倾向减弱。利用货币政策进行这一类产品的生产通常是看不到成效的。

针对西方媒介体制来说,非政府单位或非营利单位属于公共物品属性的媒介产品的关键供应方。不过,在国内并没有满足西方社会要求的非政府单位,大部分是"社会团体"或"民办非企业组织",这一类组织并不存在较强的供应公共物品属性的媒介产品的实力。所以,在国内,这一类产品的生产是政府主导的。这一供应模式并非代表着政府需要直接参与其生产活动,而是能够利用购买或指定生产等手段确保其供应关系稳定。政府一方面需要确定什么样的媒介产品存在公共物品属性,另一方面需要利用成本-收益法等判断这一类产品的供应量,然后制定相关政策,确保其供应充足,避免发生搭便车等问题。

第三节 管制框架:必要的调适与创新

信息技术的不断发展,促使新媒体的出现,造成各类媒体之间的竞争愈发激烈,并且也出现了不同媒体融合的发展态势。在此期间,不但存在管制框架这一常见的阻扰要素,政府职能重叠、政策颁布落后等引起管制成本提升等,也是一个阻扰要素。由于产业融合力度的不断提升,产业发展的迫切需求和目前管制框架之间的冲突愈发明显,对管制政策、产业指导等进行第一时间调整,并合理控制国内媒介产业融合的速度等有一定的积极意义。

(一)政府由越位、缺位至归位

政府是行使国家权力的一个重要推动者,也是产业政策的设计者与颁布者。所以,在媒介产业的管制背景下,政府处在一个核心的位置上,彰显出较强的主导效应。产业融合背景下,管制框架的变化,必须要思考的是媒介产业发展期间政府发挥的作用是什么。

1. 媒介产业发展期间政府干预的必然性

政府具备一定的合法地位,其拥有一定的强制手段,能够使其变成中国媒介行业发展必须要高度重视的一个博弈主体。媒介行业和任一利益主体之间的竞争从本质上来看,都处于和政府的关联竞争的状态中。也就是说,在媒介产业持续发展的背景下,媒介公司之间或者媒介和其他产业之间的博弈,能够在政府给定的某一比较固定的行为准则背景下和政府进行竞争,且利用反复竞争确保行业准则出现调整。

和其他行业进行对比，媒介的产业化发展存在一定的独特性，其是按照媒介的多重属性与媒介企业的社会功能所决定的。首先，媒介和政府力量存在先天性的内在博弈关系，在政治民主进程建设中发挥着非常重要的作用，属于政府治理社会的一个关键手段。其次，媒介企业具有文化传播、社会教化等功能，媒介产品不但覆盖私人物品属性的产品，也涉及存在可收费物品属性与公共物品属性等产品。按照相关理论和实践研究能够发现，市场政策在公共物品的供应和大众利益的保障方面通常效果是不明显的。

所以，在产业融合的背景下，政府依旧属于媒介市场发展的一个关键利益主体，政府干预行为是一个必然选择。

2. 产业融合背景下政府改革的必要性

政府存在政治与经济等多重动机，属于社会结构体系中一个比较特殊的利益集团。在国内媒介产业化建设方面，政府长期以来都具备非常高的介入性。不但能够通过政策、文件等手段促进媒介政策改革，同时直接参与公司的微观经营。比如，上海报业集团文化新媒体投资管理有限公司的创建是行政整合的一个根本表现。目前，政府单位和媒介公司之间依旧存在一定的利益相关性。比如，上市的媒介集团，电广传媒的真正控制方是湖南省广播电视局，时代出版的真正操控者是安徽省政府，北方联合出版传媒（集团）股份有限公司的真正操控方是辽宁省政府。

根据政府俘获理论能够发现，立法者与管制单位也非常看重个人利益最大化，不过，个别特殊利益企业能够利用俘获立法者与管制者，让政府提供一些对他们有利的政策。①政府属于媒介市场发展的重要利益主体。现今，媒介行业融合期间政府俘获表现是政府机关之间的重复博弈，利用政府文件与管理权限，尽可能地实现管辖区域的利益最大化。从本质上来看，这一行为是以牺牲区域经济与整体福利为代价的。三网融合在实施期间，行政性的阻碍是显而易见的。这会出现两个非常典型的问题：(1)寻租问题的广泛出现；(2)降低市场对于契约有效性的信心。

另外，在全球化发展背景下，由于信息技术的持续发展，再加上相关产业的不断融合，相关资源得到持续提升，媒介系统的规模不断扩大，媒介产业结构、价值关系愈加烦琐，市场主体变得多元化，政府利用介入的方式在宏观、微观、中观等方面进行管理与监督的难度会在极大程度上加大。这一策略是和国际贸易规则存在矛盾。

所以，在此背景下，必须要加强相关政府的改革与创新，改变媒介产业发展期间的政府职责与功能。

3. 政府职责与功能的转换

政府和市场的边界一直受到相关学者的争议，这属于一个非常关键的话题。也就是说，社会与经济的不断发展，必然决定了政府的职责是动态的、持续调整的。现今，在媒介产业融合背景下，中国政府发挥的作用一般是取代市场，却并非培育市场，它强调对市场的管制，却并非促进。由此造成政府的越位或者缺席，也就是说大量地提供了能够利用市场满足供应需求的媒介产品与服务，但是在公共产品与服务层面，具有供应紧张等问题。文化政策的

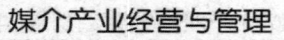

改革需要遵循的是"政企独立、企事独立、产权清晰、职责具体"等原则,其中,政府角色的转换是基础,也是一个核心。

中国政府需要从全能型政府转化成有效或有限型政府。

全能型政府的创建是在市场缺位的计划经济时代,政府不仅是媒介产业的管理者、政策的设计者,也是媒介资源的掌控者、市场经营的干涉者。由于中国社会主义市场经济制度的相继创建与升级,市场制度逐渐展现出相应的功能与特征,全能型政府在发展过程中,存在的困难是非常大的,对新经济环境带来的影响也会表现出明显的不适应。尤其是在媒介行业融合的背景下,政府单位管理权越位、监督权缺失、执行权错位等问题逐渐出现。所以,政府角色与职责的变化必须要协调处理"有所为"和"有所不为"的相关性。

通过政府经济管理职责层面进行分析,"有所为"代表着政府需要保障宏观经济的可持续发展,完善制度性基础,实施保护体系,解决市场缺陷,承担市场经营不能完成或者出现的低效资源配置问题,同时在经济再分配、协调各区域发展等方面发挥一定的重要作用。"有所不为"是指政府需要结合市场经济制度的发展水平与媒介产业发展情况,不断地约束自己的权责,降低自己的影响力。"看得见的手"需要逐步退出市场,由此能够确保生产者与消费者的效应最大化。也就是说,需要将权力归还于市场,归还于社会;创建有限型政府,从全能型政府朝着管理型、服务型政府变化。

有限政府能够最大化地彰显出市场功能,降低行政管理期间的寻租与创租等概率,避免权力滥用,但是无法真正地让政府归位。比如,职权有限,但是规模非常大的政府单位依旧出现管理效率低下、成本偏高等情况。

1997年,由世界银行编著的《变革世界中的政府》一书中明确指出,在变革的过程中政府必须要发挥有效作用。创建一个高质量的政府是其职责与功能实现全面转化的关键要素。有效的政府一般代表着在确保其担负的职能能够全部实现的前提下,能够达到高效低成本、管理高效、服务高品质等目的。创建有效政府的三大要素包括:①具备强有力的中央决策组织;②创建一个能够全面胜任与高效的服务体系;③实施完善的员工招聘与升迁体系,打造一批业务能力强的公务员团队。由此来看,如要确保中国媒介行业的可持续发展,确保相关产业的全面融合,政府不但要具备极强的行政管理职责,拥有完善的管理策略,同时还必须要创建科学的结构机制,并实施职权配置,促使单位人员科学设置与精简化管理。

所以,政府改革涉及两大问题:政府和市场的关系变化;政府内部结构的关系变化。政府改革的重点是政府代表着改革的主体,并且也代表着客体。

4. WTO形成对政府行为的规约

世界贸易组织(WTO)是政府间组织,在全球化趋势下以贸易自由化为总原则协调政府与市场的关系。WTO的基本原则主要包括七个方面的内容:非歧视原则、自由贸易原则、透明度原则、公平贸易原则、互惠互利原则、公平解决争端原则、鼓励发展和经济改革原则。发展中国家在实施承诺的过程中可享受一些灵活性。

WTO认同合理的政府作用的同时也规约着政府的行为。2001年,我国正式加入世界贸易组织,作为成员方,我国政府应遵守WTO的各项协定和协议。这就意味着我国政府在干预媒介产业运作和制定媒介产业政策方面的自由度受到了一定程度的限制和规约。另一方面,适应和运用 WTO 的基本原则促进本国经济的发展是加入 WTO 后我国政府更重要的任务。例如,依据自由贸易原则和透明度原则,我国应增强媒介产业对外贸易体制的透明度,减少和取消关税以及各类限制媒介市场进入的非关税壁垒措施,在一定期限内逐步扩大市场的开放程度。WTO 协议同时允许各国通过渐进的方式实施改革。我国媒介产业作为发展中国家的特殊市场而获得了更长的"调整期"。我国政府可充分利用这一"时间差"调整媒介产业制度,推动产业发展,避免因市场开放对尚处于幼稚期的媒介产业形成致命的冲击。

因此,WTO 对中国政府而一言,有从适应调整到学习运用再到产生学习效应与学习曲线的过程。面对媒介产业融合这一新的产业发展动态,我国政府需要成为学习型组织,具备"干中学"(Learning by Doing)的基本能力。

(二)媒介产业融合引发的制度需求

制度通过提供一系列规则界定人们的选择空间,约束人们之间的相互关系,从而减少环境中的不确定性,减少交易费用,保护产权,促进生产性活动。这一系列规则由社会认可的非正式约束、国家规定的正式约束和实施机制构成。美国经济学家库兹涅茨(S. S. Kuznets)在论及制度调整对技术进步从而对经济增长的重要作用时说:先进技术是经济增长的一个来源,但是它只是一个潜在的必要条件,本身不是充分条件。如果技术要得到高效和广泛的利用,而且说实在,如果它自己的进步要受这种利用的刺激,必须作出制度和意识形态的调整,以实现正确利用人类知识中先进部分产生的创新。技术的创新,更需要制度创新的保障;产业的融合,需要制度融合为先导。

1. 适度的制度供给

中国媒介制度变迁表现为政府供给主导型、强制性的制度变迁,从属并滞后于中国社会制度和经济制度的整体变迁。形成这一局面的原因是多方面的:一是,中国媒介市场化改革的初始条件是高度集权的计划经济体制和作为新闻事业的媒介系统定位,这就决定了体制改革是否发生、何时发生更多地取决于政府的意愿而非媒介需求;二是,媒介业承担着分摊国家改革成本,保障经济改革整体推进的特殊职能,社会效益优先是媒介体制改革的基本前提;三是,受到维护统治、租金最大化等多重目标的制约,政府并不会总是选择最有利于媒介产业发展的制度;四是,在相当长的一段时间内,由新闻事业单位演变而来的媒体或媒介集团是我国媒介业的主体构成,在严格的市场进入机制保护下享受着行政垄断带来的超额利润。

信息技术催生新的媒介形式,引发产业融合,这使得我国媒企业的市场结构、成本-收益关系、利益分配格局发生变化,存在通过制度变迁可实现的潜在收益,媒介产业出现内生性制度需求,并与制度供给发生矛盾。全球化的压力使这一矛盾加速暴露,其核心是市场和媒介企业对产权自由及其产权形式的期待与政府产权安排的不一致,具体表现为制度供给过剩(传统媒体领域)和制度供给不足(新媒体和产业融合发生领域)现象的同时存在;国家规定的正式约束过剩、非正式约束不足。

因此,制度改革首先应实现适度的制度供给,至少包括两个方面的内容:

首先是产权改革。产权明晰是市场经济的基本要求,也是市场机制有效运作的基本前提。产权制度是制度集合中最基本、最重要的制度。界定产权和建立产权制度是媒介制度改革的核心内容。有什么样的产权形式,就会有成么样的制度、什么样的技术、什么样的效率。媒介产权改革的关键在于界定共有产权和私有产权,明确不同产权的归属,允许媒介产业多种所有制并存。对共有产权(全民所有和集体所有)的部分,可通过相关的制度约束,有限导入市场机制;对私有产权的部分,可逐步开放产权市场,从而实现产权交易的多元化和自由化,使产权能够从低效的所有者手中转移到高效的所有者手中,并发挥市场自我管理、自我约束的功能,弥补政府制度供给中的滞后与不足。

其次是保护非正式制度,鼓励制度竞争。媒介产业融合是一个正在发生又无前例可循的动态变化过程,政府制度设计难免会面临知识存量有限的困境,同时又存在"媒介也是关系舆论引导和社会稳定的关键产业"的意识形态刚性。这是政府主导的制度供给与媒介产业发展需求出现不均衡的重要原因。鉴于上述两种状态在短时间内不会发生重大变化,我们认为保护非正式制度和鼓励非正式制度竞争是实现有效制度供给的途径之一。随着我国市场经济体制的完善和信息技术的创新与扩散,媒介与其他产业边界发生变化,形成网络型的产业结构和价值链。在这一过程中,不断产生着非正式约束和行为规范,例如,技术标准。这些非正式制度在市场、技术、资本等多重力量的作用下相互博弈竞争,优胜劣汰,最终效率高的制度将会被效仿和复制,从而具备广泛的约束力。

2. 有效的制度创新

制度创新是社会经济环境变化和媒介产业发展的必然要求,也是制度改革的重要内容。制度创新是对媒介产业融合引发的制度需求的积极回应,应符合中国媒介产业的现实状况和发展趋势。制度创新可通过以下两种方式进行:

一是制度移植与改造。媒介产业融合和全球化是不同国家面临的共同问题。西方发达国家或是我国其他产业领域的制度改革发生的时间先于我国的媒介产业,提供了许多可供借鉴的创新性制度,对这类制度的移植可以节约大量的制度创新成本,提高制度改革的速度。其中,不少措施的实施效率和影响已经较为明显,为我国媒介制度实施提供了事前估计和判断的依据。例如,版权保护措施。如 W. 拉坦所言,制度创新的引入,不管是通过扩散过程,还是通过社会、经济与政治程序进行制度的转化都会进一步降低制度变迁的成本。同时应该注意的是,移植的制度来源于不同政治体制的国家和不同产业领域,与我国媒介产业所处政治经济环境和产业基础与发展阶段都有所不同。制度与现实的耦合需要通过创新性的改造,包括适当取舍、及时修正、分期导入等。例如,我国国有企业制度改革过程中,以建立现代企业制度为目标的公司制、股份制改革思路是可取的,但通过拍卖、招标或者双方协议的方式转让国有资产使用权的做法却不适用于媒介产业。这是由媒介系统的社会功能和媒介产品存在的公共物品属性所决定的。

二是制度设计与自我建构。制度移植存在零散性、局部性的问题。我国媒介产业的制度体系和核心制度的形成仍然需要基于我国制度现状和社会改革整体规划的制度设计和自我建构。媒介产业制度设计有三个基本的目标指向:实现制度供给与制度需求的平衡,实现媒介产业发展与中国社会变迁的协调;实现正式制度与非正式制度的兼容。

由于制度设计与自我建构缺乏可以遵循的经验,制度创新的效果难以评估,面临着较大的改革风险和沉没成本,这必然是一个不断探索和反复试错的过程。因此,需要引入制度创新机制,例如,让非政府主体参与到制度设计中来,以克服制度设计过程中可能出现的"设租""创租"等现象。在制度创新和实施的过程中,我们还需要反复进行"成本－收益"的预测和评估,同时关注局部和整体发生的效率变化。

3. 法律体系的完善

法律制度是制度体系中最为强硬的制度,市场经济是一种法制经济。从经济发展的角度来说,法律体系具有公共物品的性质,可以通过确立市场运行和物品交换的基本规则降低交易费用,产生规模经济。

从某种意义上讲,中国正在进行的改革是从人治走向法治的改革,司法体系的建立占有极为重要的地位。然而,与改革进程相比,法律体系的建设却是落后的,媒介产业的法律制度建设更是如此。电信和媒介是产业融合首先发生的核心领域,但这两个领域的专门法《电信法》《新闻法》却一直处于缺位状态。这也是我国媒介产业管制中行政性规制过多、过散,市场运作低效、无序的重要原因之一。正如经济学家米勒所说,中国需要的不是更多的经济学,而是更多的法律。

通过建立和完善法律体系能够明确保护产权,约束和规范政府、企业等相关利益主体的行为,使各种经济关系和市场交易活动在明确的法律框架内进行,实现媒介产业发展纳入法律的轨道,维护市场秩序和公平竞争,有效防止和制裁各种违反市场规则的行为。

(三)产业政策对产业发展的适度引导与推动

产业政策是宏观经济调控的主要手段,涉及产业结构、产业组织、产业技术和产业布局等多个方面,是国家和政府经济发展战略的集中体现。信息技术革命带来了一系列新的管制问题,产业政策的变化与调整不可避免。在产业融合和全球化的背景下,我国媒介产业的可持续发展需要以下三类产业政策的引导与推动。

1. 有效竞争促进政策

有效竞争促进政策的目标取向是促进媒介产业市场的有效竞争,保护市场公平竞争关系。政策内容由两个方面构成:

一是市场结构调控政策,即通过降低市场进入壁垒、拆分垄断企业、建立产业开发区等方式调节市场结构,限制垄断,鼓励竞争。20世纪90年代以来,国家对电信业先后进行的四次重大业务调整就属于此类政策。2010年年初,国务院出台的三网融合推进措施,鼓励广电和电信业务双向进入试点,同时采取"非对称进入"的策略对产业力量相对较弱的广电业给予一定的扶持和保护,其重要意义就在于培植竞争性市场,防止市场力量一边倒的局面发生。

在产业融合的趋势下,我国媒介产业合理的市场结构应兼顾多个层面的关系与利益的协调:符合媒介产业的发展规律并有利于国家产业结构优化,符合我国媒介产业的发展现状并有利于发展模式的转型与调整,符合有效竞争的需求并有利于实现规模经济与范围经济,符合缩小区域经济水平差距的整体目标并有利于通过相对企业集中实现"集聚效益"。

二是市场行为调控政策,包括建立信用体系和有效的监察体系,保障相关制度和法律体系的执行力,防止发生恶性竞争、商业贿赂、欺诈等不道德的市场行为,保障市场的公平与效率。

其中,对于迅速变化和不断开放的媒介市场而言,通过建立信用体系及相关维护手段是最为迫切的政策需求。信用是一种无形资产,是市场活动的重要资源。媒介产业是与信用高度相关的产业,媒体的公信力、信息的可信度是媒介产品的核心价值,产业发展的基础和根本。但是,我国媒介产业的信用评价机制、行业自律体系却是缺失的,媒介制度对媒介信用的约束是软弱无力的。对有偿新闻、虚假信息、色情信息的管理更多的是在问题出现后通过"办法""意见"等行政手段进行处理。同时,极低的违约成本又使这些行政手段并不能从根本上杜绝上述现象的重复发生,从而使对媒介市场行为的调控面临着高成本、滞后性、短时性和局限性的问题。在缺乏信用体系的环境下,事先"逆向选择"和事后"道德风险"将变得可能,非正当竞争更加普遍。在此情况下,媒介市场的继续发展是对国家信用的持续透支,最终会将市场主体的违约成本转嫁给国家和国民。

2. 公共物品提供政策

媒介具有公共性,媒介产品具有公共物品属性。提供公共物品或保证公共物品的供给充足是政府重要职能也是其实现政治目标、维护社会稳定的现实要求。公共物品提供政策的目标取向是社会效益的实现和公众主权的回归。政策内容由以下两个方面构成:

一是公共物品的"量"和"质"的标准。公共物品属性的媒介产品具有非排他性和消费上的非竞争性,需求弹性为零,无法通过市场机制确定最佳供给的数量和质量。因此,公共物品的"量"和"质"的标准职能依靠政府提供。量化标准包括公共性媒体报纸的数量、版面、出版周期,视听内容的形式、种类、产量,网站信息的更新速度、信息量等。质化标准涵盖的范围较广、设计的难度也较大,但信息的客观、真实、准确、及时、健康和尽可能全面是公共性媒介产品生产应符合的基本质量标准。

二是公共物品提供的激励政策。生产者是保证公共物品供给的行为主体。政府主导公共物品的供给,但政府并不具备公共产品的生产能力。公共物品属性的媒介产品仍然需要通过媒介机构提供。按照"公益性事业"和"经营性产业"分开的媒介体制改革思路,我国将形成以事业性媒介机构主体,以经营性媒介机构为补充的公共物品属性媒介产品的生产者结构。因此,需要针对不同类型和属性的生产者制定相应的激励机制,提高公共物品的供给效率,保障公共产品"量"和"质"的标准的实施和执行。

3. 幼稚产业保护政策

幼稚产业保护政策的目标取向是培育媒介产业的核心竞争力，维护国家经济安全与文化安全。政策内容由以下两个方面构成：

一是产业竞争力培育政策。主要是通过财政政策、金融政策、产业组织政策等手段对媒介产业进行规范、引导和扶持。例如，对媒介产业采取税额扣除、低息贷款、财政拨款及相关行政管理方式等方面的政策支持；为媒介产业发展设置"特区"，给予项目审批、外贸出口、招商引资等经济管理的自主权，鼓励创新，推动媒介产业规模的扩大和集群化发展。

二是国际贸易中的保护政策。国际贸易中的政策保护是以遵守WTO基本原则和协议为前提的，主要包括关税保护政策、非关税保护政策和相机保护政策。

关税保护政策是通过向不同贸易关系国家的媒介产品分别依照普通税率、最惠国税率或普惠制税率征收关税，实行产业保护，具有强制性、无偿性和固定性的特征，但同时也容易引起其他国家的报复，导致贸易摩擦。随着WTO成员方数量的不断增加和跨国媒介集团的资本扩张，关税保护的作用力不断降低。

非关税保护政策具有灵活多变的特征，并具有很强的隐蔽性，已成为越来越多国家所采用的国际贸易保护政策。非关税保护政策主要包括进口配额、进口许可证、"自动"出口限制、外汇管制、进口押金、最低现价、歧视性国内税、歧视性政府采购、广告宣传限制等。通过非关税政策提高跨国媒介集团的生产和交易成本，从而抵消他们在生产效率、生产规模方面的优势，达到保护我国媒介产业发展的目的。

相机保护政策是指灵活运用WTO允许的产业保护措施制止国外强势媒介产业对我国媒介业的冲击和损害，削弱媒介产业发展的潜在威胁，缓冲国际竞争压力，解决贸易争端。WTO允许的产业保护措施为保障措施、反倾销措施、反补贴措施。

主要参考文献

[1] 邵培仁. 媒介管理学[M]. 北京:高等教育出版社,2002.

[2] 艾伦·B 阿尔巴朗. 电子媒介经营与管理[M]. 谢新洲,译. 北京:北京大学出版社,2005.

[3] 马歇尔·麦克卢汉. 理解媒介[M]. 何道宽,译. 南京:译林出版社,2011.

[4] 雷吉斯·德布雷. 媒介学宣言[M]. 黄春柳,译. 南京:南京大学出版社,2016.

[5] 安妮特·爱丽丝,雅克·卜黑. 媒介公司管理[M]. 2版. 王春枝,等译. 北京:清华大学出版社,2011.

[6] 许玉林. 组织设计与管理[M]. 上海:复旦大学出版社,2003.

[7] 张小争,喻国明. 传媒竞争力[M]. 北京:中国传媒大学出版社,2005.

[8] 胡正荣. 媒介管理研究:广播电视管理创新体系[M]. 北京:北京广播学院出版社,2000.

[9] 项保华. 战略管理:艺术与实务[M]. 北京:华夏出版社,2010.

[10] 张宏. 媒介营销管理[M]. 北京:北京大学出版社,2006.

[11] 国家广播电视总局发展研究中心. 中国广播电视全媒体发展报告(2021)[M]. 北京:中国广播影视出版社,2021.